Schreiben im heutigen Deutschland

Loyola College in Maryland Berlin Seminar
Contemporary German Literature and Society

U. E. Beitter
General Editor

Vol. 1

PETER LANG
New York • Washington, D.C./Baltimore
Bern • Frankfurt am Main • Berlin • Vienna • Paris

Schreiben im heutigen Deutschland

Die literarische Szene nach der Wende

Herausgegeben von
Ursula E. Beitter

PETER LANG
New York • Washington, D.C./Baltimore
Bern • Frankfurt am Main • Berlin • Vienna • Paris

Library of Congress Cataloging-in-Publication Data

Schreiben im heutigen Deutschland: die literarische Szene nach der Wende/
[herausgegeben von] U.E. Beitter.
p.   cm. — (Loyola College in Maryland Berlin Seminar: Contemporary
German Literature and Society: vol. 1)
Includes bibliographical references.
1. German literature—20th century—History and criticism. 2. Literature and
society—Germany—History—20th century. 3. Germany—History—1990–
I. Beitter, U.E. (Ursula E.). II. Series.
PT405.S366   830.9'00914—dc20   96-17021
ISBN 0-8204-3319-5
ISSN 1091-8582

Die Deutsche Bibliothek-CIP-Einheitsaufnahme

Beitter, Ursula E.:
Schreiben im heutigen Deutschland: die literarische Szene nach der Wende/
U.E. Beitter. –New York; Washington, D.C./Baltimore; Bern; Frankfurt am
Main; Berlin; Vienna; Paris: Lang.
(Loyola College in Maryland Berlin Seminar: Contemporary German
Literature and Society: Vol. 1)
ISBN 0-8204-3319-5
NE: GT

Cover design by James F. Brisson.

The paper in this book meets the guidelines for permanence and durability
of the Committee on Production Guidelines for Book Longevity
of the Council of Library Resources.

© 1997 Peter Lang Publishing, Inc., New York

Printed in the United States of America.

Dedication

To my husband and to my parents who encouraged me

Acknowledgements

I am very grateful for the support and constructive criticism of Dr. Heidi Burns, Acquisitions Editor at Peter Lang. Also, I would like to thank Marion Wielgosz at Loyola for her skill, patience and technical support.

Contents

Diese Publikation wurde von Loyola College in Maryland ermöglicht

Einleitung Seminar 1995

Ursula Beitter

Das jährlich seit 1987 stattfindende Loyola Seminar war, bis vor kurzem, reines Politik-und Literatur Informationsseminar. Durch die Unterstützung Loyola Colleges, sowie öffentlicher Mittel der BRD und der Stadt Berlin, bot man amerikanischen Professoren die Gelegenheit, sich im Gespräch mit deutschen Autoren—Ost wie West—, über literarische, politische und gesellschaftliche Gegenwartsentwicklungen zu informieren. Bedingt durch die Vereinigung und ihren finanzpolitischen "fallout", der eine Kürzung der öffentlichen Mittel zu Folge hatte, verlegte Loyola Juni 1995 sein Seminar von seiner üblichen Tagunsstätte im Grunewald an den bis jetzt noch preis-günstigen Ort Berlin/Köpenick. Ohne die Zuvorkommenheit und Kooperation der dortigen Hoteliers, die bereit waren, von der nach 1990 entstandenen "boom-town" Mentalität des restlichen Berlins Abstand zu nehmen, hätte Loyola das Seminar einstellen, oder das Angebot an renommierten Autoren drastisch einschränken müssen. Die Verlegung des Seminars an den östlichen Rand Berlins, entspricht der gegenwärtigen politisch-geographischen Lage, denn mit dem Fall der Mauer endet Berlin nicht mehr am Brandenburger Tor, oder in der Gegend der Gedächtnis Kirche und des KaDeWes; der neue Mittelpunkt des neuen Berlins ist nicht mehr die Goldmeile am Kudamm sondern die Gegend um den Alexanderplatz. Es ist zu hoffen, daß auch weitere Seminare Professoren die Gelegenheit bieten, literarische sowie sozial-politische Entwicklungen mit Gegenwartsautoren zu besprechen.

Analyse einzelner berühmter Werke bekannter Autoren, war nie das Ziel des Seminares. Der Schwerpunkt lag immer auf Austausch und Gespräch. Während der DDR-Zeit wurden in Gesprächen und Diskussionen mit damaligen DDR-Autoren immer wieder bestimmte Themen angeschnitten: das besondere Verhältnis von Ost-Autoren zu ihrem Staat, zur Zensur,[1] zu ihrer Leserschaft, aber auch zu der Westleserschaft sowie Rezeption im Westen (DDR-Bonus). In den ersten Seminaren nach 1990, noch unter dem Einfluss der Demonstrationen in Leipzig, noch den Fall der Mauer und die Vereinigung vor Augen, äußerten die damals geladenen Autoren sich zur Zukunft Deutschlands mit zurückhaltendem Optimismus wenn positiv, oder mit nur leicht verschleierter Skepsis. Begriffe wie "Osttrotz" "Resignation" oder "Zensur der Marktwirtschaft" waren noch nicht geprägt; und wenn schon, waren sie noch nicht gängige Münze, wie jetzt.

Der Schwerpunkt des im Juni 1995 im Hotel Dämritzsee abgehaltenen Seminares lag auf "Schreiben im heutigen Deutschland." Was sich schon nach der ersten Vorlesung herausschälte war die Frage, wie Künstler und Autoren sich in Zeiten sozialer Umschichtungen verhalten. Es waren keine Fragen im eigentlichen Sinn, sondern ein aus Bedenken und Befürchtungen zusammengesetzter Fragenkomplex: so, zum Beispiel, ob in Deutschland momentan ein Umbruch oder eine "Wende ohne Wandlung" (wie im Volksmund laut wird) stattfinde. Handelte es sich bei der durch die Wende hervorgerufenen Änderungen um eine "Revolution ohne Revolutionäre"? Dämmerte ein Zeitalter "in dem die Bonzen ihren Raub im demokratischen Kapitalismus legitimieren und genießen?" War 1989 wirklich das Ende einer Tyrannei oder begann damals die Kolonialisierung des Ostens? Wechselte wirklich ein Betrug den anderen ab?[2] Oder sind nur die 30% der ehemaligen DDR, die jetzt PDS wählen, für diese Einschätzung verantwortlich? Die kritische Einschätzung der Folgen der Marktwirtschaft, sowie das positive Hervorheben gewisser Aspekte der gesellschaftlichen Struktur der ex-DDR machen es leicht, die Einstellung der ehemaligen DDR-Autoren als "Nabelschau" oder "Osttrotz" abzutun. Wer die Schattenseiten der Marktwirtschaft belichtet, wird von Westkritikern bezichtigt, eine "Sehnsucht nach der DDR, wie sie nie war," zu zeigen.

Es sei mir erlaubt, in den nächsten Seiten die nach den Lesungen stattgefundenen Diskussion zusammenzufassen. Wie schon erwähnt, wurden in keinem Seminar Werkanalysen betrieben. Besonders das Seminar 95 verdeutlichte, wie Autoren ihre Gegenwart mit ihren sozialen und gesellschaftlichen Umschichtungen und Verlagerung, sowie den daraus entstehenden Problemen, erleben.

Die Frage, wie Schriftsteller sich in der Zeit eines Umbruches verhalten, wurde von den geladenen Autoren fast einstimmig beantwortet: sie schreiben und versuchen, sich in ihrer neuen Welt zu orientieren. Frau Dahn, will im Moment erst einmal den "Frust ausschreiben." Ein Frust, der vor allem aus den Diskrepanzen zwischen den hochgeschraubten Erwartungen und der eingetretenen Wirklichkeit entstanden ist. Ein Frust, der aber auch mit ihrem "Unbehagen als Frau" zu tun hat. Wie auch E. Loest, ist Daniela Dahn der Meinung, daß die Frauen nach der Wende in der neuen Gesellschaft den Kürzeren gezogen haben. Nach ihren Bemerkungen zu urteilen, sollte der Schluß naheliegen, daß bestimmte Aspekte der ehemaligen DDR für Frau und Gesellschaft humaner gewesen waren. Gerade die Frage, wie "gut" es den Frauen in der ehemaligen DDR ging—und was sie im vereinigten Deutschland alles verloren haben sollten, wurde von Fr. Klier in ihrem schriftlichen Beitrag sowie in Diskussionen während des Seminars kritischer beleuchtet, wie auch ihre Einstellung zur ex-DDR überhaupt kritischer ist. Nach ihren Plänen gefragt, antwortete sie, daß sie jetzt Themen aufgreifen und behandeln wollte, die bisher im allgemeinen tabuisiert wurden, wie zum Beispiel, das brutale Verhalten der "Freunde"[3] während ihres Einmarsches in Ostdeutschland und Berlin. Zu diesen Arbeiten gehört der Fernsehfilm *"Verschleppt ans Ende der Welt,"* der das Leben und Schicksal von deutschen, nach Siberien in Arbeitslager verschleppten Frauen schildert, wie auch das Buch *Die Kaninchen von Ravensbrück*, das medizinische Versuche an Frauen in der Nazizeit beschreibt. Die Trilogie endet mit ihrem gegenwärtigen Projekt über das Schicksal einer Dresdner Jüdin. Ihre Beiträge zur Aufarbeitung der deutschen Geschichte, Ost wie West, sind kontrovers. Nach ihren Aussagen, wirft man ihr vor, daß sie mit ihrer Arbeit—überhaupt was das Leiden der Deutschen angeht—die deutsche Schuld verkleinere. Ob Fr. Klier hiermit in die Reihen der Streiter in der Historikerstreitdebatte eintritt, ist noch abzuwarten. Sicher ist jedoch, daß man auf ihren Beitrag zur Vergangenheitsaufarbeitung empfindlich reagiert. Ihr Film *"Verschleppt ans Ende der Welt,"* wird nur in ihrer Gegenwart mit folgender Diskussionsrunde gezeigt, wobei ältere Frauen, die "gelitten hatten," den Film verständnisvoller aufnahmen als deren Kinder, die "68er", die eher die deutsche Schuld, als deutsches Leiden interessierte. Zu ihren Recherchen gehört auch die DDR-Geschichte: zum Beispiel, der Antisemitismus in der Sovietischen Besatzungszone, der Rassismus in der DDR, in der Vietnamesen und Mozambikaner, die in der DDR ihre Landesschuld abarbeiteten, Abtreibungserklärungen unterschreiben mußten, damit sie in der DDR keine Kinder gebären würden. Und hiermit wäre man bei einem Thema, das nicht nur die Germanisten, sondern auch den Rest der Welt, will man Zeitungen glauben schenken, seit langem intensiv bewegt: der Rassismus im neuen Deutschland, kurz, die deutsche Xenophobie. Frau Kliers Einschätzung der Xenophobie im Osten unterscheidet sich wesentlich von Frau Wolfs, die eher gewillt ist, die Zahl der im Osten begangenen Ausschreitungen zu relativieren indem sie darauf hinweist, daß "Xenophobie in der BRD gleich der Xenophobie in der DDR ist." Frau Wolf gab zu, daß die Ausschreitungen eine Gefahr sind, daß die größere Gefahr jedoch von Rechtsintellektuellen komme. Ihren Äußerungen nach zu urteilen, ist die jetzt zutage tretende Xenophobie der Ostdeutschen nicht bodenständig, sondern eine Reaktion auf die durch die Wende hervorgerufene Angst und Unsicherheit—besonders unter Jugendlichen, die sich jetzt nicht mehr geborgen fühlten. Frau Wolf ist der Ansicht, daß Rassismus als Krisenzeitexplosion und als Folge der Industriegesellschaft, die in scharfem Gegensatz zur Wirtschaft der DDR steht, zu verstehen ist. Denn in der DDR, so Wolf, "hat man die Leute mitdurchgezogen... man wollte ja nicht diese Arbeitslosen, ausgeflippten.... Es war kein Verstecken, sondern ein integrieren." (Sem. Disk. Juni 1995). Eine Anspielung darauf, daß in der ehemaligen DDR jeder einen Arbeitsplatz hatte. Eine Aussage, die wiederum in ein anderes Licht rückt, wenn man, wie Fr. Klier, bedenkt, daß "drei Millionen Leute aus der DDR rausgedrängt wurden...alles was nicht reinpasste, mußte raus." (Klier, Disk. Juni 1995).

Die Frage, ob man die Auseinandersetzung mit der Vergangenheit genügend würdige, wurde von Frau Wolf mit einem Hinweis auf *Kindheitsmuster* beantwortet—ein anti-Faschismus Roman, in dem der kommunistische

Widerstand im Zentrum stehe. Gefragt, wie sie die Zukunft sehe, erwiderte Frau Wolf, daß sie als die größten Probleme die "ungehemmte Ausdehnung des Kapitals und der Multikonzerne," "Terrorbekämpfung," sowie darin sehe, daß sich in der neuen Gesellschaft "alles nur noch um Profit" drehe. Wie zu erwarten, wurde auch Fr. Wolf die Frage gestellt, warum sie in der DDR geblieben sei. Die Antwort: "Das waren die Leute, die mich brauchten."

Die Vorstellung, daß Autoren auch eine bildende Funktion auszuüben hätten, ist in Deutschland in akademischen Kreisen besonders verbreitet, woraus abzuleiten ist, das Schriftsteller auch ein "Amt" innehaben. Ein Schriftstelleramt jedoch, so Frau Wolf, habe sie nicht. Aber sie sehe den Auftrag des Schriftstellers eher darin, daß er/sie an der "Identitätsstiftung für das unglückliche, zerrissene Volk" arbeiten solle. Welches Volk, ob West, ob Ost, ob vereint, ob global, blieb unerwähnt. In der Zwischenzeit blieben ihr die "Depressionen" und das "Tonband im Kopf" und die Behauptung: "Unser ganzes Leben kann doch nicht falsch gewesen sein." (Wolf, Juni 1995).

Daniela Dahn las aus *Wir bleiben hier. Oder: Wem gehört der Osten* (1994), gedacht als Nachfolge zu *Westwärts und nicht vergessen: vom Unbehagen in der Einheit* (Rowohlt). Nach ihrer Aussage, drückt sie in ihren Büchern ihr Unbehagen als Autor aus—den "Osttrotz gegen die neue Herrlichkeit." Vielleicht ist auch so ihre Aussage: "Die DDR ging unter, als sie anfing Spass zu machen" einzuschätzen. Gemeint war, die intellektuelle Stimulierung, die Turbulenz der Vorwendezeit: die Kommissionen, die Demonstrationen, die neuen politischen Gruppen. Das heißt, gerade als die gesellschaftliche Dynamik sich hegelianisch gestaltete und aus der Heraus-forderung des bestehenden Regimes ein besseres System hätte entstehen können, kam die Vereinigung. Für sie sind die wichtigsten Probleme zur Zeit die Frage des Volkseigentums, der Menschenrechte, der Frauen, die neuen Elitenstrukturen, sowie die kulturelle Teilung Berlins: das gegenseitige Interesse, das sich kurz nach dem Mauerfall zeigte, habe sich wieder gelegt. Der anfänglichen Neugier sei der Rückzug ins eigene Kiez gewischen. Sie berichtete, daß man wieder lese, was man vor der Vereinigung las, nämlich die "Berliner Zeitung," und daß Westzeitungen sich in Berlin nicht durchgesetzt haben.

Stefan Krawczyk hatte vor, sich in seinen Liedern, wie auch im Gespräch eher von der künstlerischen als der kritischen Seite zu zeigen. Seiner bescheidenen Ansage, daß er uns an dem "unmittelbaren Ausdruck seiner Seele" würde teilenehmen lassen, widersprechend, waren seine Lieder dennoch sozialkritischen Inhaltes: von Kinderprostitution in Asien über Klassenwidersprüche bis zur Gegenwartspolitik. Musikalisch innovativ, inhaltlich anspruchsvoll, zum Nachdenken stimmend. Was ihm, wie auch anderen auf die "Seele" schlägt, ist die Marktwirtschaft. Einige Male war in seinen Liedern von "kaufen" die Rede—anfänglich mit Erstaunen und Verwundern, mit Faszination, und am Ende mit Ekel. Für Krawczyk gibt es "keine BRD und keine DDR", es gibt die Marktwirtschaftslandschaft mit all ihren Folgen.

Aus seiner Sicht entsteht im Moment eine Mauer, "die höher ist als die, die damals stand." Markwirtschaft, Kaufen, eine neue Landschaft, oder, wie Joochen Laabs meinte, ein "neues Biotrop" umgibt jetzt alle.—Auch die im Westen, die damit erheblich weniger Schwierigkeiten haben, weil sie es schon so lange mitlebten. Sich in diesem neuen Biotrop zurechtzufinden, seinen Platz zu behaupten, oder gar erst zu finden, ist das Anliegen der meisten. Laabs hofft, daß die Turbulenzen, in der sich alle im Moment befinden, sich beruhigen, damit "die Schriftsteller Kraft haben, für das, was sie machen sollten: Literatur." Für ihn besteht nicht die Notwendigkeit über die "Verlogenheit der Presse…die Kasten der Bonzen", (Krawczyk) zu wettern. Ein ruhender Pol, stellt er besonnen, oder gar vielleicht resigniert fest, daß er keine "nennenswerten Probleme" hat, denn die "Leute aus dem Westen haben Plätze eingenommen, die vorher die führende Klasse eingenommen hatte." (Laabs)

Der seit 1981 in der BRD wohnende Erich Loest drückt sich über das Zeitgeschehen unverblümt aus: "Ich war froh, daß die verdammte SED weg war." Während andere von der Kolonialisierung des Ostens reden, war die Vereinigung für ihn die Befreiung seiner Heimat. (Loest verbrachte 7 Jahre in Haft und wurde 1981 in den Westen abgeschoben). Andere DDR Autoren, so Loest, konnten den Staat bis 1989 ertragen, indem sie glaubten, ihn von innen reformieren zu können, aber immer vor Augen habend,daß andere Reformversuche, (man denke an 1953, 1957 und 1963 in Prag) fehlgeschlagen waren.

Es ist in der Zwischenzeit allgemein bekannt, daß die DDR 1989 ihren Geist aufgab, nicht der Reformversuche der Intellektuellen wegen, sondern weil sie moralisch wie wirtschaftlich am Ende war. Eine schwer umgängliche Tatsache, die bei der gegenwärtigen Selbstanalyse der ehemaligen DDR-Autoren auch ins Gewicht fallen müßte. Die Revolution, die stattfand, fand statt, ohne daß die schreibende Zunft erheblich—oder nachweisbar—dazu beigetragen hätte.

Wer, wenn nicht die Autoren, hat zur Revolution beigetragen? Für Erich Loest waren es die Frauen, die in dieser Revolution "vorne" waren, weil Frauen tapferer und unbekümmerter gewesen seien als die Männer einerseits, und andrerseits, weil Frauen mehr Interesse an Ökologie, Bewahrung der Schöpfung und friedlicher Erziehung ihrer Kinder hatten. Ziele, die sich auch mit den Zielen der Kirche deckten. So war seiner Meinung nach die evangelische Kirche der einzige staatsfreie Raum; innerhalb der vom Staat gesteckten Grenzen, so Loest, sei die Kirche für alles offen gewesen. In Anbetracht der Tatsache, daß sich später herausgestellt hat, daß gerade die ev. Kirche von IM's durchsetzt war, sollte die Frage aufgeworfen werden, inwiefern diese Offenheit echt, oder gespielt—d.h., vom Staat gesteuert war. Wenn in der jetzigen politischen Arena sowenig Frauen zu sehen sind, hat das, nach Loest, seine Ursache darin, daß die Männer vorne weiter machten, nachdem "die Sache vorbei war." Die Frauen seien aus der Politik raus, und wieder in den Berufen. Eine andere Einschätzung dieses Phänomens wird von Frau Klier, wie von Frau Dahn vertreten. (Siehe Beiträge).

Stevan Tontic, der Serbo-Kroatische Dichter, der nach "10 Monaten Hölle" 1993 nach Berlin kam, brachte eine andere Dimension zur Diskussion. Seine Lesung aus *Handschrift aus Sarajewo*, läßt die innerdeutschen, marktwirt-schaftlichen Querelen seiner schriftstellernden Kollegen weit abseits liegen. Er befasste sich mit dem, was kommt, wenn Konflikte nicht friedlich gelöst werden können: Krieg, Kriegsgeschichten, Kriegserlebnissen. Wie auch in seinem Beitrag zu dieser Sammlung, beschäftigt ihn "eine fürchterliche, negative Faszination" mit dem Krieg. Gefragt, wie man den Menschen definieren sollte, erwiderte er: "Der Mensch als gefährlichstes Wesen,—so sollte der Mensch definiert werden." Während die deutschen Kollegen ganz in der Gegenwart leben und keine Zukunft sehen können, ist es für Tontic absurd von einer Zukunft überhaupt zu reden. Denn, wie er meinte, hat er "den Weltuntergang erlebt."

Das Loyola Seminar wird auch in der Zukunft ehemalige DDR-Autoren zu Lesungen bitten, denn sie sind es, die sich in einem "neuen Biotrop" zurechtfinden müssen; sie sind es, die eine neue Leserschaft finden müssen, und gleichzeitig ihr Beziehung zur DDR-Diktatur, untersuchen müssen. Denn, wie Daniela Dahn in ihrem Beitrag bemerkte, sind die anfänglichen Hoffnungen, die man in Bezug auf Unterstützung und Zusammenarbeit mit Westschriftstellern hatte, leider im Konjunktiv stecken geblieben.

Alle Begriff, die man für die die nach 1989 eingetretetene politische Lage verwendet, scheinen belastet. War es eine "Vereinigung", oder ein "Zusammenschluß" oder gar ein "Anschluß?" Sah man 1989 das "Ende einer Tyrannei, oder begann eine Kolonialisierung des Ostens?" Handelt es sich bei den aus dem Westen importierten neuen Geschäftsleitern um Manager, oder um eine neue Kaste von "Bonzen?" Sehen wir in der Einstellung einiger ehemaligen DDR-Autoren eine gesund-kritische, dialektische Einstellung zu den aus dem Westen importierten marktwirtschaftlichen Usanzen, oder sollten wir, es mit Westintellektuellen haltend, die Kritik am Westen als bewußtes Ausmalen der "Schattenseiten des westlichen Liberalismus" betrachten? (Haus, Seminar 1995). Ist die Opposition vieler im Osten nur ein "Osttrotz gegen die neue Herrlichkeit" (Dahn), oder bahnt sich eine organisierte "Frontenstellung gegen den Westen" an? (Haus) Wie weit wird die "Mythologiesierung der DDR", oder "die Sehnsucht, nach der DDR, wie sie nicht war," gehen? (Haus) Der von einigen Autoren beschriebene Rückzug ins "eigene Kiez", die Tatsache, daß sich Westzeitungen im Osten nicht haben durchsetzen können, die Tatsache, daß 30% der Ostbevölkerung die PDS wählte, legen nahe, daß man sich mehr als eine Denk-und Zurechtfindungsfrist geschaffen hat. Fest steht, daß mit den in der restlichen BRD üblichen Parolen wie "Die sollen aufhören zu jammern," niemanden geholfen ist. (In ihrer Naivität errinnert diese Aufforderung an eine in der Reaganzeit formulierte und oft gebrauchte Aufforderung, den Drogengebrauch einzustellen: "Just say no." Mit forschen Parolen alleine wird niemanden geholfen.)

Betrachtet man jedoch diese ganze, im Prinzip eher innerdeutsche Auseinandersetzung etwas von außen, stellt man fest, daß eine Dimension im Moment noch fehlt: die Frage nach der Rolle *eines* Deutschlands im europäischen Kontext. Für Amerika, wie für die Staaten der EU, war um und kurz nach 1989 die große Frage nicht wie die ehemaligen DDR-Autoren ihre "Vergangenheit" verarbeiten, sondern wie sich das vereinigte Deutschland in Europa politisch und wirtschaftlich, wie auch militärisch, behaupten würde. Dazu kommt, daß sich zur gleichen Zeit das Schwergewicht der Wirtschaft nicht auf "national", sondern "global" verlagerte. Ist die ganze innerdeutsche, deutsch-deutsche Diskussion zu eng auf die eigene Problematik fixiert? Ob zu Recht oder Unrecht, erwartet man von Künstlern und Intellektuellen in Zeiten eines gesellschaftlichen Umbruchs Stellungnahme; wenn die Welt sich "global" entwickelt, wie verhält es sich mit Fr. Wolfs Auftrag des Schriftstellers, dem "unglücklichen, zerrissenen Volk" mit der "Identitätsstiftung" zu helfen? Offensichtlich ist jedoch, daß aus unserer Sicht viel von den ehemaligen Ost-Autoren verlangt wird: sie sollen kurzfristig, nicht nur ihre eigene Vergangenheit sondern auch die ihres Staates, sowie die der Kriegsjahre be-und verarbeiten und sich den Spielregeln der Marktwirtschaft anpassen. Außerdem wird erwartet, daß sie sich auch über das neue Deutschland, seine Rolle in der EU und in der globalen Wirtschaft, Gedanken machen. Wie man auf diese Forderungen und Erwartungen reagiert und wie man ihnen gerecht wird, wird sich erst in der Zukunft herausstellen.

Was bleibt? Woraus besteht die Wirklichkeit? Tatsache ist, daß dem anfänglichen Enthusiasmus, dem Bergrüßungsgeld und dem Einkaufsrausch die Einsicht und Wirklichkeit folgt: nach der Christo Verhüllung des Reichstages (Juni 1995) folgte die Enthüllung. Wo früher die Mauer verlief, leuchtet jetzt der Toyota Stern. Wäre man kein Optimist, wäre man verleitet zu sagen, daß jetzt eine noch höhere Mauer entsteht—die der Hochhäuser, der Verkaufsfilialen, ein Wall der Eigentumswohnungen und Banken (Krawczyk). Tatsache ist auch, daß es *den* Ostschriftsteller nicht gibt, vielleicht auch nie gegeben hat. Jeder reagiert auf die Gegenwartsproblematik auf seine Art und Weise. Trotz der Divergenzen untereinander wurde festgestellt, daß das

Verhältnis, das die DDR-Autoren zu ihrer Leserschaft hatten, sich enger gestaltet, weil sie jetzt in der Lange sind, den Groll, die Bedenken und die Befürchtungen einer breiten Bevölkerungsschicht prägnant zu formulieren und auszudrücken.

Trotz wichtiger globaler Wirtschaftsentwicklungen und EU, werden das Zusammenwachsen Deutschlands und die daraus entstehenden Problemkomplexe weiterhin Diskussionsgegenstand unseres Seminares bleiben. Wir hoffen, daß das Seminar, seine Gespräche und der Austausch mit Autoren, als eine Reihe von Momentaufnahmen funktioniert, die Einblick gewähren, in wie Künstler und Autoren Umbruchszeiten erleben.

ANMERKUNGEN

[1] Zipser, Richard, *Fragebogen: Zensur* (Leipzig: Reklam, 1995).

[2] Wolf Biermann, zitiert in: Berliner Zeitung, 20./21.05.1995. Alle anderen Zitate beziehen sich auf Diskussionen mit den Autoren nach den Lesungen.

[3] "Freunde." Eine in der ehemaligen DDR geläufige Bezeichnung der Soviets. Zum Beispiel: Reiseplakate lockten mit Reisen "ins Land der Freunde" nicht mit "Reise nach Rußland."

Participants 1995

Arend, Jutta	College of the Holy Cross
Bartels, Sybille	Dana College
Berg, Herbert	Heidelberg College
Bernstein, Eckhard	College of the Holy Cross
Berrier, Charles	Yuba College
Borst, Sigrid	Texas Tech University
Bosley, Gabriele	Bellarmine College
Brown, Meg	Murray State University
Campana, Phillip	Tennessee Technological University
Carollo, Christa	Wake Forest University
Derry, Alice	Peninsula College
Druxes, Helga	Williams College
Ewing, Diane	
Finney, Gail	University of California, Davis
Harvey, Frauke	Baylor University
Heimers, Brigitte	University of San Diego
Herminghouse, Patricia	University of Rochester
Hoch, Jeanne	Berea College
Hommel-Ingram, Gudrun	Linfield College
Hye, Allen	Wright State University
Jagasich, Paul	Hampden-Sydney College
Johnston, Otto	University of Florida
Kessler, John	Denison University
Kulas, John	St. John's Univesity
Kym, Annette	Hunter College, CUNY
LaBahn, Kathleen	Humboldt State University
Mizelle, Nike	Sarah Lawrence
Moessner, Victoria	University of Alaska, Fairbanks
Moffit, Gisela	Central Michigan University
Potash-Suhr, Geertje	Author

Pribic, Rado	Lafayette College
Ranallo, Jean	Retired
Reece, James	University of Idaho
Sabalius, Romey	San Jose State University
Schoeps, Karl Heinz	University of Illinois
Shelton, Roy	Middle Tennessee State University
Smith, Edward C., III	Rowan College of New Jersey
Solomon, Janis	Connecticut College
Streuer, E.	Miracosta College
Swenson, Rodney	Pacific Lutheran University
Wienroeder-Skinner, Dagmar	St. Joseph's University
Wohlrabe-Nelson, Meta	Front Range Community College
Zivers-Price, Isolde	German Language School

Contributors

Heinz-Uwe Haus: has more than two decades of experience as one of the world's foremost interpreters of Brecht. A native of what was formerly East Berlin, Dr. Haus was director at the Deutsches Theater (1970/1975) and a founding mentor and director at the Institute for Theatre Directing (1975/1982). 1986 Heinz-Uwe Haus was the co-founder of the International Workshop and Study Center for Ancient Greek Drama; since 1988 he leads the working group "International Classical Theatre." Haus has visited North America numerous times since 1980, serving as guest professor at Villanova, Guelph, New York University just to mention a few. Since 1992 he is an artist in residence at the Professional Theatre Training Program of the University of Delaware, whose faculty he will join in 1997 as a professor.

He was educated at the Hochschule für Filmkunst, Potsdam-Babelsberg, where he received a Masters Degree in Acting, and at Humboldt University in Berlin, where he received his doctorate in Theatre History.

Gail Finney: has published *The Counterfeit Idyll: The Garden Ideal and Social Reality in Nineteenth-Century Fiction* (1984), *Women in Modern Drama: Freud, Feminism, and European Theatre at the Turn of the Century* (1989; 1991), *Look Who's Laughing: Gender and Comedy* (ed.) (1994), and numerous articles on nineteenth- and twentieth-century German and comparative literature. She is currently working on a monograph on Christa Wolf and on a study of gender and German comedy. From 1980 to 1988 she was on the faculty of the German Department at Harvard University; since 1988 she has been Professor of German and Comparative Literature at the University of California at Davis.

Rado Pribic: is Professor of Foreign Languages and Literatures and Chair of the International Affairs Program at Lafayette College. He has published more than seventy articles and reviews, and three books. Most recently, he edited and translated from German *The German Public and the Persecution of Jews.*

1933–1945 (Humanities Press, 1996). His primary research and teaching interest is in the area of East-West European Relations and in German-Slavic Literary, Linguistic and Cultural Relations.

Romey Sabalius: is the coordinator of the German Program at San Jose State University. One of the leading experts on contemporary Swiss literature, he is the author a book: *Romane Hugo Loelschers im Spannungsfeld von Fremde und Vertrautheit* (New York: Lang, 1995), co-editor of an anthology: *The Dream Never Becomes Reality-24 Swiss Writers Challenge the United States* (Lanham, MD: University Press of America, 1995), and editor of a collection of scholarly articles: *Neue Perspektiven zur deutschsprachigen Literatur der Schweiz* (Amsterdam: Rodopi, 1997). Professor Sabalius published numerous articles and book chapters and presented papers worldwide (North- and South America, Asia, and Europe) on Swiss literature, contemporary German literature, exile literature, and language pedagogy. In 1995, Professor Sabalius organized the International Symposium on Swiss Literature at Utah State University, and in 1997 he will be the Conference Director for the Annual Meeting of the Pacific Ancient and Modern Language Association (PAMLA) at San Jose State University.

Karl-Heinz Schoeps: educated in Germany, Great Britain and the USA is teaching German culture and literature at the University of Illinois at Urbana-Champaign. His publications include numerous articles on modern German literature (B. Brecht, Gruppe 47, H. Müller, C. Wolf, G. Kunert), and books on Bertolt Brecht (*Bertolt Brecht und Bernard Shaw*, 1974; Bertolt Brecht, 1977; Bertolt Brecht: *Life, Work, and Criticism*, 1989) and *Literatur im Dritten Reich* (1992). He also co-edited an anthology of GDR literature (DDR *Literatur im Tauwetter*, 1985, with Richard Zipser), and a Festschrift für Reinhold Grimm (*Neue Interpretationen von der Aufklärung zur Moderne*, with Christopher Wickham, 1991).

Deutsche und Deutschland im Wandel der Zeit

Uwe Haus

Sehr geehrte Damen und Herren, ich danke Frau Professor Beitter für die Einladung, Ihnen zur Eröffnung Ihrer Tagung meine Gedanken zum Thema vorzutragen. Mit Genugtuung erinnere ich mich einer ähnlichen Loyola-Zusammenkunft vor drei oder vier Jahren, damals noch in der Nachbarschaft der Grunewalder Villen. Ihre heutige Präsenz an diesem, gewissermaßen in der Revitalisierung befindlichen östlichen Stadtrand ist Ausdruck des damals von vielen Ihrer Kollegen nur schwer vorstellbaren Wandels zur Normalität, die vom Schwarzwald bis zu den märkischen Kiefern die Menschen und das Land zu prägen beginnt. Gern folge ich dem Wunsch von Frau Beitter, mich auf drei Aspekte zu konzentrieren: 1. der europäischen Dimension der Vorgänge in Deutschland (in Stichworten); 2. dem spezifischen Ost-Ost-Diskurs unter Intellektuellen und Künstlern aus den neuen Bundesländern (etwas ausführlicher) und 3. Probleme der Theaterarbeit zwischen Kunst und Ideologie (gewissermaßen als Exkurs, weil ich hauptsächlich in diesem Gebiet tätig bin).

Zu 1.:

"Die europäische Einigung ist eine Schicksalsfrage für das vereinte Deutschland", erinnerte Bundeskanzler Helmut Kohl im Dezember 1993 die Deutschen.(1) Es irrt, wer nach der Überwindung von Mauer und Stacheldraht die Einigung Europas für eine Verlegenheitslösung der Nachkriegszeit hält. Es täuscht sich, wer die Europäische Union neuerdings für überflüssig erklärt. Sie ist das ganze Gegenteil, wenn wir nicht in die Vorkriegszeit zurückfallen wollen. Daß nach dem Zerfall der Blöcke und dem Fortfall des durch sie ausgeübten Zwanges zur westeuropäischen Einigkeit nationale Sonderwege ins Kalkül gezogen werden, ist für die deutsche Politik höchste Warnung.

In dem eingangs zitierten dramatisch klingenden Kernsatz aus der Bundes-
tagsrede des Kanzlers ist kein Gran Übertreibung. Für alle demokratischen
Kräfte in Deutschland—gleich welcher politischen Richtung—steht die
Notwendigkeit der europäischen Einigung außerhalb jeder Diskussion, weil sie
"auf lange Sicht auch eine Frage von Krieg und Frieden (ist), denn die bösen
Geister der Vergangenheit sind nicht ein für allemal gebannt."(2) Zur Lebens-
wirklichkeit der jahrzehntelangen Teilung gehört, daß für die (west-) europäische
Einigung die schreckliche Erfahrung zweier Kriege handlungsbestimmend
wurde. Es war nicht der "status quo", sondern der Erfolg dieser Politik, die im
Westen ein für allemal den Frieden sicherte und die die friedliche Revolution
im Osten inspirierte. Der einzigartige Beweis Westeuropas, Freiheit und
nationale Souveränität als gemeinsame Ausübung praktizieren zu können, war
das schlagende Gegenmodell zur sowjetischen Zwangsherrschaft über
Osteuropa. Diese Erfahrung ist und bleibt die Überlebensfrage für die
gegenwärtige und zukünftige Existenz des Kontinents.

Auf die sich seit 1989 herausbildende veränderte Kräftekonstellation in
einer neuen Weltordnung kann Europa um so stärker im positiven Sinne
Einfluß nehmen, je mehr es seine eigenen Kräfte bündelt. Besonders wichtig
ist eine zügige Erweiterung der Union als stabilisierendes Element auf die
Entwicklung in Mittel-und Osteuropa. Angesichts der enormen Probleme bei
der Transformation von Politik, Wirtschaft und Gesellschaft dieser Länder ist
ein entschlossenes Heranführen an die EU des Pudels Kern. Zwar ist die
Abkehr vom ideologisch geprägten System der Nachkriegszeit unumkehrbar,
sind die neuen Verfassungen Ausdruck demokratischer Entwicklung, doch
versagen die vorgedachten Kooperationsinstrumente, wenn es nicht gelingt,
eine tatsächliche kontinentweite Interaktion der Nationen durch gleichwertige
Lebensbedingungen und gemeinsame Bürgerrechte—von Lyon bis Minsk, von
Rügen bis Sizilien, von Wales bis Bosnien—voranzutreiben. Die unversöhnten
Tatbestände dieses Jahrhunderts, die zerbrechlichen europäischen Befriedungen
von Versailles und Potsdam, sind allein durch gemeineuropäische Sichten zu
(er)tragen.

Das tagtägliche Fortwirken der zurückgelassenen Zeiten zu analysieren und permanent Stellung zu beziehen, wird Bestandteil jeder Gesellschaft sein müssen, wenn sie zu stabilen Friedens-und Sicherheitsstrukturen des Kontinents beitragen will. Für die Befreiung von der kommunistischen Fremdbestimmung war und ist das politische und administrative Zusammenwachsen Europas die Hoffnung auf das endgültige Ende der Vergangenheit und die Vorarbeit zu universeller demokratischer Solidarität. Angesichts der anhaltenden ideologischen Kampagne der Gegner der "Westintegration" ist mit den Sachverhalten der jüngsten Geschichte gut zu argumentieren. Der deutschen Wiedervereinigung hatte die Wiederaufnahme des freien Teils Deutschlands in die Völkerfamilie vorherzugehen. "Die deutsche Wiedervereinigung ist nur durch die Mitgliedschaft in der EU und der NATO möglich geworden. Es gibt kein Zurück in nationalistisches Denken. Die Einigung Europas verbürgt Frieden und Freiheit und ist ein Bollwerk gegen kriegerische Entwicklungen."(3)

Im Herbst 1989 artikulierten sich unter den vom SED-Regime zum Verstummen gebrachten Befürwortern der nationalen Identität immer stärker die Stimmen derer, die das Durchhaltekonzept der "Kulturnation", das sprachlich und kulturell homogene, aber politisch geteilte Nachkriegsdeutschland umschrieb, aufgaben. Innerhalb von nur fünf Tagen—vom 4. auf den 9. November—war aus dem selbstbewußten Ruf "Wir sind das Volk" das Ziel der Bewegung "Wir sind ein Volk" geworden. Es spricht für den politischen Verstand derjenigen Kräfte der Bürgerbewegung, die die historische Gelegenheit genutzt haben, daß sie die innere Dynamik dieses Anspruchs mit der weitergehenden Dimension europäischer Verantwortung verknüpften. Die Jahre hatten gelehrt, daß die Teilung Europas die Voraussetzung war, um die Teilung Deutschlands aufrechtzuerhalten. Sie hatten aber auch die Überzeugung gestärkt, daß allein der westeuropäische Einigungsprozeß die nationale Identität sichern konnte.

Die in den Wochen der Befreiung benannten Zusammenhänge, die die selbstkritischen und solidarischen Aufgaben der visionierten "europäischen Identität" der wiederzuvereinigenden deutschen Nation umreißen, sind aktuell geblieben.

Das Ausmaß der jahrzehntelangen Zivilisationszerstörung im Sowjet-
bereich, das die östlichen Reformprozesse wie die westlichen Instrumentarien
stark belastet und zum Teil überfordert, verlangt neue Ideen und Strukturen bei
der Vermittlung des freiheitlich-demokratischen Wertesystems. Konsequente
Anwendung des Subsidiaritätsprinzips, Deregulierung und Bürokratieabbau
erhöhen auch die Handlungsfähigkeit bei der Erweiterung der EU. Die
gegenwärtige "geistige Ratlosigkeit" ist direkte Folge der neuen Dimension
Europas vom Atlantik bis zum Ural. Die Komplexität psychologischer und
sozialer Prozesse—die Kluft zwischen politischer Selbstbefreiung und
unterentwickelter Praxis bürgerlichen Umgangs, der totale wirtschafliche
Zusammenbruch und der unbefestigte Rechtsstaat—ist mit Ideen wie "Europa
der Regionen" oder "postnation-alstaatliche Identitäten" nicht zu reflektieren.

Der anhaltenden demagogischen Kampagne, die "europäische Inte-
gration" ziele auf Vereinheitlichung durch die Zerstörung "kultureller
Identität" und dem Mythos, das Ende der sozialistischen Regime sei das
Resultat des manipulativen Eingriffs eines westlichen Rationalismus ist
offensiv zu widersprechen. Der eingeforderte Chancenausgleich zwischen den
alten und den neuen Bundesländern ist direkte Folge der "doppelten
Vergangenheit" aller Deutschen, die 1933 beginnt und 1989 endet. Die Brüche
der Geschichte sind die eines Volkes und eines Staates. In ihnen spiegelt sich
unsere nationale und europäische Identität, der wir uns mit klaren Köpfen und
offenen Herzen stellen müssen.

Für die wiederzusammengeführten Deutschen ist vor allem die
Wahrnehmungsfähigkeit für ihre stattfindende Geschichte zu schärfen. Es ist
noch auf längere Zeit sowohl gegen die aus dem Westen kommende politische
Fahrlässigkeit im Umgang mit dem kommunistischen Erbe als auch gegen die
Langzeitgefangenen-Syndrome aus DDR-Zeiten anzukämpfen. Die Liaison
beider Prägungen macht uns seit dem "Runden Tisch" und anscheinend nicht
abnehmend zu schaffen.

Der Liedermacher Wolf Biermann hat kürzlich die deutsche Einheit als
"Wende ohne Wandlungen" bezeichnet. Er schrieb: "Seit der Wiedervereinigung sind im Osten die alten Eliten an der Macht geblieben, der

realsozialistische Privatbesitz hat nur seine sozialistische Verkleidung abgestreift. Die Bonzen genießen ihren Raub aus den Zeiten der Tyrannei jetzt in der Sonne der Demokratie. Sie haben außerdem die Kriegskasse der DDR beiseite gebracht."(4)

Biermann zog Parallelen zwischen 1945 und 1989. "Die Wiedervereinigung erweist sich als genauso verheerend wie die Zerstücklung unseres Vaterlandes. Der Zusammenbruch der DDR entpuppte sich in den letzten fünf Jahren als eine Wende ohne Wandlungen, eine Revolution ohne Revolutionäre."(5) 1945 habe nur eine verfolgte Minderheit die Befreiung als eine Befreiung erlebt, schreibt Biermann. Vergleichbar markiere für den einen Teil der Ostdeutschen das Jahr 1989 "den Zusammenbruch einer Tyrannei", für den anderen den "Beginn einer Kolonisierung des Ostens: Grauenhaft viele Ostdeutsche nostalgieren sich in eine allimentierte Debilität, und die meisten Westmenschen fassen sich schmerzverzerrt ans Portemonnaie."(6) Es ist fast sagenhaft, wie so kurze Zeit nach der Befreiung vom Kommunismus dieser aus der Verantwortung der Geschichte entlassen wird. Fernsehen, Zeitungen, Rundfunk übertreffen sich darin, Freiheit und Wohlstand von der Demokratie, dem Rechtsstaat und der Marktwirtschaft zu trennen. Das Ergebnis ist ein herbeigeredetes Jammertal, das die tatsächliche Wirklichkeit ignoriert.

Versuchen wir einige Merkmale und Ursachen für diese anscheinend gemeinsamen Nenner im deutschen Veränderungsprozeß näher zu betrachten.

Zu 2.:

Wolf Lepenies beschreibt den Intellektuellen als gemeinhin "chronisch unzufrieden"; nicht der Lobgesang, sondern die Klage sei sein Metier.(1) Er leide am Zustand der Welt—und zwar, so Lepenies, zu Recht. Hier offenbart sich die Problematik mancher vor allem ostdeutschen Intellektuellen fünf Jahre nach dem Fall der Mauer. Selbst Autoren, die nicht die Ost-West-Übersichtlichkeit zurücksehnen oder als Helfershelfer des SED-Regimes moralisch belastet sind, entdecken den prinzipiellen Überdruß. "Immer passiert was", schreibt Irina Liebmann, "aber nicht mal im Fernsehen sieht's nach was aus, auch wenn man dabei ist—nichts, einfach so brechen Welten zusammen—langweilig."(2) Nur "elende Skribenten und eitle Mimen", sagt Heinz Czechowski, "versuchen noch immer ihrem Dasein einen Sinn zu unterlegen." Wer klar sieht, erkennt, "daß wir in blechernen Särgen dem Nichts" entgegensausen.(3) "Ein Betrug wechselt den anderen ab", schreibt Kurt Drawert in seinem "deutschen Monolog Spiegelland".(4) Erwacht man wirklich im neuen Deutschland nur, um festzustellen, daß "die BRD ziemliche DDR ist", wie Eckhard Mieder meint?(5) Begreifliche Kritik am Westen scheint ohne die unbegreifliche Mystifikation des Ostens nicht auszukommen. Sollte es nicht zwischen dem Leiden an der Welt und dem Lobgesang noch Handlungsalternativen geben? Ist das Einerlei eines solchen Geschicht-spessimismus mehr als Attitüde? In welchem Ausmaß wird er von den Aktivisten, Günstlingen und Nutznießern des am 9. November 1989 zerbrochenen Regimes instrumentalisiert? Zu welchem ideologischen Zweck orakelt Heiner Müller über das "deutsche Verhängnis", "Kolonisation" oder "Überfremdung"?(6) Warum ist die Befreiung von der Diktatur für Volker Braun "das nicht Nennenswerte"?(7) Wieso bedichtet Christa Wolf den Aufbau der Demokratie als "dunkle wilde Jagd…. Genagelt / ans Kreuz der Vergangenheit. / Jede Bewegung / treibt / die Nägel / ins Fleisch"?(8) Iris Radisch diagnostiziert als Ergebnis einer Befragung und Analyse neuerer Werke prominenter (mehrheitlich systemnaher) ostdeutscher Schriftsteller "die Sehnsucht nach der DDR, wie sie nicht war."(9) Diese beharrliche Taktik scheint Früchte zu tragen. Rund dreißig Prozent der ehemaligen "Intelligenz" gehören heute zu den Wählern der SED-Nachfolgepartei. Mentalitäts-rückstände aus 45 Jahren Indoktrination sind ein fruchtbarer Boden für die Mythenbildung. "Niemand", schreibt Monika Maron, "muß auf die DDR verzichten, denn so seltsam es anmutet, sie scheint gerade als Heilmittel gegen die Krankheit zu dienen, die sie selbst hervorgebracht hat: mangelndes Selbstbewußtsein und ein Identitätsdefizit."(10)

Fünf Jahre nach dem Ende der Diktatur scheint das Gros der einst systemtragenden Intellektuellen wieder Tritt gefaßt zu haben, indem es keine Mühe hat, den Zerfall des Kommunismus als "philosophisches Ereignis" zu betrachten. Ihre praktische Kollaboration ist zwischenzeitlich als theoretische

Fehleinschätzung "aufgehoben"—und vergessen. Längst sind ihre Lebens—in Leidensläufe verwandelt. Wohl sei der Kommunismus auch vom Verlangen nach individueller Freiheit gesprengt worden, fundatmentaler aber sei das Bedürfnis nach Sicherheit, nach geistigem Halt, vor dem er versagt habe. Die Argumentation gibt sich systemübergreifend: Indem Wahrheit und Moral zu historisch relativen Größen wurden, zersetzte sich die Grundlage des menschlichen Miteinanders, das "Vertrauen zum Leben". Diese Pointe birgt Folgerungen: Mit einem Schlag wird da Liberalismus des Westens von einem Triumphator zum gefährdeten Modell. Denn auch in ihm gedeihen "populärer Relativismus", Anonymität, Bequemlichkeit, Verantwortungslosigkeit.

Heute hörbarer als 1989/90, als sich die Nomenklatura bedeckt hielt und durch "Sprachlosigkeit" von sich abzulenken bemüht war, mischen sie heute kräftig wieder als "Kinder der DDR" mit, die Schattenseiten liberaler Gesellschaften auszumalen. Ungeniert erklärt H. Müller, er habe "noch nichts wirklich dazugelernt. Es gilt alles noch, was ich schon immer wußte"—über den realen Sozialismus, und über den Westen "sowieso".(11) Auffällig ist der Unwillen zum rationalen Diskurs.

Die Schriftstellerin Helga Schubert, die nicht zu der Minderheit der ehemals staatstragenden Nomenklatura gehörte, hat in einem Interview über die Schwierigkeiten mancher Intellektuellen, sich der jüngsten Vergangenheit zu stellen, den Finger auf die Wunde gelegt: "Es geht darum, ob man sich der Lüge verweigerte oder nicht. Dazu aber hätte jeder die Möglichkeit gehabt, im Beruf, im Alltag, in der Schule."(12) Auch Drawert rückt die Repräsentanten der Lüge ins rechte Licht.(13) Die früheren Verfechter des einstigen Herrschaftsapparates werden bei ihren Namen genannt. Das ergibt sich für ihn mit Notwendigkeit aus der Maxime, "moralische Kriterien auch in ästhetischen Diskursen" zu behaupten. Im "Verdrängungsprozeß einer gescheiterten Elite" erscheint das wahre Dilemma jener, die sich einst als "Unentbehrlichkeits-figuren" des Realsozialismus aufführen konnten: "Auf dem Hintergrund zahlloser Existenzen, denen das Rückgrat gebrochen ist, heben sie den verstauchten kleinen Finger als Beweis dafür, auch widersprochen zu haben".(14) Das gab es in Deutschland schon einmal. Verständlich, daß

Drawerts Sympathie denen gilt, die "in der Dunkelheit der Fabriken und in den Finsternissen der Geschichte zu finden sind, für die es niemals eine Gelegenheit gab, das Licht der Öffentlichkeit zu sehen, in dem die Intellektuellen sich selbstgerecht spiegelten.... Gerade eine westeuropäische Linke hätte guten Grund, heute mit sich ins Gericht zu gehen."(15) Deren Sympathie mit der habitualisierten Lüge und den Formen der Selbsttäuschung und hochgestochenen Brutalität wird zunehmend thematisiert.(16) Drawerts Forderung, die Agenten des Unheils vorzuführen, die es dazu haben kommen lassen, daß "der Osten ein vollkommen kaputtes Gebiet mit ruinierten oder halbruinierten Lebensläufen ist"(17), ist nur zu verständlich angesichts einer "Dialektik", die Opportunismus, Komplizenschaft und Denunziantentum in "Klassenkampf" ummünzt. "Diejenigen, die sich einst Macht-und Einfluß-positionen sicherten, waren ja gerade keine Elite, nicht in moralischer und oft auch nicht in fachlicher Hinsicht", resümiert Helmut Ulrich.(18)

Die Erfahrungen mit der Vereinigung der Akademien der Künste West und Ost bestätigen, daß in Deutschland erneut historische Schuld unter den Teppich gekehrt wird, eine notwendige unbequem schmerzliche Aufarbeitung nicht stattfindet. Aus unzähligen Akten ist belegt, daß es zentrale Befehle der Staatssicherheit gab, sämtliche Schlüsselfunktionen in der Ost-Akademie vom MfS zu besetzen. "Filiale der Staatssicherheit" nennt sie Chaim Noll.(19) Die Erwartung der Politiker an Selbstaufklärung der Akademiemitglieder ist mehr als naiv. Sie ist Ausdruck der sträflichen Gleichgültigkeit, mit der "man" nach dem Fall der Mauer zur Tagesordnung überging. Ob in Universitäten, Medien, Behörden oder Kulturinstitutionen—überall haben die Exponenten der Ver-gangenheit die Wiedervereinigung "bewältigt". Auch die auf dem 1. Travemünder Kongreß des Schriftstellerverbandes beschlossene Geschichtskommission, die die Täter-und Opferrollen von Autoren des DDR-Schriftstellerverbandes untersuchen sollte, ist gescheitert. Von Tätern sei keine Wahrheit zu erfahren, der gewonnene Erkenntniswert sei gleich Null, sagt Joachim Walter.(20) Dabei ist xfach belegt, wie die Stasi in ihren "operativen Vorgängen" die Lebensläufe ihrer Opfer bis ins kleinste Detail plante. Da wurden über eifrige Inoffizielle Mitarbeiter (IM) Differenzen im Familienleben angeheizt, gelegentlich auch mal die "Version eines Intimverhältnisses" entwickelt und auch die berufliche Karriere (oder besser: Nicht-Karriere) im Detail organisiert. "Zersetzung" bei "feindlich-negativen Personen" nannte sich das. Als Beleg für staatsfeindliche Einstellung reichte schon, wenn sich nur ein Satz in den Akten fand wie: "Ich fühle mich beim Lesen der Presse täglich entmündigt." Die "Zersetzungsarbeit" des MfS steigerte sich Jürgen Fuchs zufolge auch im Zuge des KSZE-Prozesses. Die Stasi bediente sich zunehmend subtiler Unterdrückungsmaßnahmen, weil offene Repression nicht mehr opportun zu sein schien. "Der Mißbrauch von Psychologie und Psychiatrie hat massenhaft stattgefunden", berichtete Fuchs.(21)

Hansjörg Geiger benennt das Ziel der notwendigen Aufklärung: "Wir müssen insbesondere für die nachwachsenden Generationen aus einer intensiven Auseinandersetzung mit einer diktatorischen Vergangenheit lernen, wie eine Diktatur funktioniert, wie sie auf das Schweigen der Mehrheit angewiesen ist, um das Risiko, wieder ein undemokratisches Regime zu bekommen, möglichst zu minimieren".(22)

Selbst die Vertreter der auftrumpfenden "Verdrängungskultur"(23) sollten sich erinnern, wie mit der Biermann-Ausbürgerung ein Desillusionierungsprozeß in ihren eigenen Reihen einsetzte. Das DDR-Potential für eine Gegengesellschaft wurde, sofern es nicht in den Westen abgeschoben wurde, verinnerlicht. Ihre Widersprüche und Zerreißproben für die individuelle Identität, das Erleben eines reduzierten Lebensgefühls, wurden dabei wiederholt freigesetzt—unabhängig davon, ob das den Intentionen des Autors entsprach oder nicht. Symptomatisch war für die geschlossene DDR-Gesellschaft, daß Protest, politische Forderungen mit den Argumenten der Staatsmacht geführt werden mußten, um sich nicht sogleich dem Vorwurf "konterrevolutionärer Umtriebe" auszusetzen. Auch Eppelmanns "Berliner Appell" 1982, Bärbel Bohleys und Ulrike Poppes Auftreten gegen Pläne, Frauen zum Wehrdienst zu ziehen, die Umwelt-und Friedensbewegung hatten allein ihre Resonanz wegen des gegenrevolutionären Potentials. Wolfs Erzählung "Kein Ort. Nirgends" gilt zurecht als Paradigma für die kritisch-loyale DDR-Literatur. Stets erweist sich die vermeintliche Eigenart solcher

"DDR-Kultur" als eine Negativ-Identität: "Die Leute haben vieles ertragen, denn es gab irgendwo noch eine Ahnung von Sinn, auch wenn man dagegen war...", behauptet Müller im Januar 1990.(24) Eine schizophren wirkende Haltung zwischen Anpassung und Verweigerung, Gewöhnung an die vormund-schaftliche Staatsversorgung und Rückzug in die Nischengesellschaft wird als schicksalshafte "Solidargemeinschaft" schöngeredet. In "Initiativgruppen", "Komitees", "Allianzen", "Kuratorien" und "Interessenverbänden" wird eine "Neue ostdeutsche Solidarität jenseits alter Fronten"(25) beschworen. Die Erfahrung, im Einigungsprozeß überfahren worden zu sein, decke frühere politische Unterschiede zu, wird argumentiert. "Die rosaroten Worte der neuen Kulturdiagnose heißen: entweder Seele, Substanz, Ursprünglichkeit, Spontaneität, Naivität oder Krankheit, Schein, Vergiftung."(26)

Typisch für die sogenannte "sozialistische Intelligenz" ist es, die Teilhabe am Regime als Versuch darzustellen, Ideen eines menschlichen Sozialismus gegen den Stalinismus verteidigt zu haben. Müller z.B. hat dieses Image mit Erfolg vor 1989 in den westlichen Feuilletons plaziert. Richard Herzinger analysiert Müllers Stalinismuskritik Ende der Achtziger und kommt zu dem Schluß, daß sie nicht über die Kritik der sozialistischen Bürokratie hinaus-kommt.

"Nicht die Rechte des einzelnen gegenüber der Macht zu sichern, fordert Müller; auszunutzen, zu verwerten sei vielmehr die kollektivbildende Kraft..., statt individueller Rechte zum Schutz des einzelnen vor dem Kollektiv fordert Müller von der Macht das Recht für den einzelnen, sich für die höhere Gerechtigkeit des sozialistischen Kollektivs opfern zu dürfen".(27)

Wer "Mauser", "Zement" oder "Die Schlacht/Wolokolamsker Chaussee" einer genauen Betrachtung unterzieht und zu Müllers Schwanken zwischen Links-und Rechtsradikalem in Beziehung setzt begreift, warum zur Verklärung der Vergangenheit neue antiwestliche Argumente hinzukommen. Marko Martin nennt es "Das alte Teutonenlied: Kultur und Gemeinschaft kontra Universalität von Menschenrechten, Jüngers mythischer 'Arbeiter' als Gegensatz zum westlichen 'Kulturvampir'".(28) Nicht zufällig werden Oswald Spengler, Carl Schmitt und Ernst Jünger Müllers liebste Zitatelieferanten der letzten Jahre. "Das Mißlingen des Sozialismus kann jetzt damit begründet werden, daß er den Bruch mit der westlichen Zivilisation nicht radikal genug vollzog.... In Anlehnung an die Dekadenztheorie des Kulturkonservatismus interpretiert Müller die Geschichte des Kapitalismus als Verfallsbewegung des Lebens. Die Weltenteilung verläuft jetzt zwischen einer kolonialistischen westlichen Zivilisation einerseits und den von ihr kolonisierten Völkern andererseits. Das Bild des Kolonisierten ist bei Müller: ungebrochen das des Repräsentanten einer symbiotischen Gemeinschaft..., Parallelen zur romantischen Volkstumideologie sind auffällig."(29) Topoi aus deutscher kulturkonservativer Denktradition prägten den Diskurs von Schriftstellern wie Müller, Braun und Wolf schon zu DDR-Zeiten. In einem Interview meinte Müller 1986, "daß die Bundesrepublik keine autochthone Kultur hat".(30) Sie sei "viel stärker überfremdet als die DDR, kulturell". "Im Osten" habe sich dagegen "etwas Ursprüngliches" erhalten, das in der Bundesrepublik "durch die Amerikanisierung und durch die Computierisierung der Gesellschaft völlig totgewalzt wird". Die Unfähigkeit des sozialistischen Regimes mit westlicher Technologisierung und Rationalisierung Schritt zu halten wird als "Chance der Unterentwicklung" uminterpretiert, die es ermögliche, sich dem westlichen Prinzip der "Beschleunigung" zu entziehen. "Der Sozialismus war eine Notbremse", bekräftigt Müller 1993.(31) Auch Wolf ergeht sich kontinuierlich in moralisierender Kritik technischer und wissenschaftlicher "Segnungen der Zivilisation" und dem Schreckbild "Amerika": einer konzertierten Aktion von Politik, Kultur-und Rüstungsindustrie. Allein für Tschernobyl hat sie "keine reale Adresse"; ihr "Störfall" war gestern das SDI-Programm und ist heute die Wegwerfkultur. "Was bleibt" ist ein Unrecht, das weder analysiert noch lokalisiert wird—sehr zum Nutzen der Verursacher. Die Flucht in Zivilisations-und Technikkritik geht mit einer Verachtung der Demokratie einher, die so offen vor dem Zusammenbruch des SED-Regimes von diesen Autoren nicht artikuliert, aber in ihrem fundamentalistischen Anspruch stets präsent war. Die Frontstellung gegen "den Westen" wird auch in den letzten Texten Brauns auffällig. In seinem Gedicht "Wüstensturm" läßt die Wendung "Bagdad mein Dresden verlischt" das "Ressentiment gegen die westlichen Sieger über

Deutschland im Zweiten Weltkrieg als die eigentliche Triebkraft für Brauns Solidarisierung mit dem Irak sichtbar werden. Ob im Irak 1991, in Deutschland 1945 oder in der DDR 1989/90: in Volker Brauns Phantasie hat der Westen immer nur 'Auslöschung' im Sinn."(32)

Die genannten Positionen sind unvereinbar mit denen der Mehrheit der ostdeutschen Intellektuellen, die in den Jahren der Diktatur die humanistischen Werte westlicher Zivilisation gegen den sozialistischen Totalitarismus bewahrt und vermittelt haben. "Wie soll man sich jetzt Künstlern gegenüber verhalten, die staatsnah waren", fragte Monika Zimmermann den Bildhauer Wieland Förster. Seine Antwort ist: "Was ich von den Künstlern erwarte ist Zurückhaltung. Sie sollten eine gewisse Schamfrist verstreichen lassen, bis man aus einigem Abstand feststellen kann, wo eine künstlerische Leistung vorliegt, wo nicht. Aber an dieser Schamfrist mangelt es allerorten. Sie müßte man aber erwarten können angesichts der Schamlosigkeit, mit der enorme Privilegien genossen wurden. Aber man darf natürlich nie den Künstler mit dem Werk verwechseln. Die Geschichte fragt nicht danach, ob ein guter Künstler ein schlechter Mensch war."(33) Auch Schubert erinnert daran, daß "einfach persönliche Unanständigkeit" kaschiert wird, wenn von "Trauer" und "Blindheit" gesprochen wird. Schonverhalten sei fehl am Platze: "Wenn ich an die Demütigungen denke, die in der DDR an der Tagesordnung waren, werde ich hellhörig für alle Wiederbelebungsversuche".(34) Der Bürgerrechtler und sächsische Umweltweltminister Arnold Vaatz spricht aus, was zwischen dem 9. November 1989 und der Wiedervereinigung am 3. Oktober 1990 nur unzureichend durchzusetzen war: "Es ist zu verhindern, daß sich alte staatstragende Loyalitäten in unserer Zeit einfach fortsetzen. Ich möchte nicht, daß unter dem Schutz des Grundgesetzes Besitzstände fortgeschrieben werden, die deshalb entstanden, weil man einst den Gleichheitsgrundsätzen des Grundgesetzes ins Gesicht geschlagen hat. Ich möchte auch, daß verfolgbare Verbrechen tatsächlich geahndet werden. Denn die Nichtahndung wäre eine Einladung sich sofort wieder auf die Seite der Feinde der Demokratie zu stellen, sobald die Demokratie in Deutschland auf irgendeine Weise wieder in Gefahr gerät".(35)

Es ist festzuhalten, daß der Riß der inneren Einheit nach wie vor nicht zwischen Ost und West, sondern zwischen Demokraten und Totalitaristen, zwischen Exponenten des SED-Regimes und den einst von diesem Regime Beherrschten verläuft. Auch im fünften Jahr der Befreiung haben wir es vor allem mit unausgetragenen Ost-Ost-Konflikten zu tun: mit den Folgen von Jahrzehnte umfassender Zivilisationshemmung und Wirtschaftszerstörung, von Terror, Unrecht und Entmündigung. Für die Demokraten unter den ostdeutschen Intellektuellen gilt, was die Gesellschaft insgesamt bewältigen muß: Freiheit, Wahrheit und Gerechtigkeit sind in der pluralistischen Gesellschaft gegen ihre Widersacher durch die konkrete Beschäftigung mit deren vergangenen und gegenwärtigen Zielen durchzusetzen. Die Einsicht George Orwells "Wer die Vergangenheit beherrscht, beherrscht auch die Zukunft" (36) ist von aktueller Bedeutung. Es gilt, durch eine nachhaltige Delegitimierung des einstigen Regimes und seiner Denkmuster den Rückzug aus Geschichte und Verantwortlichkeit, der zugenommen hat, zu stoppen. Das krasse Mißverhältnis zwischen den Freiheitsspielräumen, die sich 1989 eröffneten, und dem geringen Gestaltungselan der Intellektuellen und Künstler heute, ist ein gefährlicher Luxus angesichts der Komplexität der Lage. Die Auseinandersetzungen der ostdeutschen Intellektuellen ordnen sich heute in die rechtlichen, politischen und geistigen Kämpfe Gesamtdeutschlands ein, das nach Ansicht der übergroßen Mehrheit der Bewohner der neuen Bundesländer alles dafür tun muß, um die Westbindung der Demokratie kompromißlos und offensiv zu festigen. Angesichts der "doppelten" deutschen Vergangenheit scheint vielen ein Recht zu "prinzipiellem Überdruß" von zweifelhafter Freiheit.

Es ist ein hoffnungsvolles Zeichen, daß die Enquete-Kommission des Bundestages "Zur Aufarbeitung von Geschichte und Folgen der SED-Diktatur in Deutschland", die nach dem Kräfteverhältnis im Bundestag zusammengesetzt war, mit ihrer Arbeit eine Schlußdiskussion im Bundestag—heute vor einem Jahr fast genau auf den Tag—ermöglichte, die von antitotalitärem Konsens bestimmt war. Die Vermittlung der Wertschätzung des westlichen liberalen Systems aus der Analyse der SED-Diktatur, der die NSDAP-Diktatur vorherging, ist eine aktuelle deutsche Aufgabe in europäischem Rahmen. "Hier wird noch viel Selbstforschung, insbesondere der westdeutschen intellektuellen Szene erforderlich sein"(37), vermutet Wolfgang Schuller. Die apokalyptischen Sehnsüchte jener, die das Rad der Geschichte anhalten wollen, verlangen Widerstand bevor es zu spät ist. Sich für eine—notwendigerweise stets unvollendete—Demokratie zu engagieren ist mehr als "herrschaftsfreier Diskurs". Freilich schließt das die Parteinahme für das Absolute, das Extreme aus: es muß aus der Geschichte gelernt werden.

Zu 3.:

Die politischen, geistigen und psychologischen Unterdrückungs-mechanismen jener SED-Jahre haben wie alles andere auch das Theater deformiert. Zugleich wurde diese Deformierung aber immer wieder (partiell) zum Gegenstand seiner Abbildungen (von Bessons "Drachen" bis zu Kirsts "Ritter der Tafelrunde"). Regie unter der Diktatur hatte seine ästhetisch relevanten Ausdrucksformen stets gegen den verordneten "sozialistischen Realismus" gefunden. Hier unterschied sie sich methodisch-existentiell von den Inszenierungsbedingungen in der demokratischen Gesellschaft. Deren informeller Internationalismus hatte wenig Relevanz, weil er vor allem nicht in der Lage war, die gebrochene Identität im geteilten Deutschland abzubilden. In starkem Maße war Theaterarbeit Ersatzöffentlichkeit, Überlebenshilfe gegen das normierte ND-Bewußtsein, vielfach Hort der Utopie hinter dem System. Ein breites Spektrum individueller Kritikfähigkeit versuchte die Abhängigkeit von den Interessen der herrschenden Ideologie zu mildern. Es waren vor allem Johnson, Huchel und Biermann, die ein Refugium unverstümmelten Sprechens und subversiver Unruhe schufen, und ästhetischen Rückhalt boten. Die Kulturpolitik des SED-Regimes richtete ihre Maximen—sozialistischer Ideengehalt, Parteilichkeit und Volksverbundenheit—als Disziplinierungsstrategien auf eine ideologische Kanalisierung der Inhalte. Sie verlangte ein positives, pathetisches "Epochenbewußtsein" als Abwehr gegen "Selbstzweifel" und "Lebensangst", gegen "Kosmopolitismus" und "Abweichlertum". Tun und Lassen hatte immer auch eine gegenpolitische Bedeutung.

Erinnern wir uns, daß unter der verlogenen Parole vom "sozialistischen Humanismus und Menschenbild" der Gebrauch von Masken auf der Bühne als "Spielart der Dekadenz" denunziert wurde! Die Hybris der Partei ging stets auch einher mit dem Terror ihrer Kulturverachtung. Die Gralshüter des Regimes brandmarkten "subjektiv bestimmte ästhetische Verengungen" und "bürgerliche Rückfälle", leicht war der Künstler als "Agent imperialistischer Ideologien" abgestempelt! Wer über das isolierte, auf sich und seine Gefangenschaft fixierte Da-Sein hinaus wollte, mußte jenen fundamentalistischen Umgang mit der Dialektik trainieren, der sich heute so absurd ausnimmt als hätten Kafka und Beckett um die Wette hellgesehen. Solche "Freiräume" waren keine Spielwiesen, wie sie beim sogenannten "Marsch durch die Institutionen" das altbundesrepublikanische Subventionstheater bot. Die im Westen vielreflektierte Antithese von Geist und Macht entzog sich im Osten der Interpretation, weil die Utopie auf den Bajonetten militärischer Macht nur mühsam ihre Blöße kaschierte. Wo Kleists "Prinz von Homburg", seine "Penthesilea" und die "Herrmanschlacht", Hebbels "Nibelungen" und "Judith", Büchners "Dantons Tod" kaum gespielt wurden, weil sich Texte und Vorgänge der Werke nicht zur parteilichen Vorbildfunktion umwerten ließen, mußten Regisseure Gras wachsen hören, um Lücken für ihre Anliegen zu finden. Mit einem Bein waren sie da immer in der Versenkung (bei Perten hieß das "im Keller"). Nerudas "Murieta", ein theatralisch phantasievolles Werk über einen revolutionären Selbsthelfer unter den kalifornischen Goldgräbern im letzten Jahrhundert, konnte erst die Zensur der SED passieren als Pinochet in Chile geputscht hatte! Erst nachdem es dem KGB und der Stasi paßte, das Experiment Allende aufzugeben, wurde der Vorwurf des "Formalismus" gegen die theatralische Dichtung zugunsten des "antiimperialistischen Gehalts" fallengelassen. Natürlich war unter solchen Umständen Brechts "episches" Theater, seine Methode der Abbildung von widersprüchlichen Vorgängen und Verhalten, "aufklärerisch". Vor dem Hintergrund des herrschenden Dogmatismus war seine sozialistische Doktrin nicht nur das kleinere Übel, sondern so etwas wie die "Gegenoffensive", die "Kritik der Methoden". Die Funktionäre hatten immer die Sorge, daß sie "nach hinten los ging". Gegen die

verlogenen Techniken der Identifikation mit der sozialistischen Propa-
gandawelt war die Illusion freigewählter "Einsicht in die Notwendigkeit" der
Verhältnisse von nahezu anarchistischer Labsal. Daß der Autor obendrein als
sein Regisseur Skepsis gegen seine Texte organisierte, sie als "Versuche"
apostrophierte, hat nicht nur die Tradition angepaßter, visionsarmer
Dramaturgie bloßgestellt, sondern Widerstandskraft in hoffnungsarmer Zeit
mobilisiert. Brechts Regieauffassung einte das Streben von der natura-
listischen Befindlichkeit zum gestischen Spiel. Ihr Credo war (und ist) die
soziale Phantasie-nicht die ideologische Apologetik. Künstler und Zuschauer
lernten beobachten, Fragen stellen, moralische Prizipien an ihrer Realisierbar-
keit zu messen. Im demokratischen Teil Deutschlands hingegen trug Brecht nicht
unerheblich zum republikanischen Selbstbewußtsein bei. Sein "Gebrauchswert"
erwies sich im Kampf gegen politischen Kleinmut, Obrigkeitshörigkeit und die
Arroganz der Macht. Doch hüben wie drüben blieb Brecht eingekeilt zwischen
den Fronten des Kalten Krieges.

Die Kunst der Regie hat in Ost und West fast zeitgleich die Klassiker
entstaubt, politisiert, psychologisiert, durch die Suche nach ihrem
"Gebrauchswert" nicht nur Sehgewohnheiten provoziert. "Ich kann jeden
leeren Raum nehmen und ihn eine Bühne nennen", so lautet Brooks berühmter
erster Satz in seinem künstlerischen Grundsatzprogramm.(1) Im Kontext zu
Jan Kotts folgenreichem Buch "Shakespeare heute" (2) wurden diese
selbstbewußten Ansprüche für die Regisseursgeneration der 70er und 80er
Jahre identitätsstiftend. Die im Osten nutzten die zunehmende Schwäche des
Regimes: Kupkes "Stella" in Potsdam, Sagerts "Dona Rosita" am Deutschen
Theater, "Fräulein Julie" von Schleef und Tragelehn am Berliner Ensemble,
Karge/Langhoffs "Räuber" an der Volksbühne sind nur einige Beispiele, wie
sich dem verordneten Kunstkurs entzogen wurde. Ich erinnere mich des
"gespaltenen" Publikums in meiner "Pericles"-Inszenierung zu den Weimarer
Shakespeare-Tagen 1979: der Beifall der ausländischen Zuschauer und die
erstarrten Hände derer, die zur Funktionärsloge guckten! Das Theatralische
war zum Politikum geworden.

Im Westen weiteten Stein, Grüber und andere die Horizonte und behaupteten eine neue Dimension von Zeitgenossenschaft der Regie. Von "Hölderlin's Empedokles" bis "Shakespeare's Memory" wurden Projekte maßgebend, die durch Respekt vor dem Text die Werte der Vernunft, Wahrheit und Gerechtigkeit schützten und kultivierten. Die blinden Parteigänger einer Idee, geschweige denn einer Ideologie, die über die Wahrheit schon vorentschieden hatte, wurden zur bedeutungslosen Minderheit.

Doch betrachten wir das gegenwärtige alltägliche gesamtdeutsche Theaterleben, so scheint das Talent zur Analyse, zur Suche nach Formungs- und Darstellungstechniken, um das Spannungsverhältnis von vorgedachtem Entwurf und tatsächlicher gesellschaftlicher Erfahrung aufzudecken, verkümmert. Die Vielfalt humaner Möglichkeiten, Regie als Kunst des Dechiffrierens wie sie Stein z.b. mit seiner "Orestie" vor Augen geführt hat, stößt auf trübe Blicke. Die Fähigkeit zum Erspielen eines Raums mit einfachsten künstlerischen Mitteln scheint nie in den Stadt-und Staatstheatern ästimiert worden zu sein. Während die einen aus ideologischer Prägung nach wie vor geistige Scheuklappen verpassen, reduzieren die anderen zunehmend die Texte zu austauschbaren Bild-und Materiallieferanten als habe es 1989 nie gegeben. Es herrscht bindungslose Selbstbespiegelung. Mit hochartifiziellem Prunk, mit ausgeklügelter Technik packt man den leeren Raum voll, anstatt ihn mit Inhalten zu füllen. Schauspieler spielen sich landweit entweder in ihren Privatempfinden oder unterwerfen sich abstrakten Übungen. Diffuse Befindlichkeiten blockieren die Sinne. Eine nabelsüchtige Orientierungslosigkeit, die schon lange vor dem Ende des Sozialismus im Westen die Kehrseite parteilicher Einlassungen war, gehört zu den stärksten Hemmnissen nicht nur im Wiedervereinigungsprozeß der Kunst, sondern auch bei der längst fälligen Reform des Theaters. Fixierte Archetypen und normative Tabus kollidieren mit dem pluralistischen Codex der Gesellschaft.

In einem solchen Klima können Regisseure wie Bob Wilson bequem den Sinn ihres Tuns jenseits jeder Bedeutung suchen. Mit "Doctor Faustus lights the lights", einem Opern-Libretto von Gertrude Stein, wiederholte er nun schon zum xten mal seine "knee plays". Zwecklos, aber: formschön—für alle, die schon alles haben—bot sich schon vor Jahren die "Hamletmaschine" (Text: H. Müller). Die Spitze des Selbstvergötzung war dort die abgezirkelte Übertragung der Aufführung New Yorker Schauspielschüler auf Hamburger Darsteller. Eine Liaison von fahler "L'art pour l'art" und unbelehrbarer "Kunst ist Waffe" trumpft auf. Sie fürchtet nichts so sehr wie den mündigen Zuschauer. Braun "aktualisiert" Lessings "Juden" (1749) mit einem "Nachspiel" (1994), indem er seinen Groll über eine "kapitalistische" Umarmung (1989) thematisiert, die weder mit dem Anliegen des großen Kamenzers noch mit dem Wollen und Sein derer zu tun hat, die sich aus der sozialistischen Fesselung befreit haben. Kresnick schlägt auf Gründgens ein, daß man meinen könnte, er habe etwas zu verbergen. Eine Art Blut-und Hodenästhetik [sic] scheint der gemeinsame Nenner der ideologischen Zwischenhändler. "Die Bretter, die die Welt bedeuten, bedeuten allzu oft bloß die Welt auf den Brettern."(3)

In zu wenigen Aufführungen ist ein überzeugender theatralischer Ausdruck für die epochale Zerrissenheit zu finden. Die Dramaturgie von Stücken wird über einen Leisten gezogen: ob "Lear", "Jungfrau von Orleans" oder "Nathan"—sie alle scheinen von der gleichen Selbsthilfegruppe verfaßt. Was nicht ins eigene Kalkül paßt, wird ignoriert oder plattgemacht. "Sie reden Links und treten Rechts" charakterisierte kürzlich der Bühnenbildner meiner Göttinger "Kaukasischen Kreidekreis"—Inszenierung das Gebaren. Aggressive Demokratieverdrossenheit und larmoyante Rechthaberei machen sich als Prinzipien der Selbstverwirklichung breit. Die billige Klage über fehlende demokratische Leidenschaft, das Unverhältnis zwischen privater Gefühlslage und öffentlicher Verantwortung, der Lustgewinn durch Kulturpessimismus scheinen sich zu geistig-politischen Standorten zu verfestigen, die für jemanden, der es ernst meint mit der freiheitlichen und pluralistischen Gesellschaft, weil er ihr Gegenteil am eigenen Leibe erfahren mußte, nicht von dieser Welt zu sein scheinen. Die spätestens mit dem Fall der Mauer widerlegte intellektuelle Dispositionsmasse geschlossener Denksysteme bleibt beharrlich Wünschelrute der theatralischen Selbstfindung. Was aus Brechts Geschichten und Figuren herauszuholen ist an Widersprüchlichkeit und Widerborstigkeit, an Energie und lebendiger Kraft, darauf scheint es dem

Durchschnittsakteur deutscher Theater nicht (mehr) anzukommen: "Spieltexte" sollen die Dialoge werden, "ungeheuer komplizierte, reiche Spiele" sucht man zu entwickeln, "die Vorhersehbarkeit der Fabel zu mindern", "mit Brecht anders umzugehen, als wir gelehrt wurden" raunt es in Kantinen und Feuilletoninterviews. "Ich will das intelligenter spielen als Brecht es schreibt", rief mir vor einem Jahr ein junger Schauspieler in der zweiten Probe zu. Regisseure und Dramaturgien, die in der Vergangenheit besonders rigid Brecht mißbrauchten, suchen seit dem Ende ihres "anderen Deutschlands" nun ihr Heil in "schauspielerischer Erlösung".(4) Daß die Ideologisierung Brechts ganz besonders auch im Westen Deutschlands dem Dogma dienen mußte, ist bekannt. Daß sich der ästhetische Wirrsinn der Vergangenheit heute bruchlos ins Gegenteil wendet, zeigt wie vielfältig die Deformationserscheinungen des Sozialismus—des real existierenden wie des im Geiste—sind. Der Anarcho-Chic der Volksbühne hier in Berlin wird vom Kultursenator in konvergenter Blauäugigkeit als öffentliche Auseinandersetzung allgemeiner Anliegen angepriesen. Auch der nicht aufhaltbare Abstieg des Berliner Ensembles wird durch öffentliche Mittel kräftig gefördert. Die Entbehrlichkeit gegenwärtiger Theaterkunst scheint mit so mancher Subvention offensichtlicher.

Daß die IM-Notate Heiner Müllers mit seinen zynischen Aphorismen zu tun haben, kommt den Regien seiner Stücke nicht ins Bild. Warum auch? Von der Mosel bis zur Oder bezichtigen sich die Täter zunehmend lauter als Opfer. Aus erkennbarem Eigeninteresse wird von den bekannten oder unbekannten Meiers, Müllers, Schulzes der Nutzen z.B. des Stasi-Unterlagengesetzes in Frage gestellt. Die Klientel der PDS ist auch unter den "Wendehälsen" groß. Da bleibt es opportun, "sich nicht verunsichern zu lassen". Das Make-up ist vertraut: "Hinterfragt" wird, um zu verunklaren. "Ohnmacht" fordert Rehabilitierung. Blindheit wird zur Selbstblendung hochstilisiert. Ethik (ob von Stanislawski, Hilpert oder Stein) scheint ein fossiles Fremdwort. Handwerk und Training sind als "unpolitisch" verpönt. Form steht der "Selbstfindung" im Wege. Die Ästhetik dramatischer Werke wird mit dem Buhwort "Werktreue" abgeschmettert. Kurz: "Sekten" metastasieren zwischen Brecht, Schiller und Shakespeare und ignorieren oder verachten die Zuschauer, die ihnen nicht auf den Leim kriechen. Wen wundert es da, daß diese zunehmend ohne sie auskommen? Sie haben andere Sorgen und andere Hoffnungen als ihre selbsternannten Vorbeter.

In einem solchen System ist es für mich wenig erfreulich, aber auch fast unmöglich zu arbeiten. Nach einer glücklichen "Hamlet"-Inszenierung (unter Freiliggraths Motto "Hamlet ist Deutschland-Deutschland ist Hamlet") Anfang Dezember 1989 in Kaiserslautern, mitten im Aufbruch, habe ich erst wieder in den letzten zwei Jahren in Trier (quasi abgeschieden hinter den Weinbergen, zwischen römischen Ruinen, unter dem Auge der katholischen Kirche) durch einen Zufall ein Theater und ein Ensemble gefunden, das einem differenzierten, dialektischen Verständnis der Regie offen war. Tollers "Masse Mensch", Calderons "Großes Welttheater" und Borcherts "Draußen vor der Tür" haben mein Können in eine Verantwortung genommen, die das Gegenteil von kulturpessimistischer Resignation ist. Ob und inwieweit durch unsere Interpretation/Erzählweise ästhetischer Genuß und moralisch-politische Korrektive im beteiligten Zuschauer geschaffen wurden, sei dahingestellt. Langeweile und Reanimationsversuche waren die Inszenierungen jedenfalls nicht. Auch meine Inszenierung der Brechtschen "Courage" als Stationendrama auf einer weitläufigen Cruise-Missiles-Basis im Hunsrück mit einem Ensemble amerikanischer Darsteller, die gestern die letzte von 11 Vorstellungen hatte, ist ein Zeichen der Hoffnung in vieler Hinsicht. Fünfzig Jahre nach Kriegsende zieht die Courage ihren Wagen durch die vor wenigen Jahren aufgegebene Atomraketenbasis. Das Publikum folgt ihr über Gras und Beton, in Hangars und hinter Eisentüren, an Grauensgemälden des Malers Glyn Hughes vorbei, die eine unterbewußte Fabel erzählen, die an Dante und Dix erinnern. Courage, in einer Person Opfer der Politik und unbelehrbare Protagonistin jener "kleinen Leute", die, wenn sie den Krieg schon nicht verhindern können, am Krieg wenigstens ihren kleinen Profit machen wollen, verliert fast alles bis auf ihren Wagen. Die "doppelte Vergangenheit" der Deutschen, der "Wandel der Zeit" hier sind sie greifbar, weil sie das Publikum mitbringt, sucht, in Beziehung zur inszenierten Chronik des Dreißigjährigen Krieg setzt.

Die Basis stand auf dem Höhepunkt des Kalten Krieges der achtziger Jahre im Brennpunkt der politischen Auseinandersetzung im Westen Deutschlands, weil sie im militärischen Szenarium des atomaren Weltkrieges eine zentrale Aufgabe hatte. Als "Liegenschaft ohne weitere militärische Verwendung" nach dem Ende der Konfrontation zwischen Ost und West ist sie zum Sinnbild des Friedensprozesses geworden, der Deutschland die Wiedervereinigung brachte. Durch die künstlerische Nutzung erfuhr der Ort eine Umwidmung, die der hoffnungsvollen politischen Entwicklung seit 1989 einen beredten Sinn verleiht. Mit ihren Stacheldrahtverhauen, Sicherungsanlagen Raketenbunkern ist sie ein idealer Ort für Brechts Botschaft an die Nachgeborenen: Vergeßt nicht die dunklen Zeiten, in denen wir lebten, entwickelt ein Verständnis vom Frieden als Verpflichtung und dauernde Aufgabe.

Als "Mutter Courage und ihre Kinder" 1941 in Zürich uraufgeführt wurde, war Brecht bereits Emigrant in den USA. Nun kam das Stück in einer amerikanischen Inszenierung in den Hunsrück, in dem die 50jährige Präsenz der US-Streitkräfte noch allenthalben spürbar ist. Die Inszenierung erinnert auch daran, daß mit den amerikanischen Truppen auch die von Hitler vertriebenen Künstler und Intellektuellen wieder zurückkehren durften. Während Brecht hierzulande oft zur Phrase heruntergespielt wurde, konnte er in den USA—aus der Distanz zu seinen politischen Obsessionen und moralischen Engpässen—als Menschenkenner-und-beschreiber zu anhaltender Wirkung gelangen. "Nachbar Amerika" ist das Motto des Kultursommers Rheinland-Pfalz in diesem 50. Jahr der Wiederkehr des Kriegsendes. Das tagtäglich—trotz Regen und Kälte—aufmerksame, tief berührte Publikum war beredter Ausdruck eines interkulturellen Interesses, das die übliche Theaterlandschaft nicht (mehr) befriedigen kann.

ANMERKUNGEN

Zu 1.:

1) Bundeskanzler Dr. Helmut Kohl vom 16. 11. 1993, Kiklos-Medienservice 17/3500/G.

2) ebenda.

3) ebenda.

4) Wolf Biermann, zitiert in: *Berliner Zeitung*, 20./21. 05. 1995.

5) ebenda.

6) ebenda.

Zu 2.:

1) Wolf Lepenies, in: Martin Mayer (Hrsg.), *Intellektuellendämmerung?*, München/Wien 1993, S. 27; vgl. Heinz-Uwe Haus, Identity versus Enlightenment: tasks of the intellectual life in Germany after the 1989 revolution, in: *History of European Ideas*, Vol. 19, No.1–3, July 1994, S. 301/307.

2) Irina Liebmann, zitiert in: Iris Radisch, Dichter in Halbtrauer, *Die Zeit*, Nr. 23, 4. 6. 93, S.3.

3) Heinz Czechowski, *Nachtspur, Gedichte* und *Prosa*, Zürich 1993, S. 217.

4) Kurt Drawert, zitiert in: Iris Radisch, (siehe #2).

5) Eckhard Mieder, ebenda.

6) Heiner Müller, in: *lettre international*, II. Vl., 1991; vgl. Andreas Huyssen, "Das Versagen der deutschen Intellektuellen. Verschiebebahnhof Literaturstreit," in: Karl Deiritz und Hannes Krauss (Hrsg.), *Der deutsch-deutsche Literaturstreit, Analysen und Materialien*, Hamburg/ Zürich 1991, S. 79 die treffende Feststellung: "Namhafte DDR-Schriftsteller mißverstanden die Wünsche und Sehnsüchte ihrer Mitbürger vor dem 9. November und lamentieren seither nur von Anschluß und Kolonisierung, von Plattmachen und Dampfwalzen, als hätte ihr Land vorher nur so in Blüte gestanden. (…) Die Rhetorik westlicher und östlicher Intellektueller war gleichermaßen betulich und predigerhaft, abgehoben von der Realität und selbstgerecht".

7) vgl. Helmut Kiesel, Die Intellektuellen und die deutsche Einheit, in: *Die politische Meinung*, Nr. 36, 1991, S. 49/62.

8) Christa Wolf, in: *ndl* 5/92, S. 33.

9) Iris Radisch, *Dichter in Halbtrauer*, a.a.O.,S.3.

10) Monika Maron, in: Sehnsucht nach der DDR?, *Die Zeit*, Nr. 23, 4.6. 1993, S.1

11) Heiner Müller, *Frankfurter Rundschau*, 22. 5. 1993, S. 5.

12) Helga Schubert, in: *Neue Zeit*, 6. 11. 1993, S. 14.

13) Kurt Drawert, Haus ohne Menschen, *Zeitmitschriften.*, Frankfurt/M, 1993, S. 94.

14) ebenda.

15) ebenda.

16) Vgl. Günter Kunert, "Sehnsucht nach der DDR?", *Die Zeit*, Nr. 23, 4. 6. 1993, S. 6; Heinz-Uwe Haus, Als die Regisseure Gras wachsen hörten, in: *Neue Zeit*, 21. 4. 1994, S. 14.

17) Kurt Drawert, a.a.O.

18) Helmut Ulrich, in: Neue Zeit, 15. 3. 1994, S. 14.

19) Redebeitrag auf einer Veranstaltung des Autorenkreises in Berlin, 17. 3. 1994.

20) ebenda.

21) Während einer Podiumsdiskussion der Gauck-Behörde unter dem Titel "Bearbeiten-Zersetzen-Liquidieren" in Berlin, 12. 1. 1994.

22) Hansjörg Geiger, interviewt von Michael Beeskow, in: *Neue Zeit*, Berlin, 24.7. 1993, S. 27.

23) Ein Begriff, den der Psychologe Hans-Joachim Maaz geprägt hat.

24) E. Gillen, Bilderstreit im Sonnenstaat, in: Ders./R. Haarmann (Hrsg.): *Kunst in der DDR*, Köln 1990, S. 19.

25) Rudi Böhm, zitiert in: Tilo Wend, Neue Solidarität jenseits alter Fronten?, in: *Neue Zeit*, 7. 3. 1994, S.3.

26) Iris Radisch, a.a.O.

27) Richard Herzinger, *Masken der Lebensrevolution. Vitalistische Zivilisations- und Humanismuskritik in Texten Heiner Müllers*, München 1994, S. 189.

28) Marko Martin, Und noch ein Bocksgesang, *Neue Zeit*, 14. 7. 1993, S. 14.

29) Richard Herzinger, (siehe #27).

30) Heiner Müller, zitiert in: Bewußtseinslage, *DA-Dialog*, Berlin, 2/1990, S. 2.

31) Heiner Müller, Frankfurter Rundschau, 2. 5. 1993; vgl. Müllers Texte "Mommsens Block" und "Seife in Bayreuth", in: Mark Lammert, *Blockade*, Berlin 1994.

32) Richard Herzinger, Die obskuren Inseln der kultivierten Gemeinschaft, in: *Die Zeit*, Nr. 23, 4. 6. 1993, S.8.

33) Wieland Förster, interviewt von Monika Zimmermann, Machen Sie Einheitskunst, Herr Förster?, *Neue Zeit*, 17. 3. 1994, S. 6.

34) Helga Schubert, a.a.O.

35) Arnold Vaatz, interviewt von Mathias Schlegel, Ist das Volk undankbar, Herr Vaatz?, in: *Neue Zeit*, 4. 11. 1993, S.6.

36) George Orwell, in: *Time of Change*, Chicago 1967, S.3.

37) Wolfgang Schuller, Die Macht der Macht, in: *Mut*, Nr. 325, September 1994, S. 27.

Zu 3.:

1) Peter Brook, *The Empty Space*, New York: Penguin, o.J. (72), S.11.

2) Jan Kott, *Shakespeare Our Contemporary*, London: Methuen 1964.

3) Ulrich Greiner, Zucker für die Affen, in: *Die Zeit*, Nr. 48, 26. 11. 1993, S.59.

4) Karl Hoff, Göttinger Kreidekreis: Heinz-Uwe Haus setzt Maßstäbe am Deutschen Theater, in: Communications (of the IBS), Vol. 23, No. 1, May 1994, S. 41–44.

Gekürzte Fassung des Einführungsvortrages zum Loyola College Informations- und Literaturseminar "Deutschland im Wandel der Zeit 1989–1995", 17. 06. 95, Berlin.

The Berlin Wall: Six Years After

Gail Finney

From August 1989 through July 1990 I lived in West Berlin to do research
with the support of a grant from the Alexander von Humboldt Foundation.
Given that I had spent the better part of my adult life up to that point studying
or teaching German literature and culture, the coincidence of being in Berlin
when the Wall fell in November 1989 was for me comparable to winning the
big lottery, and Humboldt assumed the role of fairy godfather. When I returned
to Berlin in June 1995 for a week-long "Berlin Seminar," sponsored by Loyola
College, in which a number of former East German writers and artists
presented their work to several dozen American German professors, the
dominant image in my mind was the memory of East and West Berliners
embracing each other and crying.

But the mood of Berlin turned out to be quite different from that of the
euphoric moment in November 1989. The discussions in the seminar were
fascinating, bringing out in crystallized form the tensions and problems that
have emerged since Germany was unified in 1990. Nowhere do these issues
loom larger than in Berlin, which since its division at the end of World War II
has stood as a microcosm of the confrontation between East and West. What
was perhaps most noteworthy about this trip was my recognition that the
friction between eastern and western Germany, as they now tend to be called,
is in many ways stronger than before the fall of the Berlin Wall: the border
kept the two countries from knowing just who was on the other side. Since
November 1989, newfound familiarity has often bred contempt. The changes
in Germany in the interim have been striking. Jürgen Kocka summed up the
situation in 1994: "Germany has changed more in the last four years than it
has in the last four decades."[1]

It took me a while to realize what felt so odd about Berlin: the Wall had vanished. Although a small remnant was preserved a few miles east of downtown for historical purposes, in the city center one sees nothing of the thick, gray barrier whose ominous presence for nearly three decades was so difficult to ignore. German thoroughness, I could not help but think— manifested first in constructing, then in deconstructing. At the Brandenburg Gate, hawkers sell as souvenirs alleged fragments of the Wall that once ran alongside it, blocking its function as a thoroughfare; now that traffic flows freely through the Gate again, it has resumed its status as a major symbol of Berlin.

But what most occupied the world's imagination as a symbol of Berlin in June 1995 was the nearby Reichstag, the century-old parliament building which was being "wrapped" by the Bulgarian artist Christo and his French wife Jeanne-Claude during the weeks I was in town. This project, which represented the fulfillment of a dream the couple had been pursuing since 1971, had enormous popular appeal. Advertisements all over Berlin integrated the theme of wrapping into the marketing of their products. Visiting the Reichstag on several occasions in the course of the work, I encountered crowds each time; their attention focused on the professional mountain climbers suspended in mid-air to drape the gray-white polypropylene fabric and secure the blue ropes that anchored it at regular intervals. The atmosphere around the building resembled that of a folk festival, complete with sideshows to entertain the audience; I was reminded of the "happenings" of the 1960s. Once the Reichstag was completely wrapped, visitors came from all over Germany and Europe to view it. More than once I heard the event characterized as the biggest thing to happen in Berlin since October 3, 1990, when millions took to the streets to celebrate unification.

What was the great allure of this "temporary artwork," as it was repeatedly called? Many expressed scorn at the enormous expense of this project that "had no point." Others saw it as a manifestation of postmodern playfulness. Most seemed impressed by the beauty of the wrapped building, by its pristine grandeur. The fact that the nearby Brandenburg Gate and especially the

Reichstag are heavily laden with historical and political significance for the Germans doubtless contributed, both consciously and subliminally, to the popular interest in the work. I for one found the project fascinating precisely because of its multifaceted, ambiguous status. It could be viewed both as art for art's sake and as a means of focusing public attention on the structure that served as Germany's parliament building until Hitler came into power and will serve the current German government in that capacity again: now that the work of Christo and Jeanne-Claude has been dismantled, the Reichstag is to receive a dome and undergo further restorations to prepare it for its role as head-quarters of the German parliament by the year 2000. In view of these manifold functions, the wrapping of the Reichstag can be seen to resemble the veiling of an object placed into a magician's hat: what goes in as a dead chicken may emerge, unveiled, as a live rabbit. It is as if the once tainted building has been transformed—disinfected—by the elaborate wrapping project in readiness for its new function. Its guilt has been expiated.

What one now notices in Berlin in place of the Wall are building cranes and jackhammers. The description I heard several times of eastern Berlin as the "world's largest construction site" is persuasive. Although forty-five years of neglect cannot be undone in five or six, much has been undertaken already, as is probably most evident in Berlin Mitte, or the old city center. Plans for this area are grandiose: renowned architects from around the world are com-peting with designs for a space projected to resemble downtown Manhattan by the year 2005. This part of eastern Berlin abounds in museums and other cultural attractions which have been revitalized since unification. Especially memorable are the changes in the old Jewish quarter, where one of the largest and most beautiful synagogues in Europe, damaged by the Nazis in 1938 and destroyed during the Second World War, has finally been restored; a popular Israeli restaurant is located just down the street. One cannot help but feel uplifted by the resuscitated Jewish presence in the heart of Germany, birth-place not only of National Socialism but of neo-Nazism as well.

Scenes such as a brand-new McDonald's in the midst of a decrepit neighborhood underline one's awareness that it will take the former East

Berlin a long time to catch up with the West. On the other hand, it should be kept in mind that as far as restoration is concerned, eastern Germany has a unique advantage over the other East Bloc countries because of its western other half. Even before the fall of the Wall, postwar German fiction often depicted the two Germanies as metaphorically gendered; the West was associated with the conventionally stronger, masculine position, and the East was feminized. This dichotomy was frequently expressed by a romantic relationship in which a female character from East Germany and a man from West Germany are separated by the Berlin Wall—a latter-day version of the myth of Pyramus and Thisbe.

During the past six years, as the two partners have come face-to-face and western Germany has been largely responsible for the restoration of its eastern counterpart, this metaphor has shifted to a sibling relationship and has gained widespread currency: the powerful western brother has been leading his smaller and much poorer eastern sister by the hand, as it were. Along similar lines, the two Germanies have often been compared with either identical or Siamese twins who are separated at birth, raised in wholly different environments for forty-five years, then reunited and forced to live together. Precisely the original connection serves all the more to foreground the distinctions produced by two different acculturations. But this troubled sibling relationship has taken its toll, one most concretely manifested in economic terms. The employed population of western Germany pays a "solidarity supplement"— 7% of their annual income—to help finance the restoration of the East. West Berliners are hit even harder, since the "Berlin supplement" they received before unification, a salary bonus devised by the West German government as an incentive to encourage people to move to an island in a communist sea, has understandably been eliminated. A florist with whom I spoke in western Berlin in June complained to me that this change had resulted in a combined loss of 1000 DM monthly for herself and her husband.

As one would expect, such financial sacrifices have bred resentment and even anger on the part of many Germans in the West. But other tensions are present as well, wearing away at the spirit, if not the letter, of unification.

Already by June 1990, a mere seven months after Germans had celebrated en masse on top of the massive structure that had divided them for 28 years, I had heard at least three intelligent, well-educated West Berliners utter words that astounded me: "As far as I'm concerned, they can put that Wall back up again." On several occasions I heard West German academics making fun of the "Ossis," or East Germans, mocking their backward taste in clothing, their provincial ways, their pronounced dialect, their general lack of sophistication. At first I was inclined to point out to my West German acquaintances that, but for a stroke of fate, they too could have been born in the German Democratic Republic, but I soon learned that such a stance could be perceived as American self-righteousness and naiveté.

While in Berlin in the summer of 1995, I was not cheered to see that the tension and even hostility between the former East and West Germany had only grown in the wake of increased exposure to each other's ways. Obviously my "population sample" is limited, not extending beyond my own friends, acquaintances, and colleagues in Germany. But I was particularly struck by the vehement comments of a close friend who teaches at a university in Berlin and who I know to be a reflective, highly intelligent person. "I hate the Ossis!" she exclaimed. "They represent everything that you Americans and others regard as worst about Germany: they are petty, provincial, materialistic, and nationalistic." Given that East Germans were virtually sealed off from the world from the time the Wall was built in 1961 until it came down in 1989, it is perhaps not surprising that they now elicit these kinds of characterizations from their affluent, cosmopolitan neighbors to the West.

Former East Germans have borne other burdens in dealing with unification. When the Wall fell, a veil was lifted from the face of the GDR: a veil covering decades of doing things halfway, if Western practices are taken as the standard. Factories and businesses were revealed to be hopelessly behind the times, schools to be significantly below the caliber of their Western counterparts. As Christa Wolf, one of the preeminent writers of the former East Germany, pointed out during the Berlin Seminar, the socialist system often employed people who were either not really needed or not capable of doing

their job; as Wolf put it, "sie wurden durchgezogen." In one of the supreme
ironies of unification, as universities in eastern Germany have been raising
their qualifications, their faculty bodies have become increasingly populated
by academics from western Germany, against whom eastern-trained candidates
can simply not compete; this situation heightens unemployment among former
East Germans at the same time that it helps reduce the marked unemployment
among academics in the West. This relationship is fairly typical of the way
things have gone. When assimilation occurs, the former West Germany is
usually the standard to which the former East Germany adapts. With
antiquated, inefficient, ecologically unsound equipment on the one side and
firms like Siemens, Thyssen, and Volkswagen on the other, with the hapless
East German Trabant facing off against BMWs and Audis, there is little
question where changes will be made. The official name—the Federal
Republic of Germany—the flag, and even the national hymn of the united
Germany are all those of the former West Germany. The development of an
inferiority complex on the part of eastern Germans vis-à-vis their brother to
the West has been inevitable. In the words of Hans Joachim Meyer, current
Minister for Science and Art in Saxony, "After a day of joy [the East
Germans] awoke [to find] they were suddenly immigrants in their own
country."[2]

Witnessing the progress of unification in Germany during this last visit,
I found myself repeatedly reminded of colonization. During the heyday of
European imperialism in the nineteenth century, Germany did not acquire
nearly as much territory as countries like Britain and France did, so that the
"internal colonization" of eastern Germany by western Germany could be seen
as something of a compensatory mechanism. As for the feelings of Germans
in the East, they appear to be mixed. Many ex-East Germans have enjoyed
financial gains since unification, virtually all have been introduced to a wealth
of consumer goods such as they never dreamed of possessing, and the ability
to travel freely can only be a welcome relief after decades of restrictions. At
our Berlin Seminar the eastern German writer Daniela Dahn estimated that
one-third of former East Germans are financially better off than before

unification, one-third are doing worse financially, and one-third are doing the same as before. Particularly hard hit are women, who enjoyed legal equality with East German men prior to 1989 but who have since suffered because of the breakdown of day-care facilities and other social services that were provided under communist rule.

On a non-tangible level, much else has been lost. It has been observed that the widescale decline of socialism represents the end of the greatest political experiment in the history of humankind. Many eastern Germans view the encroachment of capitalism and a free-market economy with dismay, and regret the failure of the socialist system, which—at least theoretically— advocated economic equality. Christa Wolf is a prominent representative of this position. Western Germans have coined a term that mocks this sentiment: *Ostalgie*, a play on the words *Ost*, or "east,"and *Nostalgie*, or "nostalgia"; one western German speaker at the Berlin Seminar defined *Ostalgie* as "longing for an East Germany that never existed."

And yet in this connection I cannot help but note that the three eastern German families with whom I have become acquainted since the fall of the Wall exhibited a warmth, hospitality, and helpfulness such as I have never experienced in the former West Germany, the U.S., or anywhere else. Possibly coincidence—three families constitute, again, a small sample. But possibly not. As I marveled at the staff of the hotel in Köpenick (in the far reaches of eastern Berlin) where the Berlin Seminar was held, who repeatedly went out of their way in a manner beyond the call of duty to accommodate the large group of American guests, I could not avoid thinking that once the transition to western ways of doing business was complete in eastern Germany, such generosity of spirit would most likely be a thing of the past. (I am aware that many in western Germany would lambast this view as a pastoral idealization.)

The discussions among former East German writers and artists at the Berlin Seminar brought these and other East-West issues to the fore. Conflicting attitudes emerged, as would be expected, between writers who remained in the East throughout the pre-Wall period and those who emigrated to the West. On the first evening a rather heated debate arose between Joochen

Laabs, Secretary-General of the eastern branch of the German PEN Club (International Association of Poets, Playwrights, Editors, Essayists, and Novelists), and Erich Loest, a Leipzig writer who served seven years in prison for criticizing the East German regime and was finally granted permission to move to West Germany in 1981. Whereas Laabs and other German writers favor merging the western and eastern German Pen Clubs, Loest argued that a union should occur only after the eastern branch expels "some remaining undesirable members," by which he undoubtedly meant those who were most severely tainted through their cooperation with the East German government. His position is that people who remained in the GDR until 1989 need a few years to rethink but are possibly too old to rethink. By contrast, Laabs feels that many critics of the former GDR remain biased by prejudices because they never had a chance to know the country as it existed before 1989.

Loest's opinion of the East German Security Service, or Stasi, the massive extent of whose secret surveillance activities in the lives of the state's population has only come to light since the Wall opened, was evident in his description of his own extensive Stasi file: "Man sieht, wie ich gelebt habe und wie ich gelebt worden bin." A comment he made about communism was especially revealing; he suggested that the communists should have taken Nietzsche as their model instead of Hegel and Marx—"der Mensch ist nicht erziehbar, sondern der Mensch ist ein Schwein." Also striking to me personally was Loest's sudden departure from a table at which I was sitting with him and a few other seminar members as we waited to be served lunch in a soup kitchen-like eating establishment in Köpenick. When I later asked him what had been the matter, he replied, "Es erinnerte mich immer mehr an die DDR. Ich mußte einfach weg."

Other differences of opinion emerged between Christa Wolf, who has lived in or near eastern Berlin since 1962 and was a member of the state party of the GDR until the summer of 1989, and Freya Klier, a filmmaker a generation younger who was born and raised in the former GDR but was eventually expatriated to the West because of her critical attitude toward the state. Klier showed our group a harrowing documentary she had made about the brutal treatment of German women by the Soviets at the end of the Second World War; in the course of the animated discussion that followed, in which some objected that such a film could be seen to mitigate the guilt of the Third Reich, the subject of racism in eastern Germany today came up. When told by the audience of Wolf's speculation that xenophobia in western Germany is probably comparable to that in the East, Klier exploded, called this claim "empörend," and proceeded to cite numerous examples of violence against foreigners and blacks in the former GDR, which she contended has steadily increased since 1990.

The adage that every coin has two sides seems nowhere truer than in the complex, ambiguous issues concerning the two parts of Germany in their attempt to become one. It will take several decades before some of the most sensitive differences begin to fade. And yet one of my dominant memories of this latest trip to Berlin is a positive one: it is encapsulated in the united subway system, the network that allows one to avoid the ever-worsening traffic above and get around fairly quickly in this geographically immense city. It was enormously exhilarating, even thrilling, to move so freely across the entire city where until November 1989 one had to exit at the border and show one's papers to impassive or hostile-faced guards at Checkpoint Charlie. These procedures have vanished; instead one just stays on the train, keeps on moving. Above all, now those in the East can move too.

The image of a wound comes to mind, a giant slash through the middle of Berlin and the middle of Germany. A scar will remain. But the wound is beginning to heal.

NOTES

[1] Jürgen Kocka, "Crisis of Unification: How Germany Changes," *Proceedings of the American Academy of Arts and Sciences*, Special issue on *Germany in Transition*, 123 (Winter 1994), 173.

[2] Hans Joachim Meyer, "Germany between Division and Unity," *Alexander von Humboldt Stiftung Mitteilungen*, 66 (December 1995), 43.

Literatur bleibt! – Der "Fall" Christa Wolf

Romey Sabalius

"Dies ist ein aufrichtiges Buch, Leser". Mit diesem Postulat leitete Montaigne die Sammlung seiner Essays ein, und Max Frisch hat sich dieser Zeilen bedient, und sie seinem Buch *Montauk* vorangestellt.[1] Dieses Zitat könnte ebensogut am Anfang der Erzählung *Was bleibt* von Christa Wolf stehen. Darum überrascht es umso mehr, daß dieser Band so scharfe Reaktionen provoziert hat, was nun bereits als "Literaturstreit" in die Geschichte unserer Wissenschaft eingegangen ist.

In erster Linie wurde Christa Wolf vorgeworfen, das Buch erst 1990 veröffentlicht zu haben, statt zu seiner Entstehungszeit ein gutes Jahrzehnt zuvor. Dabei sind sich die Kritiker durchaus darüber im Klaren gewesen, was für Konsequenzen dies gehabt haben könnte. Ulrich Greiner, einer der schärfsten Kritiker Wolfs, meinte, daß die Publikation dieses Textes vor dem 9. November 1989 eine Sensation gewesen wäre, die—wie er selbst einräumt—"sicherlich das Ende der Staatsdichterin Christa Wolf und vermutlich ihre Emigration zur Folge gehabt hätte". Die spätere Veröffentlichung findet er "nur noch peinlich".[2] Es ist frappierend, wie von seiten der Kritik die Bereitwilligkeit der Schriftsteller zur Aufopferung ihrer Existenz zum Bewertungsmaßstab gemacht wird. Zudem sind tatsächlich weder die Erzählung noch der Zeitpunkt ihrer Publikation peinlich.

Die Kritik, der *Was bleibt* unterzogen wurde, ist symptomatisch für den Umgang mit DDR-Literatur in der Bundesrepublik. Texte aus dem östlichen Deutschland wurden zuallererst und oft ausschließlich auf ihren Gehalt an Systemkritik hin untersucht. Ließ sich dann etwas Subversives finden, oder besser noch leicht durchschaubare Angriffe auf den Staat, dann passierte das Werk den Dissidenten-Lithmustest. Wenn nicht, galt es als systemerhaltend, auch dann, wenn es den Autoren gar nicht um gesellschaftspolitische Inhalte ging; ja gerade dann wurde vom ängstlichen Vermeiden der "wahren Themen" gesprochen.

Diese permanente Suche nach gesellschaftpolitisch motivierter Kritik scheint ein besonders deutsches Phänomen zu sein, und bei der Rezeption der DDR-Literatur erreichte diese Gewohnheit ihr Extrem. Es ging soweit, daß literarisch innovative und ästhetische Aspekte oft ganz aus den Augen verloren wurden. Literatur wurde kaum noch als Kunst wahrgenommen, sondern als eine besondere Form der Publizistik in einem Staat ohne freie Presse und mit einer sehr restriktiven Zensurpolitik. Sicherlich erfüllte die Literatur in der DDR diese Funktion zum Teil auch, aber eben nur zum Teil. Solche Erwartungen konnten sich zum Vor-oder Nachteil für die Rezeption und Vermarktung der Texte in der Bundesrepublik auswirken. Einerseits gab es den Dissidentenbonus, andererseits mag es aber zahlreiche ausgezeichnete literarische Texte gegeben haben, die aufgrund der politischen Fokussierung der Rezipienten auf Desinteresse stießen.

Nach der Wende, als dieser Dissidentenbonus hinfällig wurde, konnte— so muß es in der Vorstellung einiger Literaturkritiker ausgesehen haben— endlich abgerechnet werden. Was vorher als mutige politische Stellungsnahme galt, wurde jetzt mit einem Begriff wie "Gesinnungsästhetik" abqualifiziert.[3] "Was bleibt" lautete nun die Frage, die den DDR-Autoren und besonders Christa Wolf entgegenworfen wurde. Das Resümee der Kritiker war dann oft vernichtend, wobei diese aber wiederum in ihre ehemalige Dogmatik vom Primat der Politik zurückfielen. Die Vorwürfe an den Text *Was bleibt* laufen hauptsächlich darauf hinaus, daß Christa Wolf ihn nicht als ein explizites, unzweideutiges politisches Pamphlet verfaßt hat.[4] Statt dessen handelt es sich um ein ambivalentes, literarisches Werk, und dazu noch um ein recht gutes.

Die existentielle Situation einer Autorin wird dargestellt, die in einem totalitären System lebt und deren berufliches, also künstlerisches Selbstverständnis und auch deren private Identität durch die "sanften Repressalien" der Staatsmachinerie zermürbt wird. Die Ich-Erzählerin geht sehr kritisch mit ihrem eigenen Verhalten in dieser Zwangslage um. In dem Buch mangelt es nicht an Selbstbezichtigungen und dem Lamento der Hauptfigur, daß sie sich nicht zu Taten aufraffen kann, zu denen sie idealistischer Weise glaubt, fähig sein zu müssen. Angst ist ein wesentliches Leitmotiv, und die Verzweiflung der Protagonistin und ihre Demütigung angesichts ihrer Auswegslosigkeit sind das Thema. Viele sonst so findige Literaturkritiker haben zentrale Passagen offensichtlich überlesen oder sich bewußt nicht mit ihnen auseinandergesetzt. Die zahlreichen Anspielungen auf Bertolt Brechts Galilei, den von der Kirchenmacht eingeschüchterten Antihelden, und die Parabel von dem SS-Mann, der eine Jüdin liebt, und für den sich herausstellt, daß er 'nicht alles haben kann', liefern deutliche Parallelen zum Verhalten und zur Schuld der Protagonistin.

Insofern ist *Was bleibt* ein ehrliches und aufrichtiges Buch, in dem die Ich-Erzählerin fast rücksichtslos ihre eigenen Schwächen aufdeckt und analysiert. Es wurde übrigens—meines Wissens—von Seiten der Kritik nichts hinzugefügt, was in dem Buch nicht bereits beanstandet wurde, einschließlich des späten Publikationszeitpunktes. Ob es zu dem Zeitpunkt 'an dem sie ihre Sprache finden wird' nicht bereits zu spät dafür sein würde, reflektiert die Protagonistin oft selbst implizit und explizit.

In einem ausgezeichneten Aufsatz, der in den USA erschienen ist, hat Stephen Brockmann eindrücklich belegt, wie Christa Wolf der später verlauteten Kritik zuvorgekommen ist, ja oft über diese hinausging. In einer Fußnote schreibt Brockmann:

> In this sense, and only in this sense, Frank Schirrmacher, one of the book's early critics, was right to call *Was bleibt* "ein Buch des schlechten Gewissens." But it is not the book of a guilty conscience trying to hide; on the contrary, it is a book about the consciousness of personal guilt.[5]

Es ist vielleicht kein Zufall, daß dieser Artikel von einem amerikanischen Germanisten stammt, denn insgesamt war die Reaktion im Ausland grundverschieden von dem Tenor in den bundesdeutschen Feuilletons. In Frankreich wurde Christa Wolf zum "Offizier" des "Ordre des Arts et des Lettres" ernannt, und der französische Kulturminister Jack Lang habe sie in seiner Laudatio solidarisch verteidigt, heißt es in einem Zeitungsbericht.[6] Auch in Italien wurde ihr in demselben Jahr ein Preis verliehen, und selbst in Österreich und in der Schweiz war die Resonanz weitgehend positiv.

Zahlreiche sachliche wie interessante Studien zu dieser Auseinandersetzung kommen aus dem englischsprachigen Raum. Beispielsweise ist in dem britischen Journal *German Life and Letters* ein sehr erhellender Aufsatz von Gisela Roethke erschienen.[7] Die ebenfalls in den USA tätige Wissenschaftlerin macht in ihrem Beitrag deutlich, daß der Vorwurf der Literaturkritik, nämlich daß Christa Wolf ihre in der Erzählung ausgeführten Gedanken nicht früher publiziert habe, nur bedingt haltbar sei. Roethke zeigt, wie wesentliche Elemente aus *Was bleibt* in Wolfs Bettina von Arnim-Nachwort unter dem Titel "Nun ja! Das nächste Leben geht aber heute an" schon 1981 Eingang fanden.

Wie immer man die Person Christa Wolf und ihr Verhalten beurteilen mag—daß sie in ihren Büchern mit Kritik hinterm Berg gehalten habe, läßt sich ihr nicht vorwerfen. Das beweist nicht zuletzt der noch zu DDR-Zeiten erschienene Roman *Kassandra*, in dem die Vorwürfe an den Staat—wenn auch in historischem Gewand gekleidet—so scharf und deutlich sind, daß immer noch verwundert, wie das Buch die rigorose Zensur passieren konnte. Doch obwohl sich der trojanische Eumelos und seine Sicherheitstruppe recht eindeutig als Stasi lesen lassen und König Priamos, der eigentlich geliebte, aber die Tochter enttäuschende Vater, als die Staatsregierung der DDR, ist *Kassandra* dennoch kein zeit-und systemgebundener Schlüsselroman, sondern eine Darstellung mit paradigmatischen Qualitäten, die sich auch auf andere gesellschaftliche Strukturen und andere Zeiten übertragen lassen. Zusätzlich zu dieser politischen Kritik ist der Roman—wie auch die Erzählung *Was bleibt*—ein ausgezeichnet konzipiertes und geschriebenes Kunstwerk, das gerade beweist, daß Ästhetik und Moral in der Literatur in einem harmonischen Verhältnis miteinander stehen können, und daß das eine das andere nicht ausschließen muß. Dies ist es, was engagierte Literatur ausmacht, die als Kunst das Zeitgeschehen überdauern kann.

Das bleibt!

ANMERKUNGEN

[1] Max Frisch: *Montauk* (1975). Gesammelte Werke in zeitlicher Folge, Bd. 6. Frankfurt: Suhrkamp, 1976: S. 619. Michel de Montaigne: *Essais*. Tome I. Ed. Maurice Rat. Paris, 1962: S.1.

[2] Ulrich Greiner, *Die Zeit*, 1. Juni 1990.

[3] Vgl. u. a. Ulrich Greiner, *Die Zeit*, 2. November 1990. In der Diskussion im Anschluß an diesen Vortrag wurde erwähnt, daß die 68er Generation nun ihre damaligen Fehler erkenne, und diese an DDR-Autoren und deren Literatur verarbeite, was zumindest im Hinblick auf einige Kritiker plausibel erscheint.

[4] Die Tatsache, daß 1991 (!) der Büchnerpreis an Wolf Biermann (!) verliehen wurde, spricht Bände und macht die Erwartungshaltung der Kritik und Öffentlichkeit deutlich.

[5] Stephen Brockmann: "Preservation and Change in Christa Wolf's *Was bleibt*". *German Quarterly*, 67/1, 1994: S. 73–85, hier 83: "In diesem Sinne, und nur in diesem Sinne, hat Frank Schirrmacher recht, wenn er *Was bleibt* "ein Buch des schlechten Gewissens" nennt. Aber es ist nicht das Buch eines Schuldbewußtseins, das sich zu verbergen versucht; im Gegenteil, es ist ein Buch über das Bewußtsein persönlicher Schuld" (Übersetzung des Autors dieses Beitrags).

[6] Vgl. *Fachdienst Germanistik*, Oktober 1990, S. 2.

[7] Gisela Roethke: "*Was bleibt*—'Nun ja! Das nächste Leben geht aber heute an'—Zur politisch-literarischen Gratwanderung von Christa Wolf im Jahre 1979". *German Life and Letters*, 48/1, 1995: S. 86–95.

Chiffrierte Erniedrigung eines Dichters

Stevan Tontic

Für Branimir Živojinović
Rilkes Nachdichter ins Serbische

Am 6. April 1941 erfolgte der Bombenangriff auf Belgrad durch die deutsche Luftwaffe. Er richtete verheerende Zerstörungen an und forderte Tausende Opfer—Tote und Verletzte. Die serbische Nationalbibliothek ging in Flammen auf und mit ihr unschätzbare geistige Werte eines Volkes.

Der barbarische Angriff ohne Kriegserklärung war eine Strafe für Ungehorsam. Kurz zuvor, am 27. März, hatten die Belgrader in großen Demonstrationen gegen den jugoslawischen Beitritt zum sog. Dreimächtepakt protestiert, mit dem die gestürzte Regierung hoffte, Hitlers "Verschonung" zu erkaufen und so das Land vor Aggression, Krieg und Vernichtung zu bewahren, wenn auch unter Aufgabe der nationalen Würde.

Aber wir schreiben dies nicht für die Rubrik "Heute vor...Jahren", und wir wollen auch nicht an die Apokalypse vom April 1941 erinnern. Leider werden auch heute Städte zerstört, ebenso gründlich und sinnlos wie damals, und noch dazu durch die eigenen Streitkräfte. Die Vernichtung von Vukovar, Sarajevo, Mostar-unvorstellbarer Wahnwitz, unheilbare Wunden. Aber wir wollen nicht über den 6. April 1941 oder den 6. April 1992 reden—jener letztere ist durch die Kreuzigung Sarajevos in allem anwesend, was wir denken und schreiben, dieser "grausamste Monat", wie es bei T.S. Eliot heißt. Wir verweilen vielmehr bei einem, "harmlosen", Detail, das wie ein Aprilscherz anmuten könnte, wäre es nicht so schockierend und finster.

Die Chiffre für den Angriff auf Belgrad stammte nämlich aus einem Gedicht von Rilke. Einem lyrischen—andere hat er nicht geschrieben (einst wußte ich auch, aus welchem; es war ein sehr idyllisches, wie ich glaube. Der Titel ist nicht mehr wichtig. Wichtig ist nur Rilkes Name).

Lieber Gott! Als ich das vor rund zehn Jahren aus einem Dokumentarfilm erfuhr, nahm es mir den Atem. Wie bei jeder Begegnung mit etwas Unmöglichem, Monströsem, Unglaublichem. Fast ein Schock, aber kein physischer, ein "Kulturschock". Wie groß mag erst das Entsetzen der Belgrader an jenem verhangenen Morgen mit dem plötzlichen Bombenhagel gewesen sein, jenem Tag, der dem Weltuntergang glich. Und der Weltuntergang in Sarajevo dauert nun tagtäglich seit zwei Jahren—länger als eine Ewigkeit.

Doch mir geht es jetzt nur um den chiffrierten Mißbrauch eines Dichters. Welche Lästerung dieses "göttlichen" Dichters, dieser Verkörperung des modernen Lyrismus, unvergleichlicher geistiger Subtilität und poetischer Sprachschönheit. Dieses Dichters, der die erfüllte Ruhe und den stillen Ruhm des Seins besang, die Würde des Sterbens und Abschiednehmens von der Welt, die ständige, unstillbare Sehnsucht nach dem *anderen*, der sich vertrauensvoll anderen Sprachen und Kulturen gab und von ihnen empfing. Denken wir nur daran, wie er in das Geheimnis Rußlands eintauchte, denken wir an seine französischen Gedichte….

Daß der heimtückische Überfall auf eine Stadt, eine fremde Metropole unter dem Geheimcode eines lyrischen Gedichts, dem Geheimcode der Kunst stattfand, war nicht nur die bizarre Idee gewalttätiger Aggressoren, die sich zum Zweck der absoluten Geheimhaltung und des totalen Überraschungseffekts eines Krümchens "Esprit" und eines "Spielelements" bedienten. Es war auch die Demonstration einer usurpatorischen, inhumanen und kunstfeindlichen Macht, der nichts heilig ist, nicht einmal die höchsten Werte im Schoß der eigenen Nationalkultur. Der morbide Geist der Rache und Zerstörung verfügt über alles, selbst über das *Nichtverfügbare*—die Lyrik eines beispielhaft reinen und noblen Künstlers, eines unberührbaren poetischen Hohenpriesters: Rainer Maria Rilke, Mythos und Ruhm der deutschen und europäischen Dichtkunst.

Daß sie gerade auf ihn verfielen! Ihn aus dem Grab zerrten und auf ihrem Kommandostand postierten! Ihn, der erfüllt ist vom "Seinsraum", wohin kein Stiefel und kein Säbel dringt, erfüllt vom Mysterium des poetischen Bildes und der tiefen Melancholie des lyrischen Wohllauts. Ihn, dem jedes kriegerische

Denken fremd ist, der als weichlich, feminin, unmännlich denunziert wurde. Ihn, diesen Antipoden jeder Aggressivität, der ganz Ergebung, Empfindsamkeit, Entsagung und Duldsamkeit ist, der um das Geheimnis von Schmerz und Tod weiß. Ihn, der nicht "siegen", sondern nur "überstehen" will.

Eine meisterliche Wahl der Chiffre, muß man zugeben. Auch hier, in diesem gewaltsamen Kurzschluß mit der Poesie, war der Tod "ein Meister aus Deutschland". Es galt, die Poesie und einen Dichter zu erniedrigen.

Ich wiederhole: eine meisterliche Wahl des Decknamens für eine brutale Aggression. Denn wenn es in der Sprache der Nazigeneräle Worte, Sätze und Zeichen gibt, die wir an diesem Ort, in dieser Funktion nicht einmal im Traum erwarten würden, dann sind es zweifellos die Verse der großen deutschen Dichter. Hätte man sich einer Zeile aus dem nationalen Fundus der stets leicht entflammbaren militant-patriotischen Lyrik zur Chiffrierung bedient, wir wären kaum erstaunt. Denn wir haben eine gewisse Ahnung von den Sprachgewohnheiten der Militärs und ihrer Vorliebe für Gelegenheits-oder Gebrauchslyrik. Aber Rilke? Undenkbar, jenseits jeder Logik. Umso schlimmer für Logik und Poesie.

Selbst den deutschen Nationalheiligen Goethe könnten wir uns leichter am Ort dieser perversen "Selbstbedienung" und Ausbeutung vorstellen als Rilke. Aber es ging um einen Überraschungsschlag, der uns zutiefst treffen sollte. Nach dem teuflischen Prinzip der Vereinigung des Unvereinbaren führte gewissermaßen der Weg zu Rilke. Wer will noch behaupten, daß Generäle keine Phantasie haben!

Freilich kann es sein, daß für die schöpferische Arbeit an der streng vertraulichen Sprache der geplanten und auszuführenden militärischen Aktionen ein Leutnant oder Hauptmann zuständig war, dem der Generalsrang erst als Gipfelpunkt seiner Karriere vor Augen schwebte. Auf jeden Fall hatte er eine "poetische Ader", wie man so sagt. Vielleicht bewunderte er auch Rilke und verfaßte seine jugendlichen poetischen Versuche in dessen Stil.

Was macht es schon, daß die Barbarei des Faschismus und der Geist der Dichtkunst einander absolut ausschließen! Was macht es schon, daß Rilke und Hitler zwei entgegengesetzte Pole der menschlichen Natur sind, zwischen denen ein unüberbrückbarer Abgrund gähnt. Die deutschen Faschisten hatten in diesem Sinne keinerlei Skrupel, und es fiel ihnen jedenfalls leichter, Rilke zu sich in den Sumpf hinabzuziehen, statt mit neidischem Blick zu ihm aufzuschauen. Für sie war Rilke nur ein toter Aufputz am geistigen Kapital Deutschlands, ein Teilchen des märchenhaften nationalen Besitztums, das ihnen durch den dämonischen Willen der Geschichte anheimgegeben war.

Wer kann in einer Zeit der allgemeinen Würdelosigkeit und geistigen Umnachtung verschont bleiben?

Hat nicht übrigens der Dichter selbst gesagt: Das Schöne ist der Beginn des Schrecklichen?

Es ist nur seltsam, meine ich, daß die nazistischen Verbrecher in Nürnberg nicht auch für die Vernichtung und Erniedrigung der deutschen Kultur und Literatur bestraft wurden. Wenigstens symbolisch.

Und was nun?

Sollen wir ein Verbot des Mißbrauchs der Poesie für militärische Zwecke fordern? Nein, wird man uns entgegnen: Wenn Städte verwüstet, Hunderttausende Menschen getötet werden, ist die Frage nach dem Mißbrauch der Poesie deplaciert.

Die Sprache der Poesie ist selbst eine Chiffre. Durch sie chiffriert der Dichter seine geheimnisvollen Gespräche mit der Welt, mit sich selbst und mit Gott—ob er nun an ihn glaubt oder nicht.

Und große Dichtung ist wie eine befestigte Stadt, eine Festung des Geistes—nichts kann sie zerstören, nicht einmal der dreiste Versuch, ihren ursprünglichen Code zu verfälschen. Rilke konnte für einen Augenblick erniedrigt, aber niemals vernichtet werden. Denn wie wir seit langem wissen, ist die Poesie auch nach Auschwitz nicht gestorben.

Und womit waren, fragen wir uns, die zerstörenden Angriffe auf Vukovar, Mostar, Sarajevo chiffriert? Wiederum mit den Worten eines meisterhaften Dichters? Ach, es gab überall so viele stolze und enthusiastische, selbstgefällige patriotische Verse…. Dennoch schien eine andere Ader, ein anderer sprachbildender Tiefenstrom stärker. Eine epische Ader aus dem Keller des Unbewußten, aus den archaischen Schichten der Folklore—eine epische Chiffre der gemeinsamen südslawischen Sprache, eine Chiffre der unbewältigten südslawischen "Brüderlichkeit und Einigkeit". Eine romantische und blutige Chiffre, die in ihrer banalen "historischen" Wiederholung Gott und den Völkern verleidet war. Vielleicht ist sie gar nicht so geheimnisvoll, so mystisch und finster rätselhaft, wie es uns scheint, die wir uns den Kopf zerbrechen, um sie zu begreifen; wir, die wir zerschlagen und zertrümmert sind, geworfen in die Sackgasse des Vegetierens, als "Volk" wie als "autonome Persönlichkeiten" vergewaltigt und gedemütigt.

Ach, diese Chiffre unseres "Seins", unserer "Identitäten"—identisch bis zur Selbstzerstörung! Die Chiffre der Angst und die Chiffre des Hasses auf sich selbst und den anderen. Simpel wie ein Bohnengericht, primitiv, blind und taub, aber voller "großer Worte", "großer Ideen" und Visionen! Erst die Schriftsteller und Historiker künftiger Jahrzehnte und neuer Generationen werden diese Chiffre entschlüsseln. Wir müssen uns mit unserer unzuverlässigen, eher metaphorischen Methode begnügen. Eine laienhafte und willkürliche Methode—so laienhaft und willkürlich wie unser Schicksal, dieser ausgeraubte, verwüstete "Seinsraum", von dem nur die Sprache der Poesie, die Sprache unvoreingenommen Edelsinns Zeugnis ablegt.

Das wahre, beiseitegeschobene, von der Geschichte verworfene Gedicht chiffriert die "Sache selbst", das "Material" der Geschichte durch den Blick "von innen", aus gefährlicher Nähe.

Das Gedicht als offener Blick ins Kyklopenauge des Bösen und als genaues Bild des Gesehenen. Der wahrheitsgetreue Bericht aus dem Herzen der Apokalypse, gerichtet an "alle und niemanden", vielleicht an jenes himmlische Tribunal, das gar nicht tagt. Wartet es auf ergänzende Aussagen "von Ort und Stelle", auf neue Meldungen von Herrn Mazowiecki oder…?

Immer mehr Chiffren, immer weniger Geheimnisse.

Das schönste Geheimnis, das der Dichtung, bleibt Rilke.

Hier steht Marina Zwetajewa auf unserer Seite mit der Kraft der Liebe, der Kraft und dem erhabenen Entsetzen der Tragödie.

Und Gott? Gott schaut wie immer seine Werke.

* * *

Große Artikel in den deutschen Zeitungen zum 50. Jahrestag der alliierten Invasion in der Normandie. Ein pikantes Detail: die Invasion war mit lyrischen Versen chiffriert. Paul Verlaine! Ein weiteres Beispiel für verfeinerten Lyrismus, der nach der Natur der Sache den extremen Gegensatz zur apokalyptischen Sprache der Gewalt und der Waffen darstellt. Obwohl die deutschen Militärs die Chiffre kannten und sogar wußten, daß sie über den Rundfunk bekanntgegeben werden sollte—so informierten die Alliierten die Kämpfer der französischen Widerstandsbewegung—, wagten sie nicht, an soviel "Naivität" bei den Kollegen von der Feindseite zu glauben. Kurz vor dem D-Day reiste der Oberkommandierende Feldmarschall Rommel zu seiner Frau ab, um sich mit einer Portion Intimitäten zu stärken.

Die alliierte Invasion in der Normandie war mehr als der Anfang vom Ende der Hitlerschen Kriegsmaschinerie und des Dritten Reiches. Mit der Unterstützung von Verlaines Versen wurde der alles andere als lyrische Verstand der Generale übertölpelt. Verlaines Chiffre vom 6. Juni 1944 schien den Mißbrauch Rilkes am 6. April 1941 wie ein Bumerang gerächt zu haben.

Die bizarre postume Begegnung von Rilke und Verlaine im phantastischen Arrangement der Strategen aus dem zweiten Weltkrieg ist nur ein anekdotisches Beispiel für die ewige Willkür der Geschichte gegenüber der Poesie, eine Willkür, gegen die kein Kraut gewachsen scheint. Können wir uns damit trösten, daß wir unter den tödlichen "Wogen der Geschichte" die ewigen Flämmchen, die unzerstörbaren Kristalle der Poesie entdeckten und daß das Gute über das Böse gesiegt hat, indem es in göttlicher Regie den Gebrauch Verlaines gegen den Mißbrauch Rilkes einsetzte?

Es wäre ein allzu leichter historischer Trost.

(1994)   Aus dem Serbokroatischen übersetzt von
                                              Barbara Antkowiak

Die ostdeutschen Schriftsteller nach der Vereinigung: Veränderte Schreibbedingungen, Erwartungen, Themen

Daniela Dahn

Den prototypischen deutschen Schriftsteller nach der Vereinigung gibt es natürlich nicht. Zu beobachten sind die unterschiedlichsten und widerspruchsvollsten Reaktionen und Texte aller Art. Zu jeder Tendenz ließe sich auch eine gegenläufige beschreiben. Ich will mich hier auf einige für mich dominante Erscheinungen beschränken. Als Schriftstellerin (und damit Nicht-Wissenschaftlerin) bestehe ich dabei auf meinen Anspruch auf subjektive Sicht.

Was ist denn zu erwarten, wenn ein autoritärer, bürokratischer, subventionierter Literaturbetrieb in die Bedingungen der freien Marktwirtschaft überführt wird?

Folgende Entwicklungen wären logisch:

1. Auftragswerke entfallen genauso wie Zensur, jeder schreibt nur noch, was er wirklich will. Die ostdeutsche Literatur, die gerade wegen der Zensur immer politischer war als die westdeutsche, besinnt sich auf ihre eigentliche künstlerische Aufgabe, das Schimpfwort Gesinnungsästhetik gerät in Vergessenheit. Alle publizistischen Funktionen, die die DDR-Literatur aufgrund des noch viel engeren Spielraums der Massenmedien mitübernehmen mußte, entfallen ebenfalls, so daß eine wirklich autonome Poetik entsteht.

2. Aufregende, ja dramatische Stoffe liegen geradezu auf der Straße, so daß eine Vielzahl von Werken über Schicksale in der untergegangenen DDR geschrieben und Geschichten über die Freuden und Nöte in der Einheit erzählt werden.

3. Die Kritiker streichen den Autoren nun ihren früheren DDR-Bonus, begleiten sie aber verständnisvoll auf ihrem neuen, ungewohnten Weg. Auch

die westlichen Kollegen, seit Jahren entweder im einvernehmlichen oder im polemischen Gespräch mit den Ostautoren, stehen mit kollegialem Rat nicht abseits. Alle haben nun die gleichen Probleme und arbeiten deshalb in ihrer gewerkschaftlichen Vertretung, dem Schriftstellerverband, eng zusammen. Die PEN-Clubs Ost and West führen kontroverse, gleichzeitig aber konstruktive Debatten über ihre jeweilige Herkunft und vereinigen sich schließlich, um den internationalen Herausforderungen besser gewachsen zu sein.

4. Wie es die Westkollegen längst gewohnt sind, können nun auch viele ostdeutsche Autoren auf Grund der gestiegenen Lebenshaltungskosten und der geringeren Auflagenhöhe ihrer Bücher nicht mehr allein vom Schreiben leben und nehmen feste Halb—oder Ganztagsstellen im Kulturbereich an.

Soweit das, was mit einer gewissen Logik zu erwarten gewesen wäre. Aber Leben und Logik haben bekanntlich herzlich wenig miteinander zu tun und so ist in allen Punkten so ziemlich das Gegenteil von dem eingetroffen, was ich eben mit allzuviel Zutrauen in die Folgerichtigkeit der Umstände voraus-gesagt habe. Ich will versuchen, dies an den einzelnen Punkten darzulegen:

Seitdem es die DDR nicht mehr gibt, lebe ich als freie Autorin nur noch von Auftragswerken (Basis-Druck, ORB, Rowohlt). Die gewünschten Themen und Genres waren kaum belletristischer oder im engeren Sinne künstlerischer Natur, sondern es handelte sich um essayistische oder dokumentarische Bücher und Filme über die Sicht auf die DDR und die Folgen der Einheit. Zweifellos sehr politische Aufgabenstellungen und Herausforderungen, nicht nur an mich. Auch andere Schriftsteller haben nach der Wende bisher vorrangig publi-zistisch reagiert. Ich denke an Friedrich Dieckmann und Christa Wolf, von denen Essaybände erschienen sind, an Klaus Schlesinger und Adolf Endler, die tagebuchartige Reflexionen veröffentlicht haben, an die Interview-Biografie von Heiner Müller, an zwei Bände mit Gesprächsprotokollen über Wende-erfahrungen von Helga Königsdorf, an den Band "Die Sprache des Geldes" von Rolf Schneider, in dem er aus verfremdeter östlicher Sicht vergeblich versucht, hinter das westliche Geheimnis wirtschaftlichen Erfolges zu kommen.

Künstlerische Verarbeitung erfordert innere Distanz und spielerische Souveränität gegenüber dem Gegenstand, braucht also Zeit, oft viele Jahre. Insofern ist es nur folgerichtig, daß zunächst mit der schnelleren und flexibleren Essayistik und Publizistik reagiert wird.

Gleichzeitig ruft die Kritik seit dem Mauerfall nach dem großen Wenderoman, nach dem Stoff, der wie Mehltau über dem Land liegt, wie Christos Silbertuch überm Reichstag. Und alle Romane und Erzählungen die erscheinen, werden an dieser großen Erwartung gemessen. Zu dieser Erwartung gehört auch die gründliche Abrechnung mit der DDR. Wer es wagt, etwas vollkommen anderes zu thematisieren, wie etwa Christoph Hein in seinem 1993 erschienenen Roman *Napoleonspiel*, der hauptsächlich psychische Deformationsmechanismen des Westens beschreibt, erlebt die geballte Enttäuschung der Kritik. Ein Jahr später kann Hein mit seinem DDR-kritischen Erzählband "Exekution eines Kalbes" die Kritik wieder besänftigen. "Lakonisch beschreibt Hein hier die mentalen Defekte im real existierenden Sozialismus", lobt der Spiegel. Wenn Hein aber in seinem darauffolgenden Theaterstück *Randow* sehr unmittelbar Einheitsfolgen in einem Brandenburger Dorf nahe der polnischen Grenze darstellt, wie das unbewußte Zusammenspiel von westlichen Spekulanten und östlichen Asylsuchenden beim Einschüchtern und schließlichen Vertreiben der Dorfbewohner aus ihren Häusern, wirft ihm die Kritik zu große Nähe und Betroffenheit vor und damit einen Mangel an künstlerischer Brechung und Verfremdung. In diesem Dilemma befinden sich offenbar viele ostdeutsche Autoren. (Heinrich Heine: In einer vorwiegend politischen Zeit wird selten ein reines Kunstwerk entstehen.) Die Folge ist, daß die sogenannten *neuen Themen* vorerst seltener aufgegriffen wurden als erwartet. Denn unerfüllbare Erwartungen führen zu Blockierungen. Und nur wenigen ist es bisher gelungen, das Ganze als einen künstlerisch großen Wurf zu präsentieren. (Beispiele, u.a. Loest: *Nikolaikirche*. Konrad Weiß: falsches Stasi Bild. Figur widerfährt mehr Gerechtigkeit, als verdiente: genau, sensibel, fast liebevoll gezeichnet, Kichenleute seltsam verschwommen und blaß. L. seit 1981 im Westen).

Diese *neuen Themen* sind natürlich nicht für die ostdeutschen Autoren reserviert. Westdeutsche Schriftsteller erleben aus gesicherter Distanz das ganze Einheitsdrama mit und gerade diese größere Unbefangenheit erweist sich zunächst als ein Vorteil. So mag es nicht verwundern, daß es bereits mehr Bücher, Stücke und Filme über die DDR und die Einheitsfolgen in den neuen Bundesländern gibt, die von Westautoren verfaßt wurden. Daß dann wiederum ostdeutsche Leser und Zuschauer oft das Gefühl haben, die spezifische Atmosphäre der DDR sei nicht richtig eingefangen, kann auch nicht verwundern. (Z.B. "Das Versprechen", Peter Schneider, Margarete von Trotta, "Karate-Billy" von Klaus Pohl, F.C. Delius: "Der Spaziergang von Rostock nach Syrakus.").

Zu den ersten und spektakulärsten Theaterstücken gehörte *"Wessis in Weimar"*, 10 *Szenen aus einem besetzten Land* von Rolf Hochhut. In aufsehenerregenden Dialogen klagen Hochhuths Protagonisten die Zustände in den neuen Bundesländern an. "Das ist keine Kontrolle durch die Betroffenen!", läßt er die Juristin Hildegard zum Chef der Treuhand sagen, "Das ist Besatzungsrecht, wenn Einheimische nichts mitzureden haben…. Ein Gewaltakt, ganz beispiellos, Landfremden sämtliche sogenannte Filet-Stücke an Boden und Bauten verscheuern, ohne daß Einheimische mitbieten können beim Ausverkauf des Vermögens *ihres* Landes! Ein totales Novum in der Weltgeschichte, eine Variante des Kolonialismus, wie er nirgendwo gegen Menschen des eigenen Volkes je praktiziert wurde!…Sie lassen den DDR-Deutschen zehn Prozent, rauben ihnen aber neunzig. Dafür wird man Sie 'hinrichten'!" Diese Passage wurde als nachträgliche Rechtfertigung des Mordes an Treuhandchef Rohwedder ausgelegt und hätte beinahe zum Aufführungsverbot geführt. Ich will hier über die ästhetischen Qualitäten des Stückes nicht richten, mir geht es nur um die seit der Einheit zu beobachtende Tendenz, daß das, was die DDR-Literatur immer ausmachte, sich nämlich zentralen Themen der Gesellschaft zu widmen, zur Zeit verstärkt auch die westdeutsche Literatur prägt.

Das Feuilleton der großen Zeitungen zeigt sich darüber nicht begeistert. Dort wünscht man sich einen Rückzug der Literatur aus dem politischen

Schlachtfeld ins ästhetische Exil, wie es in einer Kritik hieß. Karl Heinz Bohrer fordert, mit der "Selbständigkeit des Schönen zu beginnen und dieses vom Wahren und Sittlichen getrennt zu halten". Aber ist diese jahrhundertealte Forderung nach der Autonomie des Schönen nicht immer daran gescheitert, daß sich die Kunst auch vor der Autonomie des Häßlichen nicht ganz verschließen kann?

(Diese Abtrenn-Bestrebungen sind weder neu, noch auf die Literatur beschränkt. Man erinnere sich, wie nach dem Tod von Joseph Beuys versucht wurde, auch diesen teuersten bildenden Künstler der Welt in ästhetische Räume abzudrängen. Sein erweiterter Kunstbegriff vom Menschen als sozialer Plastik, dessen Ziel die Befreiung der Arbeit von Fremdbestimmung sein müsse, wurde als naiv abgetan und einfach nicht mehr erwähnt.)

Daran wurde im Mai 1992 auf der 3. "Bitterfelder Konferenz" erinnert, auf der es um Fragen der Wirksamkeit von Künstlern und Intellektuellen ging. Auf der Bühne des im Verfall befindlichen Kulturpalastes trafen sich engagierte Künstler aus Ost und West um über die Rolle der Kunst und der Intellektuellen zu diskutieren. Der riesige Zuschauerraum blieb absichtlich leer, alle Diskussionsteilnehmer saßen auf der Bühne, von deren Schnürboden im Keller gefundene Losungen und Portraits aus DDR-Zeiten die Szene persiflierten. Ulbricht durfte mit einem Auge hinterm Vorhang vorlugen.

Neben der wohltuenden Ironie und dem heiteren Performance-Charakter des Ganzen, brachen aber auch hier uralte Mißverständnisse darüber auf, was Kunst darf und soll. Während der Veranstalter Klaus Staeck Kunst als Übungsfeld für Demokratie definierte, die nichts muß, aber was kann, und auch andere engagierte Künstler und Theoretiker sich für das sinnvermittelnde, eingreifende Denken aussprachen, für eine Veränderung, die Visionen braucht, dagegen, daß Utopien, die einst subversive Sehnsucht waren, heute als Nostalgie verdächtigt werden, kritisierten andere die Absicht der Kunst, in gesellschaftliche Prozesse eingreifen zu wollen, als Fortsetzung des verfehlten Bitterfelder Weges. Nach dem Scheitern der sozialistischen Idee sollten die Intellektuellen vielmehr endlich aufhören nützlich sein zu wollen und sich in Demut und Bescheidenheit üben. Der Zeitgeist suggeriert, daß nicht nur die

Abschaffung einer pervertierten Idee der Fortschritt sei, sondern die Abschaffung der Idee an sich.

Während auf jener Konferenz die einen (Heleno Sana) den Rückzug ins Private als Verrat bezeichneten, und Politiker wie Wolfgang Thierse von den Künstlern mehr Rat und wirklich Neues Denken erwarteten, lehnten die anderen unter Berufung auf Benjamin und seine Theorie von der Politisierung des Ästhetischen jegliche gesellschaftliche Botschaft in der Kunst ab.

Worum es in dieser und ähnlichen Diskussionen eigentlich geht, das ist die Meinungsführerschaft in der heutigen Öffentlichkeit. In seinem Artikel *Die deutsche Gesinnungsästhetik* schrieb Ulrich Greiner unmittelbar nach dem Beitritt der DDR in der *Zeit* (1.11.90): "Die Deutung der literarischen Vergangenheit, die Durchsetzung einer Lesart, ist keine akademische Frage. Wer bestimmt, was gewesen ist, der bestimmt auch, was sein wird. Der Streit um die Vergangenheit ist ein Streit um die Zukunft". Das Schimpfwort *Gesinnungsästhetik* ist in letzter Zeit wieder zur gefürchteten Geißel avanciert. Hüben wie drüben—so der Vorwurf—seien ästhetische Kriterien durch jene der Gesinnung ersetzt worden. So hätten auch Schriftsteller den Machthabern politische und moralische Legitimation beigesteuert. Aber ist das erwünschte Gegenteil von 'Gesinnungsästhetik' gesinnungsfreie oder gar gesinnungslose Ästhetik? Oder wird einfach nur eine *andere* Gesinnung erwartet? Zumal die Literaturkritik selbst in letzter Zeit wieder in geradezu penetranter Manie mit 'gesinnungsästhetischen' Maßstäben mißt.

Günter Grass hatte schon im November 1992, in seiner Münchner *Rede über Deutschland*, gefragt: "Muß uns Deutschen—wie zwangsläufig—alles, selbst das wunderbare Geschenk möglicher Einigung, zur monströsen Spottgeburt mißraten? Bleibt uns, denen so angestrengte Wortballungen wie "Trauerarbeit" und "Vergangenheitsbewältigung" eingefallen sind, nun, aus anderer Extremlage, das Knüppelwort "Gesinnungsästhetik" angedroht, mit dem unsere frischgewendeten Kulturbetriebswirte alles niedermachen, das sich nicht der Ästhetik hübsch inszenierter Beliebigkeiten befleißigt?" Die beinahe seherische Voraussage nutzte dem Autor nichts, sein jüngst erschienener Roman "Ein weites Feld", die Spottgeburt Einheitsdeutschland alles andere als beliebig beschreibend, hat bei der Kritik Reaktionen ausgelöst, die wiederum als *Hinrichtung, Kulturvandalismus, Geifer statt Geist,* benannt wurden. Sicherlich ist auch Grass—ganz nach Heines Prophezeihung—in diesen politischen Zeiten kein *reines Kunstwerk* gelungen, aber das Buch hat doch zweifellos seine großen Stärken. Einmal mehr bewahrheitet sich die Erfahrung, daß derjenige, der mit einem Werk gegen den Zeitgeist, gegen die herrschende Meinung anschreibt, keinerlei ästhetische Angriffspunkte bieten darf.

In der Kolumne der *Woche* hieß es am 8. September mit Bezug auf ein Titelblatt des Spiegel: "(Nr. 34/35): Man sah darauf den 'Großkritiker' Marcel Reich-Ranicki, wie er mit einem von Wut und Ekel verzerrten Gesicht das neue Buch von Günter Grass...in zwei Hälften zerreißt. Ein tiefes Erschrecken ging durch die Republik. Solchen menschenverachtenden Umgang mit einem Buch hatte es seit der Bücherverbrennung durch die Nazis hierzulande nicht mehr gegeben. Daß der traurige Held dieses vom 'Spiegel' kühl auf Markterfolg kalkulierten Titels sich...in die geistige Nähe derjenigen brachte, deren Opfer er einst war, entging wohl nur ihm." Dem Grafiker Klaus Staeck entging es jedenfalls auch nicht, sein Plakat mit dem Spiegel-Titel trägt die Unterschrift: Eine deutsche Tradition. Woraufhin ausgerechnet die linke *taz* Staeck heimlichen Antisemitismus unterstellt. Kleiner sind die Keulen nicht, mit denen gegenwärtig in Deutschland aufeinander eingeschlagen wird.

Reich-Ranicki findet Grass Roman *ganz und gar mißraten.* Besonders verübelt er ihm sein DDR-Bild. Grass: "Was heißt hier Unrechtsstaat! Innerhalb dieser Welt der Mängel lebten wir in einer kommoden Diktatur." RR: "Sie wissen sehr wohl, daß die DDR ein schrecklicher Staat war, daß hier nichts zu beschönigen ist. Doch Ihr Roman kennt keine Wut und keine Bitterkeit, keinen Zorn und keine Empörung. Ich gebe zu, ich kann das nicht begreifen, es verschlägt mir den Atem. Und ich kann es um so weniger begreifen, als Sie zur generellen und, wie ich meine, ungeheuerlichen Verurteilung der Bundesrepublik nach der Wiedervereinigung sehr wohl fähig sind." Gesinnungsästhetische Maßstäbe in Reinkultur.

Der frühere DDR-Kulturwissenschaftler und heutige SPD-Vize Wolfgang Thierse bemerkte dazu, daß es für ihn irritierend sei, wie offensichtlich die

Ablehnung von Grass politisch motiviert ist, weil die Meinung des Autors dem Kritiker eben nicht passe. Und welche Irritation muß dieser auf Vernichtung abzielende Vorgang erst unter den Schriftstellerkollegen auslösen? Die Spielregeln sind jetzt vorgegeben: Zu verurteilen ist gefälligst die schreckliche DDR, nicht die Bundesrepublik. Wie disziplinierend, wie einschüchternd werden diese drohenden Vorgaben wirken? Wieviel Courage bedarf es schon wieder, nicht in Selbstzensur zu verfallen?

Um Mißverständnisse zu vermeiden, natürlich sollen die Vergehen und Verfehlungen in der DDR auch mit literarischen Mitteln kritisiert werden. Ich habe dies vor und nach der Wende in meinen Büchern getan. (Beispiele für eigene Bücher: *Prenzlauer Berg-Tour*, Berlin 1987, *Und diese verdammte Ohnmacht*, Mitherausgeberin und Mitautorin, Berlin 1991, und der Text "Wir Zettelfalter", aus der Anthologie *Die sanfte Revolution*, Leipzig 1990, der auch in den USA erschienen ist). Aber wer was mit welcher Intension und Intensität angreift, muß doch wohl den Schriftstellern überlassen bleiben. Die Zeiten des sozialistischen Realismus, von dem keiner genau wußte, was das sein soll, haben wir nicht deshalb abgeschafft, um uns nun Forderungen nach einer Art kapitalistischem Realismus gegenüber zu sehen.

(Solidaritätsbekundungen von Kollegen: Lew Kopelew: "Das ist ein Kritiker, der sein Handwerk im stalinistischen Osten gelernt hat.… Eben dieser Berufsverreißer hat die schlicht polizeiliche Verlagszensur durch seine 'ideologisch ästhetische' Denunziation ergänzt." Adolf Muschg: "Die Mittel, welche diese Kritik 'wählt', zeigen immerhin, wie sehr sie sich durch Dein Buch bedroht fühlt. Von seiner Botschaft darf nichts durchkommen, auch nicht als leiser Zweifel zu Deinen Gunsten." Gert Heidenreich: "Dummheit und Brutalität der Kampagne zeigen, daß wir sehr viel schlimmer dran sind, als Günter in seinem "Weiten Feld" vermuten läßt". Detlef Henschke, IG-Medien: "Günter Grass hat in den letzten Jahren Anstoß erregt und war für alle, die eine neue nationale Rolle der Bundesrepublik suchen, ein Ärgernis. Nun scheint die Stunde der Abrechnung gekommen.")

Ein Positives hat der ganze Vorgang immerhin: Ein Buch ist zum nationalen Ereignis geworden. Und zum beinahe einstimmigen Chor der empörten Kirtiker gibt es doch auch eine, wenn auch kleiner werdende, Gegenöffentlichkeit, was in der DDR nicht möglich gewesen wäre. Grass, dessen Buch zunächst *Die Treuhand* heißen sollte, eine Einrichtung, die er ein *babarisches Instrument* nennt, erklärte, es sei ihm zum einen um die Entdämonisierung der DDR gegangen, die er während ihrer Existenz immer kritisiert habe. Zum anderen um die dringend notwendige literarische Korrektur zu dem, was regierungsamtlich schon als Geschichte festgeschrieben sei—über alle Versäumnisse und Fehler hinweg. "Die Geschichtslegende von der gelungenen deutschen Einheit wird in meinem Buch in Frage gestellt, und darauf reagieren die Menschen, die an dieser Legende mitgestrickt haben—es sind nicht wenige—wütend, nahezu haßerfüllt. Ein Anzeichen für eine verdeckte Unsicherheit."

Unsicherheit ist offenbar auch der Hintergrund für weitere Legenden, die gegenwärtig etwa zwischen den noch existierenden PEN-Clubs Ost und West umkämpft werden. (Exil-PEN) Während sich der DDR-Schriftstellerverband noch in der Wende überstürzt aufgelöst hat und wer wollte dem Westverband beigetreten ist, während sich die beiden Berliner Kunstakademien unter monatelangen Aufregungen, Beschuldigungen und Austritten auf beiden Seiten schließlich doch vereinigt haben, haben die PEN-Clubs sich vorgenommen, die Fehler der überstürzten Vereinigung nicht zu wiederholen und sich Zeit zu lassen. Zumal die Mitglieder beider Zentren automatisch Mitglieder des internationalen PEN sind und eine Vereinigung vereinsrechtlich gar nicht so einfach ist. In den ersten vier Jahren gab es dann auch eine relativ kollegiale Zusammenarbeit zwischen beiden Präsidien, man besuchte die gegenseitigen Vollversammlungen, unterrichtete sich über geplante Vorhaben, verfaßte gemeinsame Resolutionen und organisierte gemeinsame Veranstaltungen. Das war um so bemerkenswerter, als das geistige Klima nach dem Beitritt mehr als rauh war. Der damalige Generalsekretär des westdeutschen PEN-Zentrums, Bissinger, beschrieb die Situation auf einer Tagung im Mai 1992 folgendermaßen:

Selten hat es hier so heftige Auseinandersetzungen zwischen Intellektuellen gegeben, wie wir sie in diesen Monaten ertragen müssen. Die Kaste der Autoren, Journalisten, Kritiker und Schriftsteller ist in feindliche Lager zerfallen; sie führen eine regelrechten Stellvertreterkrieg.... Es macht den Eindruck, als wollten einige die Vereinigung der beiden deutschen Staaten als günstige Gelegenheit nutzen, verlorene Schlachten der 70er und 80er Jahre nachträglich noch gewinnen zu können. Die aufgeklärte Linke der Vor-Wendezeit soll mit dem DDR-Sumpf identifiziert und damit endgültig um ihre Glaubwürdigkeit gebracht werden. Getreu dem Muster: Wer Kritik am Verfahren der Wiedervereinigung übt, der kann nur für die DDR sein. Und wer für die DDR ist, der billigt den Spitzel-Apparat Stasi und wer das tut, gehört sowieso nicht mehr in unsere Gemeinschft. Ja, so schlicht funktioniert das inzwischen.... Dabei schrecken viele unserer Mitglieder vor fast gar nichts mehr zurück: weder vor der Vereinfachung noch vor persönlicher Anklage. Ziel ist es, die Andersdenkenden einzuschüchtern. Das aber dürfen wir nicht zulassen.

Die Mitglieder des Ost-PEN vertraten dennoch auf ihrer Vollversammlung Ende 1994 mehrheitlich die Auffassung, daß solche Querelen nicht die Oberhand gewinnen dürften, sondern daß angesichts so übergreifender Probleme wie Ausländerfeindlichkeit oder Kriegsgefahren in Europa die Zeit reif wäre, mit gemeinsamer Stimme zu sprechen und deshalb Gespräche über Wege zur Vereinigung aufzunehmen. Der damalige Präsident des West-PEN, Gert Heidenreich, schloß sich dieser Auffassung an und informierte in Absprache mit seinem Präsidium in einem Rundbrief seine Mitglieder über die beabsichtigten Verhandlungen. Woraufhin bei knapp zwei Dutzend von über 500 Mitgliedern des West-PEN ein Sturm der Empörung ausbrach. Einstige in den Westen gegangene DDR-Dissidenten, die meist selbst jahrelang Mitglieder des DDR-PEN waren, ohne speziell *darin* eine kritische Rolle zu spielen, behaupteten nun, der DDR-PEN sei eine *totalitäre Schriftstellervereinigung* gewesen (S. Kirsch), und es sei unzumutbar, *mit den kaum wend-und wandelbaren Spitzeln, Denunzianten und Halunken von gestern an einem Tisch sitzen zu müssen* (Günter Kunert fand für seine ostdeutschen

Kollegen sogar die schmeichelhafte Bezeichnung: Gehirnamputierte). Bittet man um Konkretisierung der Anschuldigungen folgt meist ein vielsagendes Schweigen. Halb-und Unwahrheiten haben Konjunktur. Ich selbst bin erst nach der Wende in den PEN gewählt worden, kenne die früheren Vorgänge also auch nur vom Hörensagen. Fraglos gibt es dunkle Flecken in der Geschichte des DDR-PEN, unterlassene Proteste, versuchte Einflußnahme durch Staat und Staatssicherheit, bei denen frühere Amtsträger auch durchaus dienstbar waren. Viel herausgekommen ist dabei jedoch nicht. Der PEN behauptete die praktizierte geheime Wahl mit benötigter Zweidrittel-Mehrheit bei Neuaufnahmen. So blieben die allermeisten parteitreuen Großautoren vor der Tür. Die zwei Ansätze, eine Parteigruppe zu bilden, verliefen im Sande. Niemals ist ein kritischer Autor aus dem PEN ausgeschlossen worden. Stefan Hermlin ist seit 20 Jahren ein geachteter Vize-Präsident des internationalen PEN. Nach Gesprächen mit dem für strittige Fälle eingerichteten Ehrenrat haben belastete Mitglieder den Ost-PEN verlassen. Die Protokolle einer Veranstaltungsreihe unter dem Motto: *Gespräche zur Selbstaufklärung sind* als Buch erschienen. Die Hälfte der rund 140 Mitglieder sind überhaupt erst nach der Wende hinzugewählt.

Natürlich muß man die Verletzungen und Gefühle der einst aus dem Land gegangenen ernst nehmen. Opfer von Drangsalierungen gibt es aber im Ost-PEN genauso. "Warum kommt plötzlich dieser unversöhnliche Ton auf?", fragt nicht nur der als leidenschaftlicher Individualist bekannte Dramatiker Hartmut Lange. Nachdem das Mißtrauen gegen ihn kontraproduktiv wurde, verließ er die DDR frühzeitig. Heute fordert er, die verlogene Moraldebatte zu durchbrechen. Halunken hätte er auch im West-PEN erlebt, da herrsche Cliquenwirtschaft und Intoleranz, weshalb er ausgetreten und als Westberliner in den Ost-PEN zurückgekehrt sei. "Wenn ich Künstler bin, habe ich doch ein ganz anderes Menschenbild. Dann weiß ich, daß der Mensch schwach ist, verführbar ist, schuldig wird."

Doch auf der Jahrestagung des West-PEN im Frühjahr dieses Jahres konnten sich mit 50 zu 30 Stimmen die Hardliner durchsetzen. Es wurde ein Beschluß verabschiedet, der mit Hinweis auf die angeblich mangelnde

Vergangenheitsaufarbeitung des Ost-PEN für zwei Jahre alle offiziellen Kontakte beider Zentren untersagt. Persönliche Gespräche wurden immerhin großzügig erlaubt.

Darauf trat das alte West-Präsidium empört zurück und verweigerte die weitere Mitarbeit. Auch Beobachter des internationalen PEN zeigten sich sehr befremdet über das Klima des Kongresses in Mainz. Klaus Staeck:

> Was nicht mehr zu ertragen ist: der Alleinvertretungsanspruch eines ruhelosen Moral-Komitees aus eigener Gnade mit höchstrichterlicher Diskurshoheit.... In dem gegenwärtig herrschenden Klima von Denunziation und Verdächtigung ist eine ernsthafte Auseinandersetzung kaum noch möglich.

Um dieses Klima zu verändern, organisierten Staeck und andere West-PEN Vertreter des Verständigungskurses eine völlig unerwartete Aktion. Sie überzeugten 68 namhafte Mitglieder des West-PEN eine Doppelmitgliedschaft im Ost-PEN zu beantragen. Inzwischen sind über 80 Autoren aus dem Westdeutschen, einzelne auch aus dem Österreichischen, dem Deutsch-schweizer, dem deutschen Exil-PEN und dem Galizischen PEN in den Ost-PEN übergetreten. Unter ihnen Marion Gräfin Dönhoff, Ota Filip, ein aus dem Prager Frühling bekannter Tschesche, Günter Gaus, Günter Grass, Hildegard Hamm-Brücher, die als Bundespräsidentin kandidiert hat, Walter Jens, Präsident der Westberliner Akademie der Künste, Peter Rühmkorf, Friedrich Schorlemmer, Johannes Mario Simmel, Dorothee Sölle und der vorige Präsident des West-PEN, Gert Heidenreich. Durch diesen vom Statut als Möglichkeit vorgesehenen Schritt sind die Kontakte zwischen vielen Ost—und Westautoren jetzt intensiver als je zuvor (Deutsche Gespräche). Dennoch bleibt die Feststellung des Generalsekretärs des PEN-Zentrums Ost, Joochen Laabs, aktuell:

> Die deutsche PEN-Schlacht, an dem gemessen, worum es dem Internationalen PEN und auf der Welt überhaupt geht, wird zur peinlichen

Groteske. Auf jeden Fall bleibt es fatal, wenn als Indiz jeder mißlungenen Phase deutscher Geschichte dem Internationalen PEN ein weiterer deutscher PEN-Club hinterlassen wird. Drei haben wir schon.

Die Literaturszene, damit meine ich sowohl die Bücher, als auch die Kritik, als auch die Debatten unter Autoren und Journalisten, ist also zur Zeit nicht durch künstlerische Momente dominiert, sondern erlebt eine starke Politisierung und Moralisierung. Kennzeichnend sind ethischer Alleinvertretungsansprruch, Intoleranz, Einschüchterungsversuche und ideologische Nachzugsgefechte. Damit haben sich vorerst nicht die liberalen westlichen Werte durchgesetzt, sondern es hat eine Art Verostung des Literaturbetriebes stattgefunden.

Was die praktischen Schreibbedingungen betrifft, hat sich natürlich eine Verwestung durchgesetzt. Es ist schwerer geworden, vom Schreiben zu leben. Das liegt nicht etwa daran, daß Autoren nun nicht mehr alimentiert werden. Auch in der DDR mußte man vom Verkauf seiner Bücher leben. Das Gerücht, daß an Schriftsteller regelmäßig staatliche Gehälter gezahlt wurden, scheint zu den unausrottbaren Legenden über die DDR zu gehören. Die Möglichkeiten, vorübergehend Arbeitsstipendien zu beantragen, waren damals sogar sehr viel bescheidener als heute. Das Leben als freier Autor war dennoch leichter, 1. weil man aus verschiedenen Gründen mehr Bücher verkaufte (Angebot, Preis, Zeit, Zensur) und 2. weil die Grundkosten des Lebens sehr viel niedriger waren. Bei bescheidenen Ansprüchen konnte man etwa im Prenslauer Berg vom Schreiben von Gedichten durchkommen. Heute geht das nicht mehr. So meine eigene Erfahrungen. Viele östliche Verlage und fast alle über Jahre gewachsenen Kontakte zu Lektoren gibt es nicht mehr. Zwar sind viele neue, kleine Verlage entstanden, aber deren finanzielle Situation ist sehr angespannt. Unter diesen Bedingungen haben viele, nicht ganz so etablierte Autoren, das Schreiben weitgehend aufgegeben und arbeiten heute in artfremden Berufen oder sind arbeitslos oder Vorruheständler. Andere versuchen eine Tätigkeit im Kulturbereich aufzunehmen, was insofern schwierig ist, als dies nun viele gleichzeitig versuchen, während doch überall in der Kultur Stellen eingespart werden müssen.

Kurzum—ein Pessimist muß zu dem Schluß kommen, nur das Negative von beiden Seiten hat sich erhalten. Ein Optimist dagegen ist überzeugt: Es kann nur besser werden.

Verpfuschte Ankunft

Joochen Laabs

Frühkindliche Prägungen besitzen eine hinterhältige Hartnäckigkeit. Eine, von der ich glaubte, sie unter den wachsenden Schichten meiner Lebensjahrzehnte, wenn auch nicht begraben, so doch beruhigend tief abgelagert zu haben, ist durch die jähen Verwerfungen wieder ans Tageslicht gerissen worden und streckt mir die Zunge raus: Mein Verhältnis zu Deutschland.

Ich bin geneigt, zu sagen, mich hat das Schicksal auf dem Weg nach Deutschland vorschnell und an die falsche Hand genommen.

Als von Deutschland nicht viel geblieben war—im großen und ganzen, aber auch mir: der Krieg hatte den Vater abgefordert, die Wohnung in Dresden zerstört, und mit ihr waren wir, der Familientorso, so gut wie alles los, was zum Leben gehört—; als die Zeit sich zur endlosen Ödnis, von Bruch, Asche und Elend überlagert, ausbreitete, aus der man sich, zumal als Kind, nur heraushungern und forthoffen konnte, spielte das Schicksal mir ausgerechnet die Schulbücher meiner Mutter zu.

Denn wir waren bei den Großeltern untergekommen. Glück in der Not. Aber außer diesen Bücher fand sich nichts—wenn ich von den Kiefernkloben zum Heizen absehe, aus deren Rinde sich Borkenschiffchen schnitzen ließen—das ich in meine Kinderwelt aufnehmen konnte. Die Schulbücher hatten den ganzen erwartungsvollen Raum der Kinderphantasie auszufüllen, in dem sonst Märklin-Eisenbahnen, Kasperpuppen, Kaufmannsläden, kurz zuvor auch noch Kriegsspielzeug, und wenn schon, so altersgerechter Lesestoff, "Robinson" vielleicht, "Lederstrumpf", Karl May oder Tom Shark damals ihre Dienste geleistet hätten.

Nicht nur, daß die Bücher, da sie für Lyzeen und höhere Mädchenanstalten bestimmt waren, nicht so ganz auf mich abzielten, sie hatten vor allem

an einer anderen Zeit Maß genommen, der selbst die Ahnung von Welt-
wirtschaftskrise, Nazizeit, Auschwitz und Kriegsverheerung abging, erst recht
deren Realität.

E. von Seydlitz: "Geographie für höhere Lehranstalten. Teil 1: Länderkunde
von Mittel-und Westeuropa unter besonderer Berücksichtigung von *Deutschland*" hielt ich in den Händen. Nun, da alles in Scherben gefallen war, in denen
auch ich saß, breitete sich vor meinem "sehnsüchtigen Geist" ein *erlesenes*
Deutschland aus—von der Kurischen Nehrung bis zum Bodensee, von der
Mosel bis nach Oberschlesien. Und auf den Abbildungen zeigte es sich von
seiner besten Seite: als Alpen-, Rhein-, Erzgebirgs-, und Heidelandschaft, als
Wattenmeer und Kreidesteilküste. Tabellen sammelten ein, was deutsch hieß:
den Rhein, die Elbe, die Donau, die Oder, die Weser; Zugspitze, Feldberg,
Schneekoppe, Fichtelberg, Brocken; Berlin, Hamburg, München, Köln,
Leipzig, Dresden; Flüsse, Berge, Städte in deutsche Ordnung gebracht, mit
dem zwingenden Eindruck selbstverständlicher Zusammengehörigkeit. So wie
Rom, Mailand, Neapel, Turin…Seine, Rhone, Loire, Garonne an anderer Stelle
ihre Zusammengehörigkeit auswiesen.

Die Geschichtsbücher ("Wagner-Lampe: Deutsche Sagen und Lebensbil-
der") belebten das Land: Armin den Teutoburger Wald, die Nibelungen das
Rheinland, die Minnesänger die Kaiserpfalzen, die Reformation Kursachsen,
die Lützower Schlesien. Wo immer ich hingeführt wurde, richtete ich mich in
meiner Phantasie ein, als stünde mir das alles zu.

Doch wodurch die Landschaften mir richtig ins Gemüt drangen, das waren
die Gedichte, die ich in Prof. Dr. Otto Lyons *Auswahl deutscher Gedichte*
fand: Ich war der *Wanderer, der sein Herz in gewaltigen Händen festhalten*
mußte angesichts der *rastlos donnernden Wasser* des Rheins; mich *ergriff* es
flußabwärts *im kleinen Schiffe mit wildem Weh;* mir *glänzte* der Neckar
vorbei, über den *sich leicht und kräftig die Brücke schwingt, die von Wagen
und Menschen tönt;* vor mir *lag die Heide still im warmen Mittagssonnenstrahle,* und *mein ganzes Herz* war's, das *an der grauen Stadt am
Meer hing;* und nichtsdestoweniger *pochte* es mir, als *erschaute* ich, *heimge-
wendet, die Schneegebirge, süß umblaut, das große, stille Leuchten;*

lediglich Halligmatrose zu sein, um auf die Hallig zurückzukehren und *dort zu sterben und im Grabe zu ruhn,* scheute ich mich etwas.

Der unspektakuläre Wechsel der Roggenfelder und Kiefernwälder um mich her, die Backsteingehöfte, die sich zum tristen Niederlausitzer Dorf sammelten, diese Attribute der Kärglichkeit und Mühe—von dem, was der Krieg dazu noch mit ihnen angerichtet hatte, ganz abgesehen—kamen verständlicherweise nicht vor. Überhaupt, wie ich später erfuhr, hatte nur einmal, ganz am Anfang, wo die Geschichte aus dem Nebulösen der Vorvergangenheit heraustrat, sich einer aus der Phalanx der Emblematen in diesen Landstrich gewagt; um von da an mit einem Schaudern als Erinnerung gestraft zu sein und der festen Vorstellung vom Schlimmsten, was einem widerfahren könnte: zu werden *e munch ze toberlv.* Es hat als Warnung offensichtlich über die Jahrhunderte hinweg seine abschreckende Wirkung getan. Selbst Fontane— aber auch das war erst späterem Wissen geschuldet—der sich nichts Märkisches entgehen ließ, schwenkte vor dieser Gegend hastig ab.

Soviel stand fest: Deutschland, wo es schön und wert war, lag woanders. Dresden mochte dazugehört haben, solange es eine Stadt und kein Trümmergelände war. Thüringen—an der Saale hellem Strande, Jena, Weimar, Eisenach, der Kickelhahn, Tieffurt und Dornburg; Franken, das Rheinland, Schwaben— dort war alles gezeichnet von den Spuren der Dichter und Denker, der Großen überhaupt, dort konnte einem das Herz hoch schlagen und die Brust weit werden. Deutschland, das um die mir bescherte Enklave der Tristheit herum lag, wurde für mich zum Füllhorn, der Garten Eden, der Heilige Gral, der all das faßte, woran es mir mangelte. Und es mangelte mir an vielem. Auch wenn ich natürlich erfuhr, daß dieses Land nicht nur da, wo ich mich befand, sondern auch sonst Schaden genommen hatte, tilgte das Wissen nicht die Kraft der Bücher, und Deutschland wurde meine Vision der schönen Welt. Es bestand für mich kein Zweifel, daß es mir eines Tages zur Verfügung stehen würde.

Nicht nur, daß mein Bild von Deutschland vom Gold der Poesie durchwirkt und verklärt war, und daß es noch korrigierender Alltäglichkeit bedurfte, um mit der Wirklichkeit einigermaßen in Kongruenz zu kommen; das Verhängnisvolle war, es formte sich genau in der Zeit, als das demolierte

Gebilde, das Deutschland ohnehin nur noch war, an allen Ecken und Enden demontiert wurde und dabei war, gänzlich auseinanderzubersten, als Deutschland mehr als Un-Wort, als Un-Wert gehandelt wurde. Meine Vision geriet langsam aber unabwendbar zur Bürde.

Alles, womit ich mich gegen die Übermacht der Realitäten wehrte, die ein Kesseltreiben gegen meine *Blühenden Landschaften* führten, waren halbstundenlange Meditationen über der Landkarte, waren Bücher, mittlerweile Fontane und Thomas Mann, Fallada und Tucholsky; auch Anna Seghers und Becher las ich so. Ich wollte in mir festhalten, was sich in Wirklichkeit auflöste. Ich tat es und spürte die wachsende Vergeblichkeit. Und als es immer unabänderlicher wurde, daß das, was einst Deutschland hieß, von nun an ein geviertes Dasein würde zu führen haben, zwang ich mich, es als den unumgänglichen Preis anzunehmen, den dieses, zu solcher Enthemmung wie dem Nationalsozialismus fähiges Volk vor der Menschheit zu zahlen hat. Um eines humanen Fortgangs der Geschichte willen! Aus dem Bild meiner Verlockung waren inzwischen entsetzliche Markierungen hervorgetreten und hatten es eingedunkelt: Auschwitz und Anne Frank, frenetischer Totaler-Krieg-Jubel und Verbrannte Erde.... *Deutschland—es ist ein beängstigendes Land.* Unabwendbar wurden Thomas Worte zu meiner Überzeugung.

Ich entschloß mich, mir Deutschland abzugewöhnen. Wenn ich über der aufgeschlagenen Landkarte Rhein, Mosel, Neckar, Spessart oder Nordsee las, und es immer noch wie eine verlorengegangene Verheißung in mir aufflackerte, fragte ich mich nun tatsächlich beunruhigt, ob ich auf das Land der Dichter blickte, oder ob nicht vielmehr etwas Großdeutsches in mir züngelte? Ich erschrak geradezu vor mir selbst. *Deutsche Art geht über alle.* Es klappte nicht mehr so recht, Walther von der Vogelweide beim Wort zu nehmen. Hoffmann von Fallersleben schon gar nicht. Dazu hatte zu viel Geschichte stattgefunden. Auf Deutschland beharren, hieß, sich auf ein Spiel mit dem Feuer einzulassen. Und ziemlich allein dazustehen, im Regen; höchstens in unguter Gesellschaft. Und das deutsche Westland, der neue Rheinbund, was galt ihm denn Deutschland tatsächlich noch? Er wandte dem herausgebrochenen Oststück weniger bekümmert, sondern mehr erleichtert, als wäre er eine Deformierung, seinen Buckel losgeworden, den nun geschlankten Rücken zu und öffnete Arme und Erwartungen heiter der Toscana, der Costa Brava entgegen, Brüssel und Straßburg wurden hymnische Markierungen, New York und San Francisco.

Und was gab es dagegen zu sagen? Zumal es ja entschieden mehr war als ein geographischer Richtunsgwechsel. Es war die Wiederhinwendung zu Zivilisation, zu Demokratie, zur Emanzipation des einzelnen, ein zweiter Versuch nach dem entsetzlichen Scheitern des ersten Anlaufs. Es war genau das andere, statt der Entmündigung im Namen einer—wenn auch noch so gut gedachten Vision, die um mich her stattfand.

Etwas Besseres konnte doch Deutschland nicht widerfahren, als daß es wieder angenommen wurde von der zivilisierten Welt. Um *nicht über und nicht unter andern Völkern zu sein!* Auch mir waren inzwischen die Augen aufgegangen, was Welt bedeutet. Und es waren nicht zuletzt wiederum Bücher, die mich in die Welt getragen hatten: Whitman und Wolfe, Amado und Neruda, Laxness und Exupery. Semprun. Sie holten mich also auch wieder zurück. In ein Deutschland, von dem ich nicht wußte, wie ich es ertragen sollte, das ich aber dennoch nicht loswurde.

Die Unschuld des ersten Blicks war mir fraglos abhandengekommen. Die Kraft der Dichter aber verlor sich nicht. *Was bleibet, aber stiften die Dichter.* Nun taten es auch noch die, die jetzt die mir vorenthaltenen deutschen Landschaften belebten. Zumal ich mich ihnen mit meiner ersten Handvoll Gedichtversuchen in kollegialer Verbundenheit entgegengehoben fühlte. Und ob ich wollte oder nicht, war ich der Bahnhofsprecher von Tibten und mühte mich ab, was Böll nicht grundlos vermieden hatte, Tibten seine geographische Bestimmung zu geben; ich überquerte mit Einstein die Elbe bei Hamburg; selbstverständlich war ich in Telgte dabei; und Anselm Kristleins Vertreter-frustationen wurden meine, allerdings nicht ohne den stumm an ihn gerichteten Vorwurf, sich des Vorzugs nicht bewußt zu sein, diese zwischen Köln und Osnabrück, Bamberg und Oberammergau erleiden zu dürfen, in Gegenden, die mir vorenthalten waren. Denn inzwischen war das Gefühl, in die falsche Gegend versetzt zu sein, von dem, im falschen Staat zu stecken, überlagert. Auch daß mich das Studium nach Dresden zurückgebracht hatte, änderte daran wenig. Von dem, was ich mir einst versprochen hatte, löste die Stadt nicht allzuviel ein. Ihr war die Kraft genommen, natürlich weil sie demoliert war, aber nicht minder, spürte ich, nahm die Gesellschaft ihr die Kraft, tagtäglich. Es widerstrebte mir, diese Reduktion der Welt, genannt DDR, als Maß und Muß meines Ichs anzunehmen.

(Es auszusprechen, fand in der DDR halt seine/ihre nahen Grenzen. Ich habe es zum Beispiel in dem Gedicht *Ich weiß um den Antagonismus der Klassen* versucht. Aber um mich bei einem, selbstverständlich auch noch teils schuldbeladenem, Deutschsein zu ertappen, fahre ich die ungebrochene Identität russischer Dichter mit Rußland auf (Von der Sowjetunion lernen, heißt siegen lernen!), müssen sie mich, wenn auch unbewußt, überhaupt erst auf diese Spur bringen; bedarf es der Szenerie eines Besäufnisses, um letzten Endes die Zuflucht ins Irrelevante offen zu lassen.)

Böll, Lenz oder Walser lesen war immer noch der Versuch, mich dorthin zu mogeln, wo es noch etwas von dem Deutschland meiner Erwartungen gab. Doch es trat etwas ein, was am wenigsten in meiner Absicht lag: mit diesen Büchern geriet ich auch in Fremdheit, in Befremdlichkeiten, in Unterschiede (wo gab es bei uns Vertreter?), die nicht wie bei den alten Dichtern der versetzten Zeit geschuldet waren und sich wegfiltern ließen. Mehr noch: Da ich den Dichtern immer noch einigermaßen vertraute, waren sie es, die mich in meiner bereitwilligen Hinwendung zu jenem, mir vorenthaltenen Land zögern ließen. Wollte ich in eine *Schlachtschüssel*, auf einen *arischen Schrotthaufen, wo die Vergangenheit in den Müllschluckern schwelt und die Zukunft mit falschen Zähnen knirscht…?* Ich wußte nur zu gut, wie auch dieses Land die Dichter—und nicht nur sie— verletzte; daß es ohne die unentwegten Verletzungen die Dichtungen seit jeher nicht gegeben hätte. Wenn mir trotzdem und immer noch durch unsichtbare Kapillaren von dort her Versprechen, ja Verlockung zufloß, lag es einfach daran, weil dieser Stückstaat, dem ich anheimgefallen war, nicht weniger mit falschen Zähnen knirschte; und nicht nur knirschte!

Und er knirschte auch in geographischen Büchern, die immer noch nicht ganz ohne Verlockung für mich waren. "Heimatkunde" heißt zum Beispiel ein

Buch aus dem Verlag Volk und Wissen von 1974. "Zur fachlichen Vor-
bereitung auf den Unterricht" verweist sein Untertitel auf den Zweck. Für
Multiplikatoren, Meinungsbildner bestimmt, würden wir heute sagen, für
Lehrer also.

Heimatkunde der *Deutschen* Demokratischen Republik hebt an mit dem
Abschnitt: Vom schweren Kampf der *russischen* Arbeiter und Bauern unter
dem Joch des Zaren, der Kapitalisten und Gutsbesitzer. Auf Seite 83 lautet das
3. Kapitel endlich: Die *Deutsche* Demokratische Republik. Um mit dem
einleitenden Abschnitt: "Was die Werktätigen in der DDR unter der Führung
der Sozialistischen Einheitspartei geschaffen und was sie sich für die nächsten
Jahre vorgenommen haben", meinem Verständnis von Heimat hart die Leviten
zu lesen. Das nächste, das 4. Kapitel heißt "Einführung in das gesellschaftliche
Leben". Und es setzt ein mit dem Unterkapitel "Der Abschnittsbevollmächtigte
der Deutschen Volkspolizei". Der *ABV*—die Schlüsselfigur des gesellschaftlichen Lebens. Die nächsten beiden Seiten bieten die ersten Abbildungen
dieses Kompendiums der "Heimatkunde". Was ist ausersehen, vor allen
anderen Werten mit bildlichem Nachdruck Heimatverbundenheit zu erzeugen?
Munition und Sprengkörper. Mit folgenden Bilderläuterungen: *1 Raketen-
treibsatz (Die Verwechslung mit einer Bremstrommel vom Moped ist
möglich); 2 Schützenminen mit 360 Stahlkugeln (auf 300 m Entfernung noch
tödliche Wirkung); 3 Schützenminen (deformiert)*—was heißt: gezündet? Wo
sind die 360 Stahlkugeln hin?—*4 Sprengkapsel (äußerst empfindlich)....*

Wie soll einem ein Land der Abschnittsbevollmächtigten und der Ra-
ketentreibsätze, die mit Bremstrommeln zu verwechseln sind, zu Herzen
gehen?

Mag dieses Buch extrem sein, sich auch das *offizielle Heimatbild* im
Laufe der weiteren 15 Jahre der DDR etwas zivilisiert haben—und selbstverständlich haben die der Rede werten landesansässigen Dichter Heimat
anders vermittelt (Strittmatter zum Beispiel, um nur den literarischen Sprecher
meiner Kindheitslandschaft zu nennen)—ich wurde den Schreck nie ganz los.
Welche Abgründe lagen zwischen den Heineschen, Hölderlinschen, Stormschen
Welten und dieser zur Lehre verordneten! Ich liebte diesen Staat nicht. Als ich

den Musterungsbefehl erhielt—was nicht nur hieß, mich demnächst
kriegerisch zu gebärden, was mir höchst zuwider ist, sondern annoncierte, auf
diesen Staat mein Leben zu verschwören—wendete ich monatelang alle
Energie und List daran, mich der Einberufung zu entziehen. Jedesmal, wenn
ich mit dem Auto nach Polen oder in die CSSR fuhr, gab es mit den
Grenzbediensteten Theater, weil ich entweder gar kein oder ein beschädigtes
oder nicht ordnungsgemäß befestigtes DDR-Kennzeichen hatte. Ich empfand
keinen Stolz auf dieses Land, wenn DDR-Sportler Siege errangen. Sie wurden
mir restlos zuwider, wenn sie in den Fernsehnachrichten ganz und gar zum
Schmierentheater der Staatsweihe verkamen. Ich liebte diesen Staat nicht.
Aber ich lebte dieses Land. Ich lebte es von den Tollereien auf dem Hof des
zur Zentralschule umfunktionierten Gutshauses an, bis zu der unglaublichen
und erhebenden Demonstration am 4. November 1989. Ich durch-und überlebte
seine Golßener Vierfruchtmarmelade und sein Geraer Schmalzfleisch, die zähen
Vorlesungen in Darstellender Geometrie und die *Schulen der sozialistischen
Arbeit*, ich hatte am Darßer Ort, als vor mir nichts als Meer lag (und war doch
nur die Ostsee, die sich gerade bis über den Horizont streckte, das unwie-
derholbare Gefühl, am Ende der Welt angekommen zu sein; und zwischen
Kolkwitz und Ströbitz, Oßnig und Drebkau packte mich Sesenheimer
Hochgefühl, schlug mir das Herz, zwar nicht: zu Pferde, aber zur Pedale, und
unerwarteterweise *schien der Mond* auch in dieser vernachlässigten Gegend
*von seinem Wolkenhügel, sah Finsternis mit hundert schwarzen Augen aus
dem Gesträuche*, floß der Landschaft etwas zu oder besser: eröffnete sie
etwas, was mir bis dahin entgangen war; später, als ich mich einiger Dutzend
Pferdestärken bedienen konnte, kam der gleiche Effekt Connewitz und
Schönebeck, Eibau und Radebeul zugute; ich bangte dem Krankenhaus auf der
anderen Elbseite entgegen, in dem meine erste Tochter geboren werden sollte
und erlebte in der Charite die Geburt meiner jüngsten Tochter; auf diesem, von
der Glocke aus schwefeligem Braunkohledunst überwölbtem und Trabant und
Wartburg durchröhrtem Land meldete ich tagtäglich meinen Anspruch auf
Dasein an, ein Gegenentwurf zum ABV allemal; hier verausgabte ich mich;
Christa T., Transportpaule, der Tangospieler—und wie sie alle hießen—

wohnten in Rufweite; umstellt von Zeulenrodaer Schrankwänden verteilte ich—mag sein: halbherzig—gute Wünsche an meine Freunde zum neuen Jahr, und in der Abgeschiedenheit Mecklenburger Gehöfte probten wir mit Jerewan-Witzen den Aufstand; die Matthäuspassion trug mich aus der Herderkirche, als wäre mir alle Erdenschwere genommen, und ich kann sagen, ich bin dabei gewesen, als Bill Haley seine größten Triumphe feierte: auf den Gauklerfesten an der Brühlschen Terrasse, 40 Jahre, 15 Tausend Tage, 350 Tausend Stunden, 20, 30 Millionen Augenblicke zwischen Suhl und Saßnitz, 3647 Bekannte, zwei Handvoll Freunde. Eine halbe Million Bücher mit meinem Namen stecken dort in den Regalen, und in der Erde ein Dutzend Grabsteine mit Namen von Menschen, die mir unersetzbar sind....

Meine erste Reise in den Westen (das ist auch geographisch gemeint) führte mich nach Frankreich. Metz, Lille und schließlich Paris. Die Welt, jetzt hatte ich Welt erlebt. Dennoch, betäubt, hochgestimmt und beklommen zugleich, wie ich mich auf der Rückfahrt fühlte, war es mir unmöglich, das Land zwischen Elsaß und Vogelsberg mit der Hast des D-Zugs nur zu durchqueren und hinter mich zu bringen. Ich weiß nicht, was soll es bedeuten, bin ich versucht, mich zur elegischen Echowand Heines zu stilisieren, weshalb ich im montäglichen Morgendämmer in Bad Kreuznach ausstieg und die vorgeschriebene Route verließ. Ein Abweichler also. Ich weiß es sehr genau: es wäre mir wie Frevel, wie Verrat vorgekommen; an den Dichtern, dem Land und an mir selbst.

Als ich in St. Goar ausstieg, war der Tag immer noch nicht richtig zu sich gekommen. Ich war der einzige, der im Bahnhof verblieb. Die Bundesbahnbediensteten erwiesen eine unerwartete Unlust, mein Gepäck entgegenzunehmen. Das war mir höchst vertraut, kränkte mich aber gerade deswegen. Außerdem war meine Zeit bemessen. Alles in allem gestattete ich mir eine Abweichung von drei Stunden 36 Minuten. Dann wollte ich in Mainz wieder den Anschluß auf die mir verordnete Linie hergestellt haben. Als ich schließlich doch ohne Gepäck, dennoch nicht unbelastet, auf die Straße trat, blieb ich auch hier der einzige Mensch. Ich hatte das ungute Gefühl, mich falsch zu benehmen. Betritt man St. Goar montags nicht vor acht? Anzeichen weiterer menschlicher Existenz ließen sich zumindest aus den Autos schließen, die eine geraume Weile verhinderten, daß ich auf den rheinseitigen Bürgersteig wechseln konnte. Auch Eisenbahnzüge—ICE und EC, reizte es mich, zu vermuten—, die Städtchen und Rheintal in regelmäßigen Abständen mit brausendem Gedröhn erfüllten, gaben menschliches Zeugnis. Zum Glück hatten mich meine geographischen Ambitionen autark gemacht. Ich wußte, in welche Richtung ich mich zu wenden hatte. Aber mit den Häusern endete der Fußweg, so daß ich mich darauf konzentrieren mußte, den schmalen Randstreifen zwischen Fahrbahn und Leitplanken einzuhalten, statt mit dem Blick in dem nun sich mir offen bietenden Rheintal das Objekt meiner Sehnsucht zu suchen. Es war da, natürlich, unverkennbar; nicht durch die wundersame, berauschende Melodei, wie gesagt, Autos und Eisenbahnen hatten das Sagen; es floß auch keineswegs in goldenen Kaskaden das Haar der Lorelei herab, sondern die dunkle, etwas in den Rhein gedrängte Massigkeit des Berges gab sich durch eine, fraglos überdimensionale Fahne als Krönung zu erkennen. Schwarz-rot-golden signalisierte sie zu mir herüber. Nun entdeckte ich in den Rheinwiesen auch einen Pfad, der mich von der körperlichen Bedrohung der Autos befreite. Das Gehör freilich wurde nicht von ihnen erlöst. Und immer wieder durchdröhnten die steif-gestreckten, sauberen Metallschlangen der Eisenbahnzüge das Tal, mal diesseits, ohrenbetäubend, mal gedämpfter auf der anderen Rheinseite. Das Grummeln der Lastkähne hatte dagegen etwas geradezu Gemütvolles, so erstaunlich zahlreich sie den Fluß auch belebten. Ich erfaßte zum ersten Mal den Begriff Wasserstraße in seinem Sinn. Der Berg rückte mir näher, die Fahne wurde in ihren Faltenschlägen sichtbar, ein Emblem versagte sie sich. Und plötzlich durchschnitt eine Art schwarzer Zigarre den Himmel darüber, von rechts nach links, vom Hunsrück zum Taunus, das geographische Bescheidwissen, meine Erblast, konnte sich an Ort und Stelle bewähren. Die Zigarre verbreitete sich zu einem dunkelflächigen Dreieck, zog sich wieder in ihre Ausgangsform zusammen und schoß in flachem Winkel in den Bergrücken. Ich zog zwar nicht den Kopf ein in Erwartung einer Detonation, aber sicherheitshalber war ich doch darauf gefaßt. Sie blieb aus. Auch bei der zweiten, dritten, vierten Luftpassage der

Zigarre. Nur ein zusätzliches Grollen schwebte ins Rheintal, manchmal; manchmal vom Dröhnen eines Zuges verschluckt.

Auf dem Rückweg kam mir eine Frau, die ihren Hund ausführte, entgegen. Der Hund lief der Frau weit genug voraus, so daß ich ihn grüßen konnte. *Wer die Dichter will verstehen, Muß in Dichters Lande gehen.*

Als ich mich ein paar Stunden später aber meinem umbellten Käfig wieder zustellte, hatte ich das beklemmende Gefühl, den größten Fehler meines Lebens zu machen, als wäre an mir erfolgreich eine Dressur vollzogen.

Selbstverständlich war mein Bild, wie es an Rhein und Mosel aussieht und was sich dort zuträgt und welchen Wert das alles hat, nur noch sehr indirekt von den Imaginationen der Dichter bestimmt. Fernsehen, Radio, Zeitschriften, Bücher und Besucher hatten längst ein massives Panorama jener Welt errichtet und hielten mich in dem Sog ihrer Anziehungskraft; Levis und Jakobs Krönung, Gillette-Klingen und natürlich Bücher, denen die Einreise in den gelegentlichen Geschenkpaketen gelang, suggerierten, man sei an jener Welt auch real beteiligt und könne mit ihren Dingen durchaus umgehen. Auf einer späteren Reise leistete ich mir schon einen mehrtägigen Abstecher nach Württemberg: Tübingen, Nürtingen, Kleversulzbach, Weinsberg, Biberach. Ich hütete mich diesmal, über touristische Erwartungen hinauszugehen. Aber als ich dann an einem trüben Novembernachmittag in der Ausstellung über die Schwäbische Dichterschule im Nationalmuseum in Marbach der einzige Besucher war, fand ich es doch befremdlich, wie alleingelassen die Dichter waren. Als ich mich tief, übertief der Glasplatte zubeugte, um das Faksimile von Mörikes *Feuerreiter* nachzulesen (es kann auch Kerners *Dort unten in der Mühle* gewesen sein) fuhr ich zusammen, denn einen Schritt hinter mir stand unvermittelt der seriöse Herr des Aufsichtsdienstes. Ganz alleingelassen waren die Dichter also nicht. Wo ich meine Hände hatte, kann ich gar nicht sagen. Mein Erschrecken muß so heftig gewesen sein, daß der Mann von da an rücksichtsvoll—vielleicht auch aus Selbstschutz—auf Abstand bedacht war und den Raum mied, in dem ich mich befand. In der jeweiligen beidflüglich geöffneten Tür freilich blieb er. Mich haben Leute in der DDR weiß Gott mehr erschreckt. Aber ich lebte es weg.

Der Tag rundete sich auf seine Weise: Am Abend kam ich bei meinem Cousin in Stuttgart an. Er schaltete den Fernseher ein. Ich hörte die einprägsamen Töne, die die Tagesschau signalisierten. Der Vorspann erschien, die vertraute Begrüßung von Werner Veigel erfolgte. Ach, sagte ich im Tonfall gelinder—und als ich es aussprach freilich schon gespielter—Überraschung: Ihr bekommt hier unser Fernsehen auch!

Ich war voller Sympathie für Martin Walser, der sich in jener gesamtdeutschen, vorwendischen Fernsehtalkrunde auf sein Gefühl berief, das—wie ich es in vergröberter Erinnerung habe—nicht bereit war, 40 Jahren zweigeteilten deutschen Zustands mehr Kraft zuzugestehen als jahrhundertelanger Geschichte. So realitätsgesättigt (und heftig) die anderen auch argumentierten, meine Sympathie blieb bei ihm. Und ich fragte mich, warum wollen sie ihm dieses "Gefühl" nicht gestatten? Tatsächlich aber sah ich mich mit Walser doch nur zum rückwärtsgewandten abschiedwinkenden Duett verbunden, einem Zustand nachblickend, der nicht mehr war, und den ich, in die andere Richtung gewendet, vor uns weit und breit nicht zu erkennen vermochte.

Genau besehen—an meinem Alltag gemessen—kam ich freilich längst ohne Deutschland aus. Mußte es Deutschland sein? Folgte diese intuitive Fixierung nicht eigentlich einem, wie auch immer definiertem, Phantom? Andere Orte und Landschaften hatten es mir, gerade weil sie nicht deutsch waren, inzwischen angetan und sich ins Mosaik meiner Biographie gefügt. Prag—nicht nur der Wenzelsplatz, die Karlsbrücke und "U Fleků", sondern ebenso Holešvovice und Vršovice, wo ich bei Freunden wohnte; Pardubice und Bratislava, Krakau und Chíabowka, die Tatra also und die Beskiden, Budapest, Szentendre, Sosopol…Und die Landschaften waren vor allem der Rahmen: Der Prager Frühling betraf mich viel mehr als die Studentenbewegung in Westberlin; Gdansk/Danzig und die Solidarnosc gingen mich entschieden mehr an als Wackersdorf. Moskau, Taschkent, selbst die Golodni Step wurden Partikel meiner Biographie, Spasskoje Litowinowo, der Wohnsitz Turgenjews. Die Dichter taten immer wieder das Ihre, trugen mich über das deutsche Puzzleteilchen auf dem Globus hinweg und ließen es schrumpfen. Ich machte mit Tom Joad und seinen Leuten die großen Trecks auf der Route 66 von Oklahoma nach Kalifornien mit. Ich lebte mit Isak im menschenleeren Nordland am Rande der Welt. Ich war bei Ursula, Aureliano, Jose Arcadio und all den andern in der Stille der Mittagshitze von Macondo zu Hause. Ich fraß mich Wort für Wort ins Joycesche Dublin hinein, bis ich zu guter Letzt nicht mehr wußte, ist es Mary Bloom oder bin ich es...Keine Frage, es gibt mehr als Deutschland auf der Welt.

Wenn ich dennoch nach diesem westlichen deutschen Flurstück äugte, so, weil es einen ganz anderen Wert angenommen hatte: es schien mir nicht nur ein Stück reichere kulturelle Geographie, üppig gefüllt mit Lebensangeboten— es war das Vorzimmer, das Vestibül, durch das man hinaustreten konnte in die weite, vielfältige Welt.

Doch plötzlich gingen die schwer gesicherten (mit Raketentreibsätzen, Sie wissen schon, die mit Mopedbremstrommeln zu verwechseln sind) und verrammelten Tore auf, und noch ehe ich richtig begriff, was geschah, rief es schon: Ick bin allhier! Und was da vor der Tür stand, war beileibe nicht der krummbeinige, verlauste Insektenfresser. Es war Deutschland. Und groteskerweise kamen mir Verse aus einem Gedicht in den Kopf, die ich in der Schule widerstrebend habe lernen müssen:...*in der Anmut deiner Höhn, in der Sanftheit deiner Wiesen, deutsches Land, wie bist du schön.* Was ich für die DDR-Wiesen als blasphemisch empfand. Nun aber hatte ich das Gefühl (diese Gefühle!), es stimmt. Als habe sich eine sozialistische Vision erfüllt. Dank des Kapitalismus! So widerspruchsvoll ist Geschichte. Nun lag es vor mir, dieses Land—hell, gepflegt und gut bei Kasse, daß es das Auge heiter macht. Und nicht nur *eine* vollmundige Stimme ermunterte mich, es in Besitz zu nehmen; was, wie sich zeigte, auf keinen Fall wörtlich gemeint war.

Im Gegenteil: Deutschland lag nicht faul vor dem Tore, es kam flugs herein *zu mir*. Kraftvoll, farbenfroh, reichhaltig, und es griff mir unter die Arme, mit Begrüßungsgeld, wertete meine auf den realsozialistischen Hausgebrauch limitierten Zahlungsmittel in ein, wenn auch numerisch bescheidenes, so doch weltgültiges Konto um. Ich konnte mir nun Reisen, die ja nie ganz ohne Anstrengungen bleiben, nach dem schönen Deutschland fast ersparen. Es war schon da. Ein bißchen vorlaut kam es freilich daher, von Anfang an. Aber wer ist schon ganz ohne Schwächen! Und daß es mich etwas skeptisch betrachtete, was meine Ausrüstung mit Kenntnissen betraf und mit Erfahrungen, um mit ihm richtig und für mich erfolgreich umzugehen, das mußte ich ihm schon zubilligen. Zumal die Vorbehalte mir als Teilchen des Ganzem galten. Aber sie betrafen nicht nur die Kenntnisse, sondern die Methoden dazu, mit denen wir mit den Dingen umgingen, und die Dinge erst recht. Als dann, auf den Punkt gebracht, herauskam, daß mit uns herzlich wenig, genau gesagt, so gut wie gar nichts anzufangen sei, daß wir eigentlich Ballast seien, der Buckel, der zurückkommt, daß wir Deutschland eigentlich wieder zur Mißgestalt machen, war ich darauf nicht so ganz gefaßt. Und daß meine vier Wände nicht meine vier Wände seien, darauf schon gar nicht. Sie einzutauschen für eine Bleibe *in der Sanftheit deiner Wiesen*, dagegen sträubte sich nicht nur mein Inneres. *Komm ins Offene Freund!* Diese Version, lieber Hölder, war meiner Vorstellungskraft bisher versagt. Und außerdem sei ich unredlicher Besitzer, was deutlich heißt, ich habe mein Eigentum sitten- widrig, mit Lug und Trug erworben. Das hätte ich selber beurkundet; nicht persönlich, aber mein autorisierter Vertreter, ein Herr K.... So ist Demokratie. Daß es mir dafür an Verständnis mangele—Schwamm drüber; aber meine sittliche Ausrüstung liege nun mal nicht auf der Höhe der Zeit, und der erwähnte Punkt sei ja, was die ostdeutsche Spezies betreffe—und von einer solchen müsse man halt reden—bekanntermaßen noch längst nicht der prekärste....

Und wenn das manchmal alles so zusammenkommt, mein liebes Deutsch- land, dann ist mir schon danach, zu fragen: Was willst du denn von mir annehmen? Ich weiß schon, du hältst mir jetzt meinen Tonfall vor. Also soll ich mir auf die Zunge beißen? Weißt du, das mußte ich lange genug. Sagen wir: Mir ist ja nicht so, eigentlich immer öfter nicht; ich tu bloß mal so, als käme alles zusammen. Also: mein Wissen willst du nicht, meine Leistung nichts—wie gesagt, wir tun nur so—meine Moral nicht, meine Sozialisierung nicht—was bleibt denn da noch von mir? Ach ja, mein Haus. Freilich, wenn von mir nichts bleibt, dann kannst du auch mein Haus haben....

Also, wenn es so wäre, dann müßte ich fortfahren: Daß ich mir das alles etwas anders mit dir vorgestellt habe, das darf ich dir natürlich sagen. Mein

Irrtum. Bloß wenn du so zu mir bist, mit gutem Recht, wie du—selbstverständlich zu Recht—behauptest, dann bleibt mir eigentlich nichts, als zuzusehen, wo ich bleibe. Hinter der Brühlschen Terrasse zum Beispiel, obwohl du dort natürlich auch schon bist (in Bad Schandau—und das ist der äußerste Winkel—ist die Überlinger Feuerwehr eingetroffen); oder unter den Mecklenburger Eschen; in der Landschaftstristesse um Kolkwitz und Drebkau, wie ich einst glaubte—aber ich ließe es bei dieser despektierlichen Charakterisierung, um dich abzulenken,—doch eben nur, wenn der krasse Fall eingetreten wäre—sonst würde es mich reuen, dich an der Nase herumzuführen, und es gelänge ja auch nicht; dort in meinem Unterschlupf würde ich mich mit Radeberger Pilsner wappnen, mit Spreewälder Salz-Dill-Gurken, Hagenower Landbrot, Gleichgesinntem, und natürlich mit all denen, deren Gläubiger ich so lange war: Hölderlin, Mörike, Kerner—ach, die guten Schwaben würden sich vielleicht wundern, wofür sie herhalten sollen, und wogegen: Schwaben gegen Schwaben, und Walser erst; Lenz, Grass, Böll, mit Strittmatter könnte ich mich eindecken und Johnson, der endlich wieder Mecklenburger in Mecklenburg sein darf; freilich zu spät für ihn. Jetzt, wo mir alle Türen und Tore offenstehen, saugte mich eine unerwartete Adhäsionskraft zurück, ins Vertraute, ins Enge. *Herkunftsgemeinschaft. Das Bedürfnis nach Eindeutigkeit.* Die paßgerechten Begriffe sind sofort parat. Vielleicht verdrehe ich auch alles, und du bist wirklich schon immer hier gewesen, und ich bin hinzugekommen. Robinson, der Zugetriebene. Nur, daß du nicht menschenleer sondern bereits ziemlich in Anspruch genommen bist. Und dann schwemmte da nicht nur ich an, sondern 16 Millionen Robinsons; auf den ersten Blick von Wasserleichen nicht zu unterscheiden. 16 Millionen. Eine unangenehme Vorstellung. Das erklärt eine Menge. Auch mit dem Haus. Das kann ja schlecht mit angelandet sein. Und dann vielleicht auch noch 16 Millionen mal. Es stimmt einfach nicht, was ich behaupte!....

Lassen wir die Robinsonade. Vielleicht steckt ja hinter deiner Absicht nach meinem Haus Vorsorge? Etwa für den Fall, daß deins brennt? Und es brennt doch schon im Schtetl hier und da. Aber vergreifst du dich da nicht? Wäre da nicht was anderes zu tun? Gegen Feuer schützt kein zweites Haus. Ich

weiß, wovon ich rede: Du kannst dir mein schönes Dresden immer noch vor
Augen halten, nach fünfzig Jahren. *Mein*—wie man halt so sagt, selbstverständlich deins. Aber sollte es nicht unser beider werden? Also wenn wir
uns zusammentun—ich will nicht sagen, das wäre eine Verdoppelung, aber
mehr wäre es schon. Und dann noch die Überlinger Feuerwehr, da sollte doch
was zu machen sein! Ach, liebes Deutschland, du machst es einem nicht leicht.
Wir sollten es unbedingt bereden, ob du von mir nicht doch mehr brauchst, als
mein Haus und ich von dir Alimente! Ehe es für einen von uns—wenn es ganz
schlimm kommt: für beide—zu spät ist.

ANMERKUNGEN

Zitate bzw. Anlehnungen an Zitate:

S. 64

...der Wanderer, der sein Herz in gewaltigen Händen festhalten muß...
Nach "Am Rheinfall", Gedicht von Eduard Mörike (1804–1875).

...glänzte der Neckar vorbei, über den sich breit und kräftig die Brücke
schwingt... Nach "Heidelberg", Gedicht von Friedrich Hölderlin
(1770–1843).

...ergriff es...im kleinen Schiffe mit wildem Weh...Nach "Ich weiß nicht
was soll es bedeuten", Gedicht von Heinrich Heine (1797–1856).

...die Heide still im warmen Mittagssonnenstrahle...Nach "Abseits",
Gedicht von Theodor Storm (1817–1888).

...mein ganzes Herz war's, das an der grauen Stadt am Meer...Nach "Die
Stadt", Gedicht von Theodor Storm.

...pochte es mir...heimgewendet, die Schneegebirges süß
umblaut...Nach "Firnelicht", Gedicht von Konrad Ferdinand Meyer
(1825–1898).

S. 65

...Halligmatrose zu sein, um auf die Hallig zurückzukehren...Nach "Der
Halligmatrose", Gedicht von Hermann Allmers (1821–1902).

...munch ze toberlv (ein Mönch zu Toberlu = Doberlug). Nach "Diu welt
was gelf rot vnde bla..." ("Die Welt war gelb und rot und blau..."), Gedicht
von Walther von der Vogelweide, Minnesänger (zweite Hälfte des 12.
Jahrhunderts bis etwa 1230).

S. 66

...Deutsche Art geht über alle...(tiuschiu zuht gat vor in allen). Nach: "Ir
sult sprechen willekomen" ("Ihr könnt mich willkommen heißen"), Gedicht
von Walther von der Vogelweide.

(August Heinrich) Hoffman von Fallersleben (1797–1874) Anspielung auf die erste Strophe des "Lied der Deutschen" ("Deutschland, Deutschland über alles...)

S. 67

...Und nicht über und nicht unter andern Völkern zu sein... Nach "Kinderhymne", Gedicht von Bertold Brecht (1950).

...Was bleibet, aber stiften die Dichter... Aus "Andenken", Gedicht von Friedrich Hölderlin.

Bahnhofsprecher von Tibten. Bezieht sich auf "Hier ist Tibten", Erzählung von Heinrich Böll (1953).

...überquerte mit Einstein die Elbe bei Hamburg. Bezieht sich auf "Einstein überquert die Elbe bei Hamburg", Erzählung von Siegfried Lenz.

Treffen in Telgte. Bezieht sich auf "Das Treffen in Telgte", Erzählung von Günter Grass (1979).

...Anselm Kristleins Vertreterfrustrationen... Bezieht sich auf die Hauptfigur des Romans "Halbzeit" von Martin Walser (1960).

S. 68

...Schlachtschüssel... arischer Schrotthaufen...Aus "Landessprache", Gedicht von Hans Magnus Enzensberger (1960).

S. 70

...sah der Mond...von einem Wolkenhügel...Nach: "Willkommen und Abschied", Gedicht von Johann Wolfgang von Goethe (1749–1832).

S. 71

...Christa T. Gleichnamiger Roman von Christa Wolf (1968).

Transportpaule. Gleichnamiger Roman von Paul Gratzik (1977).

der Tangospieler. Gleichnamiger Roman von Christoph Hein (1988).

S. 73

...Wer die Dichter will verstehen...Nach Johann Wolfgang von Goethe.

"Der Feuerreiter", Gedicht von Eduard Mörike.

...Dort unten in der Mühle. Meint: "Der Wanderer in der Sägemühle", Gedicht von Justinus Kerner (1786–1862).

S. 75

Tom Joad... meint *The Grapes of Wrath* von John Steinbeck.

Isak...meint *Segen der Erde* von Knut Hamsun.

Ursula, Aureliano...meint *Hundert Jahre Einsamkeit* von Gabriel Garcia Marques.

S. 76

...Komm! ins Offene, Freund! Aus: "An Landauer", Gedicht von Friedrich Hölderlin.

Das Bein Onkel Alfreds

Stephan Krawczyk

Ich spreche in aller Offenheit über das Bein Onkel Alfreds. Es ist das meist gewickelte Bein der Welt.

Wenn mich während meiner Kindheit überhaupt irgendetwas für längere Zeit zu Mitgefühl bewog, so war es dieses Bein. Onkel Alfred ist der einzige Mensch, von dem ich mit Sicherheit weiß, daß er wegen eines Beines nie geschlafen hat—ein redseliger Yogi im Labyrinth des Schmerzes. Er sagt ohne Fragezeichen: Wann kommst'n mal wieder zum Skat.

Onkel Alfreds Laster sind die rauschgefüllten Gläser. An Sonntagen zieht er dafür das Bein nach—durch die ganze Stadt bis **Zum Wieden,** dem einzig geöffneten Wallfahrtsort der Trinker. Nachts hinkt er zurück-den Kirchberg hinunter, die Burgstraße entlang, wo die Leute aus den Häusern lehnen und mit den Köpfen wackeln, über die Brücke des großen Stromes Auma, der hundert Meter weiter in den großen Strom Weida mündet....

Manchmal hat er es nicht bis ins Bett geschafft. Wozu auch.

Das Bein Onkel Alfreds ist die eine Seite—das Klagen Tante Elses über die blutigen Unterhemden Onkel Jorgs die andere.

Onkel Jorg schlachtete in einem Schlachthof, der mächtiger war, als alle Schlachthöfe von Chicago zusammengenommen, zwischen Gleisen und Müllhalden von den Arbeitssklaven der Unordnung errichtet. Todesbrüllen drang aus tausenden Viehwaggons und hing schrecklich über der tristesten Stadt der Welt. Im Morgengrauen begann das große Schlachten. Riesige Herden von fetten Schweinen und dreckigen Rindern trieb Onkel Jorg aus den Waggons, die dermaßen nach Exkrementen stanken, daß man sich ihnen nur gegen den Wind nähern durfte, weil man ansonsten das Gedächtnis verloren hätte. Man muß nicht erwähnen, daß Onkel Jorg darauf keinerlei Rücksicht nehmen konnte—Onkel Jorg war ein Meister aus Deutschland.

Am Abend, nach vollbrachtem Tagwerk, watete er, bis zu den Hüften in Gedärm, dem Schlachthofausgang zu. Der Wächter musterte die abscheulichen Blähungen an Bauch und Rücken des Onkels, ließ ihn passieren und stieß in schnarrigem Mitwisserton "Bis Morgen" hervor.

Onkel Jorg erklomm instinktiv den größten Müllberg, breitete die Arme aus, sprang und rollte-rollte mit seinem Kopf gegen all das Weggeworfene, erlangte so sein Gedächtnis wieder und suchte Tante Else auf. Die drückte ihm ihre dicken Zeigefinger im Rhythmus eines Militärmarschs in die abnormen Formen und keifte: "Na, haste wieder geklaut."

Natürlich hatte er wieder geklaut, jedoch nur, um zu sehen, wo man bleibt, was er ohne weiteres zugab: "Man muß doch sehen, wo man bleibt." Er zog seine Jacke aus; riß das Hemd nach oben. Sein Unterhemd bot einen furcherregenden Anblick: Vollkommen durchsuppt überspannte es rohes, geklautes Fleisch, worauf Tante Else die große Klage anstimmte. Es war die Klage einer Wäscherin, die niemals fertig wird.

Onkel Jorg, daran gewöhnt, ließ das Fleisch in einen braunen Bottich klatschen, legte sich schlafen und träumte von frischem Fleisch. So ging es Jahrzehnte.

Er war ein angesehener Mann—angesehener als Onkel Alfred, von dem nur Eingeweihte wissen, daß er während des Krieges mit Maden im Bein im Lazarett in Polen lag.

Meine Mutter hinterließ den Klang ihrer Stimme auf der Magnet-bandkassette jener Maschine, die umgangssprachlich Anrufbeantworter genannt wird mit folgenden Worten: "Stephan, ich wollte nur sagen, daß der Onkel Kurt gestorben ist. Tschüß." Als ich sie, wie man sagt, zurückrief, fragte ich natürlich nach Tante Hilde. "Die hat sich die Knochen gebrochen und liegt im Krankenhaus. Die ist die Kellertreppe runtergefallen auf ihr künstliches Hüftgelenk."

Tante Hilde und Onkel Kurt wohnten bei Rohleders auf dem Schenkenberg. Wenn man am Gartentor klingelte, war kurz darauf aus dem Haus hinter den Silbertannen ein kreischendes "Ja?" zu hören. Man mußte seinen Namen rufen und wurde nach etwa einer Minute Tante Hildes gewahr, wie sie mit kleinen, schnellen Schritten schlüsselklappernd den Gartenweg entlang hastete. Zehn Längen vor dem Ziel rief sie: "Na?" Es war günstig, ebenfalls "Na?" zu rufen, denn dann lächelte sie auf den letzten Metern, wenn auch mit den Jahren immer gequälter. Onkel Kurt schien Schuld daran getragen zu haben, denn hielt er sich in ihren Reichweiten auf, wurde sie übellaunig. Plötzlich begann sie jene Sitzgelegenheit zu reinigen, auf der es sich Onkel Kurt gerade bequem machen wollte und schimpfte: "Du altes Schwein, hau ab!"

Bei schönem Wetter trollte er sich in den Großen Garten, ein heiliger Ort. Hier allerdings durfte er mit Tante Hilde rechnen, die die Erträge gnadenlos hochtrieb, um auf dem Markt, vielleicht als Rheumaausgleich gut dazustehn.

Es würde mich nicht geben, wenn die Stachelbeere, die Vater zur Hochzeitsfeier mit Mutter in jenem Garten hochgeworfen und mit dem Mund gefangen hatte, in einer seiner Bronchien verblieben wäre. Onkel Alfred und Onkel Kurt stülpten ihn um—die Beere fiel heraus wie Schneewittchens Apfelbissen.

Einige Sommer später quetschte sich Onkel Alfred acht von zehn Fingern in einem Liegestuhl. Er hatte beide Hände zwischen dem Gestänge, die Halterung rastete aus—schmerzlich spürte der Onkel infolge des Hebelgesetzes sein mehrfaches Körpergewicht, wozu man die Schmerzen, welche Onkel Alfreds offenes Bein verursachte, noch addieren muß. Er glotzte hilfesuchend in die Runde und konnte nichts sagen. Sein Gesicht sah sehr komisch aus—etwas süßlich mit geweiteten Augen. Alle lachten über die Darbietung bis Tante Lotte begriff, was dahintersteckte.

Wiederum einige Sommer später, ich war fünfjährig und nackt in der alten Zinkbadewanne im Garten, die unserer zu Hause auf das Haar glich, da schwoll mein Glied. Ich stattete der Kaffeetafel einen Besuch ab. Meine Mutter verstellte den Verwandten den Blick auf meine Pracht. Sie war so schüchtern, daß sie selbst den Namen eines Berges in Weida niemals aussprach. Auf dem Berg hatte ein Mann namens Ficker seine Gärtnerei. So war der Berg nach ihm benannt: Fickers Berg.

Das Schönste wurde in der Verwandtschaft mütterlicherseits stiefmütterlich behandelt. Tante Hilde, Tante Lotte und meine Mutter, die in siebenjährigem Abstand geborenen Schwestern, äußerten sich eher abfällig über das Reich der Sinne: "Eine Sauerei." Onkel Jorg stand dem Fleisch zur Seite, und über Onkel Erich war diesbezüglich nur herauszukriegen: "Der hatte Chancen." Vielleicht war er der zärtlich Liebende, dessen Hände Dunkelheit aus der Seele streicheln konnten, vielleicht hat er seinem Engel die Winteraugen geküßt. Er fiel im Krieg und stand nicht mehr auf. Als mir Onkel Alfred vom Selbstmord eines seiner früheren Gefährten erzählte, behauptete Tante Lotte bitter: "Wegen Liebe bringt sich niemand um." Ich versuchte das Thema zu wechseln und fragte, ob das Töchterchen denn immer noch so füllig sei. Tante Lotte log: "Die ist doch gar nicht so fett."

So ging es hin und her, wie es in Weida hin und her ging zwischen den Gärten im Sommer, denn Tante Hilde und Onkel Kurt hatten zwar den größten jedoch nicht den einzigen. Onkel Jorg drohte damit, seinen zu verseuchen, weil ihn ein früherer Besitzer vertreiben will. Onkel Alfred fiel neulich in seinem vom Kirschbaum. Der heilige Garten ist verwaist.

Als mein Vater noch lebte, konnte man von der hinteren Zaunreihe des elterlichen Gartens einige Latten abnehmen, so daß ein Durchstieg zu den toten Nachbarn entstand. Der Friedhofsverwalter hatte es unter der Hand genehmigt. Man schob sich durch den Zaun ins Jenseits hinter einen Grabstein, ging um die Hecke, machte einen großen Schritt, stand auf regulärem Gelände und erreichte um zwei Hecken auf kürzerem Wege als alle anderen Überlebenden das Familiengrab, ein Privileg, welches jeder Besuch würdigte, nicht zuletzt Onkel Alfred, der jedoch immer etwas süßlich dreinblickte, wenn er den unteren Querbalken überwinden mußte. Bis ins Krankenhaus zu seiner Schwägerin hingegen mußte er vom Hermsenberg absteigen und durch die halbe Stadt.

"Bekommst du einen Urlaubsplatz?" In den Worten lag die Wehmut der ins Jahr gespannten Seelen. Als ich die Ostsee sah, war ich fünf Jahre alt. Ich konnte sie sehen, weil Vater vom Betrieb einen Urlaubsplatz bekommen hatte.

In der Vorsaison ist es kühl und der Sturmball ist oben. Wir stiegen übernächtigt aus dem Zug—die Müdigkeit war weggeblasen. Der Luftgeruch grub sich für alle Zeit in meine Nase ein. Wir stellten die Koffer im Privatquartier unter und gingen einen schmalen Sandweg zwischen den Maulbeersträuchern entlang. Da war die Ostsee schon zu hören. Der Wind kam vom Meer und ließ uns auf der Düne nach vorn gebeugt stehen. Die Lippen schmeckten salzig. Alles kam auf uns zu, fette weiße Wolken, dunkles Wasser. Es gibt keine größeren Weiten. Wir blieben lange oben stehen und Vater jauchzte den Möven zu.

Im Privatquartier zu wohnen ist nicht gut, nur ein Krug warmes Wasser zum Zähneputzen pro Tag für die Familie mit zwei Kindern. Als wollte man sich nicht warm waschen. Die Eltern wurden ernst, wenn wir an den großen zentralbeheizten Urlaubsheimen vorbeimußten, wo kein Platz zu bekommen war. "Wir sind halt nur kleene Arbeiter", sagte Mutter, was Vater nicht leiden konnte.

In Zinnowitz auf Usedom trafen wir Hechts. Wir saßen mit Hechts zusammen am Essenstisch im Karl-Liebknecht-Essenssaal der Wismut-Urlauber, wir lagen mit Hechts zusammen am Strand. Unsere Strandkörbe und Sandburgen standen nebeneinander. Herr Hecht war dürr und fror wie ich, so daß wir nur bis zu den Knien reingingen. Davon und auch von anderen Konstellationen gibt es winzige Fotos: Von Herrn Hecht mit Mutter, von Frau Hecht mit Vater und Mutter, von Sabine Hecht mit Hubert und mir, von Familie Hecht mit uns allen, außer mir—ich knipste. Man stand, jeweils einen Arm um den anderen gelegt und brauchte sich mit dem Lachen nicht zu mühen. Vater behielt die Sonnenbrille auf, als er zwischen den beiden prächtigen Weibern stand.

Eines Mittags schliefen Mutter und ich im Strandkorb ein. Dadurch kam es zu dem legendären Sonnenstich, bei dem wir am Abend um die Wette kotzten. Jegliche Sommer später warnte Mutter vor dieser Naturerscheinung.

Sand lädt zum Graben ein. Nachdem es Vater und Herrn Hecht nicht mehr genügte, den ganzen Urlaub herumzuliegen und die Ausflugsziele abgegrast waren, begannen sie ein großes Loch zu schaufeln. Sie gruben sich tief in den Sand und konnten nur noch über die Schultern des anderen hinaufklettern. Wir reichten ihnen Bier hinunter—sie prosteten uns mit ausgestrecktem Arm zu und ließen sich fotografieren. Am späten Nachmittag kam der Strandwächter angelaufen. Man hatte ihm von dem Krater berichtet. "Die Wismutler halten's wohl auf der Erde nicht aus?", schimpfte er, "wenn nachts jemand hineinfällt!"

Die Männer mußten es wieder zuschütten, was sie ohnehin vorhatten: "Das hätten wir sowieso gemacht." Wismutkumpel erkannte man an ihrem Selbstverständnis. Nach dem Abendbrot gingen die Urlauberfamilien Möven füttern. Der Strand wurde in Lufträume eingeteilt. Wenn die Reste verteilt waren, gab es einen Moment der Angst, weil die Möven krächzend weiter anflogen. Ich bin weggerannt—es waren sicher dreißig Vögel.

Vater muß gewußt haben, was alles zur Familie gehört. Es war sein zweiter Versuch. Mutter kommentierte den ersten so: "Die wollte, daß er mehr Geld nach Hause bringt, und als er die Woche über weg war, ist sie fremdgegangen." Mit Mutter hatte er eine Frau gefunden, die seinem dürren Lebensentwurf zur Seite stand. Sie teilte das Geld ein: "Das ist für die Miete, das zum Leben, das legen wir weg." So kam nach und nach, ohne große Sprünge zu machen, Stück für Stück hinzu, entsprechend dem Rätsel sich füllender Haushalte.

"Was bringst'n du da wieder an?", empfing ihn Mutter, als er mit dem durchlöcherten Pappkarton in der einen und dem Bauer in der anderen Hand nach Hause kam und von der Schönheit eines singenden und vor allen Dingen sprechenden Wesens schwärmte, daß Mutter aus purer Liebe auch dieses Mal nicht anders konnte, als ihm zu Willen zu sein.

Vater nannte den Vogel Peterle, da der Verkäufer gesagt hatte, daß Weibchen nicht sprechen lernen. Peterles Bauer war eine Welt für sich. Wir sahen hinein, wie in eine Puppenstube. Peterle hatte alles. Sein Spielgefährte, eine Vogelimitation, trug den Namen Butschie. Außerdem verfügte Peterle über eine Kalkplatte, einen Spiegel, vier Stangen, ein Badehäuschen, einen Napf für das Wasser, welches gewechselt wurde, sobald er hineingekackt hatte, und einen Napf für die Körner aus der Drogerie. Der Boden war wie im Zirkuszelt mit Sand bedeckt. Nach der Eingewöhnungsfrist durfte Peterle in der Bude herumfliegen. Seine Eigenart bestand darin, daß er auf der Gardinenstange über mehrere Stuhlgänge sitzen blieb.

"Für einen Wellensittich braucht man Geduld", hieß Mutters Losung, die sie wörtlich nahm. So lernte Peterle sprechen. Mit seinem Spiegelbild balzend rief er fortan: "Guter Peterle." Die Geschichte seines Todes gebietet mitfühlendes Zusammenziehen der Augenbrauen. Es hätte nicht so früh sein müssen, er war in der Blüte seiner Zutraulichkeit. Diese wurde ihm zum Verhängnis. Beim Mittagessen spazierte er von Vaters Schulter über dessen Arm geradewegs auf den Rand des Tellers mit heißer Kartoffelsuppe. Peterle verlor das Gleichgewicht und rutschte quietschend hinein. Es half nicht, daß Mutter ihm die Füße in Kamille wusch, sie wurden von Tag zu Tag untauglicher. "Das ist doch nur noch Quälerei", sagte Vater und ging mit ihm den letzten Weg. Wir trauerten, bis eine Woche später ein neuer Peterle das Bauer bewohnte. Die sprachliche Meisterschaft Peterles des Ersten ist Zweitem nie gegeben gewesen. Mutter brachte deswegen nicht weniger Geduld mit ihm auf. Sie erinnerte sich: "Der erste hat so schön gesprochen", saß in der Küche und schnäbelte.

Wie im Märchen hieß eine alte alleinstehende Nachbarin ebenfalls Peterle, Frau Peterle, eine starke Raucherin mit kratziger Stimme. Sie lebte allein mit ihrem Sittich und fragte bei uns um Quartier für Hansi nach, weil sie in den Westen verreisen wollte. Er durfte kommen und setzte sich matt in den Sand. Peterle der Zweite hing in der äußersten Ecke am Gitter. Wir neigten uns über den Käfig und rochen den Grund: Hansi stank dermaßen nach Nikotin, daß wir das Türchen öffneten, um Peterle einen Fluchtweg zu schaffen. Nachts durfte man wegen des Dunstes auf keinen Fall den Käfig zudecken. Nach Wochen lüftete Hansi fast bis zur Geruchlosigkeit aus und saß neben Peterle auf der Stange.

"Ich hau' ab."

"Wohin, Bruder, wohin?"

"Dorthin, wo der Pfeffer wächst."

Man konnte sie freilich nicht verstehen, aber so ähnlich muß die Unterhaltung gewesen sein, denn als Mutter am vorletzten Besuchstag den Staublappen zum Fenster hinaus schütteln wollte, trieb es Hansi auf und davon, während Peterle zufrieden am Bauer turnte. Mutter schrie, Vater und ich rannten hinaus und sahen ihn zum Friedhof fliegen, wohin wir uns schleunigst samt Bauer begaben. Er saß gleich auf der vierten Fichte neben dem Eingang. Wir hielten ihm den Käfig hin und Vater pfiff die süßeste Melodie. Da flog er so hoch, wie es ihm keiner zugetraut hätte, über die Bäume, die Friedhofsmauer, in Richtung seiner Wahl. "Den holen sich die Krähen", sagte Vater und pfiff einen monotonen Marsch.

Frau Peterle ist aus dem Westen nicht zurückgekehrt. Wenn Hansi das gewußt hätte.

Mein Vater saß nach der Kobaltbestrahlung auf dem Bettrand und schüttelte fortwährend verneinend den Kopf. Zwei Monate später ließ er sich aus dem Fenster seiner Wohnung im zehnten Stockwerk fallen, wenige Tage vor seinem sechsundfünfzigsten Geburtstag. Ich erhielt die Nachricht von seinem Tod telegraphisch und fuhr sofort zu meiner Mutter. Mit unbewegtem Gesicht sagte sie, daß sie gesehen habe, wie er den Halt verlor. Sie kam von der Arbeit, öffnete im selben Moment die Wohnungstür. Einer der Hausschuhe fiel ins Zimmer zurück. Feuerwehrleute brachten ihr den anderen und—wegen des Edelmetalls—die Zähne in ein Taschentuch gewickelt.

Vor Beginn der Trauerfeier wartete eine Gruppe Männer in schwarzen Uniformen und mit schulterhohen Kränzen. Dann saßen sie reglos im Kirchenschiff gegenüber.

Zwei glitzernde Steine standen in der hellblau ausgespannten Vitrine des Fernsehschranks meiner Kindheit. Ich spielte nicht mit ihnen, wog sie nur in der Hand und konnte nie das leise Ticken vermeiden, wenn ich sie auf den Spiegelboden zurückstellte.

Das Holz, das wir zum Anheizen verwendeten, stammte aus stillgelegten Schächten. Ich hackte und stapelte es im Keller. Es war mit einer dunklen Schicht bedeckt, deren Geruch ich wiedererkennen würde.

Als ich meinen Vater fragte, was Silikose bedeutet, sagte er: Uranstaub frißt weiter.

Seine Wochen waren in Schichten eingeteilt. Wenn es irgend etwas zu planen gab, stand er vor dem Kalender in der Küche und zählte: Früh, Mittel,

Nacht, Sonntagsdienst. Zur Mittelschicht erhob er sich vom Mittagessen und mußte auf den Schacht, so hieß es im Sprachgebrauch. Manchmal sah ich ihn inmitten der Fremden, die ihre Haut zum Markte trugen, wo der Schichtbus hielt. Mein Vater unterschied sich von den anderen nur dadurch, daß ich ihn kannte. Sie stiegen ein und schliefen, noch bevor der dröhnende Bus den großen Kreis verlassen hatte. Vielleicht haben sie sich im Schlaf verwandelt. Mein Vater erwachte als "Schorsch"—"bekannt wie ein bunter Hund"—lief geschäftig zwischen eisernen Schränken umher und verschwand in den Maschinen. Dunkles Holz brachte er nach Hause.

Oft schwieg er nach der Frühschicht, wenn auf dem Schacht ein Unglück passiert war. Wieder hatte es jemanden erwischt—meist junge Männer, zermalmt von Geröll oder Ketten. Das Schicksal forderte seinen Tribut. Ich ahnte eine Erwachsenenwelt, in der jeder irgendwann seinen Platz einnehmen muß, auf Gedeih und Verderb ausgeliefert den Schlägen dieses Schicksals. Mein Vater war auf jener Seite, unerreichbar für mich, weil mir die wichtigste Voraussetzung fehlte—das Alter. Die Erwachsenen hatten etwas zu tun, dem man mit entsprechendem Ernst begegnen mußte, weil sie damit ihre Zeit verbrachten. Das Ansehen, das sie genossen, stammte aus dieser Zeit.

Zu Hause sah ich meinen Vater nie ohne Beschäftigung. Von dem Geld, das er sich nebenbei mit Renovierungsarbeiten verdiente, kaufte er einen kleinen batteriebetriebenen Radioapparat, zog sich damit in den Keller zurück und ordnete die vielen Gegenstände, deren Sinn niemand außer ihm zu deuten wußte. Die dunklen Regale starrten von rostfleckigen Büchsen und gebrauchtem Gerät. Er tat so, als harre jedes Ding seiner Anwendung. Das Radio ging mir kaputt, als ich es öffnete, um die Innereien zu begreifen. Ich sah, was ich angerichtet hatte, und wollte es unter Aufbietung aller Unkenntnis ungeschehen machen. Meine Mutter sagte, daß Vati, so nannten wir ihn und es klang wie ein Vorname, nun ein ganzes Wochenende umsonst auf der Leiter zugebracht hat. Mein Schuldgefühl ließ mich ihm tagelang aus dem Weg gehen.

Es kam selten dazu, daß wir uns grundlos berührten. Wenn ich mit ihm auf dem Motorrad fuhr, umschlang ich ihn von hinten mit beiden Armen. Einmal hagelte es. Er hielt am nächsten Baum, einem Kirschbaum, und drückte mich unter seinem Körper gegen den Stamm. Die Körner prasselten, ich stand im Trocknen. Dann brach die Sonne durch.

Uranstaub frißt weiter—fünfzig, sechzig, siebzig Prozent tote Lungenbläschen. Manchmal atmete ich einige Minuten sehr flach, um mir vorstellen zu können, wie mein Vater lebt. Die Ernsthaftigkeit dieser Versuche war ebenso groß wie jene beim Luftanhalten nach Sekundenzeiger. Mit dem ersten tiefen Atemzug begriff ich einen Augenblick lang, was seine Krankheit bedeuten mußte.

Weinen sah ich ihn nur einmal—auf der Reise zu dem Ort, wo er aufgewachsen war, den er, fünfzehn Jahre alt, verlassen mußte. Wir saßen im Auto und hielten am Berg vor der Stadt. Die Häuser ragten aus dem Taldunst. Ich hörte sein Schluchzen und heulte mit. Aber wir berührten uns nicht.

Als er immer öfter im Krankenhaus lag, setzte ich mich während der Besuche nie selbstverständlich auf sein Bett, stand am Fußende und wußte nichts zu sagen. Einmal führte er mich herum und kaufte Süßigkeiten. Man konnte im Krankenhaus einkaufen. Der Laden glich den üblichen Geschäften in der Stadt, doch alle außer mir trugen die gleiche Kleidung, Schlafanzüge, Bademäntel, und niemand sprach. Die Dinge kannte ich-hier zwischen den Uniformen der Kranken überraschte mich ihre Normalität.

Mein Vater war nie geheilt, wenn er von Mal zu Mal schweigsamer nach Hause zurückkam. Er ließ sich gesundschreiben, so hieß es im Sprachgebrauch, für immer kürzere Fristen. Berufskrankheit ist angesehener als Krankheit. Auf dem Schacht muß er sich unter seinesgleichen gefühlt haben, angesehen durch gemeinsames Tun und das Opfer, das er gebracht hatte. Er fuhr erst dann nicht mehr zur Arbeit, als ihm der Körper den Dienst versagte.

Alles blüht und ich vergeh', sagte er zu meiner Mutter im letzten Frühling. Ich wohnte schon lange in einer anderen Stadt. Sie hat es mir erzählt. Er verschloß die Gartentür und sah im Gehen zurück über den Zaun in das gepachtete Paradies meiner Eltern mit dem Tisch im Heckenschutz und der schaukelnden Bank. Zum letzten Mal ging er durch die Zaunreihen, vorbei an den anderen, die wie immer beschäftigt waren oder unter Pflaumenbäumen zusammensaßen und wie immer gleichgültig grüßten.

Den Sommer mußte er in der Klinik verbringen. Auf seiner Brust bezeichneten violette Fadenkreuze die Ziele für die Kobaltkanone. Während meines letzten Besuchs begleitete ich ihn nachmittags durch den Park und vermied es, länger zu schweigen. Er blieb stehen, bückte sich nach einer Kastanie und übergab sie mir wortlos. Die Sonne stand tief. Zwischen den Holunderbeeren glänzten silberne Spinnweben. Drinnen war es kühl. Er saß, als ich ging, auf dem Bettrand.

Man brachte ihn nach Hause. Er konnte kaum mehr aufstehen und lag mit offenen Augen auf dem Bett. Von der Straße drang der ewige Lärm. Sein Auto war im Hof geparkt. Meine Mutter wollte ihm am Todesvortag eine Freude machen und bot an, daß sie doch zusammen nach unten gehen könnten, sie würde ihn stützen, und während er daneben an der frischen Luft steht, könne sie das Auto waschen. Das ist doch nichts mehr, hat er erwidert.

Am nächsten Vormittag, als er allein war, erhob er sich, ging zum Flurschrank, wo eine halbvolle Flasche Weinbrand stand, und trank davon die Hälfte. Irgendwann ist er zum Fenster gegangen, sah die Stadt und den Himmel, die unruhigen Leute, hörte den nahen Bahnhof, die Sirenen....

Einen Monat später begann ich von meinem Vater zu träumen. Nacht für Nacht lief ich ihm durch ein verwinkeltes Haus nach, ohne zu rufen, er solle doch stehenbleiben. Es gab keine Sprache und ich erreichte ihn jedesmal erst im Dachgebälk. Sein Gesicht war mir zugewandt, aber er sah ins Leere. Ich zog ihn immer zum Schluß an mich heran, hielt meine Hände schützend um seinen Kopf, bis ich laut klagend erwachte.

Der Wunsch, einmal richtig Glück zu haben, verließ Vater erst, als seine Krankheit im inneren Massiv 'Unmöglich' schrie. Bis dahin brachte er Woche für Woche die Lotteriescheine an den Schalter zum großen Wurf. Mutter schätzte auch die kleinen Fische: "Freu' dich doch, Lotterieschwede. Da hast du umsonst gespielt."

Sie kannte das Wort aus dem Film: Ein armer Mann verliert seine Arbeit im Berg. Er besitzt weiter nichts, als ein Los und hofft darauf, wie man nur unter besonderen Bedingungen zu hoffen versteht, daß es bei der Jahreslotterie gewinnt. Den Film sahen wir familiär zwei Mal mit acht am Ende nassen

Augen. Der Mann verspielte das Los beim Würfeln an den Reichen. Er tat so, als würde er nicht mehr daran glauben. Doch am Tag darauf war es bekannt, daß er gewonnen hätte, rannte zum Stollen und sprengte sich in die Luft. Die letzten Bilder zeigten den lachenden Reichen, eine weinende Frau und meine Mutter, die aufstand, um Zellstoff aus dem Bad zu holen.

Vater trug auf dem Schacht Verantwortung für die Brigadekasse aus welcher Dutzende Lottoscheine finanziert wurden, um das Glück zahlenmäßig zu überrumpeln. Bestenfalls bekam er den hundertfachen Einsatz heraus. Von zaghaft tröpfelnden Ereignissen nicht genug getränkt, gespannt zum Sprung an die Oase, saß er pünktlich am Radio und hörte die Meldungen ohne Gewähr.

Einmal hatte Vater Glück, wie er selber sagte, als er mit Mutter zum Bus ging, weil Brigadeabend war. Sie trug ihr Kleid mit den schönen Falten und ging im Duft von Echt Kölnisch Wasser, frisch frisiert an seinem Arm. Vater, betört, machte ihr das einzige Kompliment in der Laufbahn: "Da habe ich aber Glück gehabt, daß ich noch so eine schöne Frau kriege." Sie tanzten die ganze Nacht und Vater hieß Walzerkönig.

Zehn Jahre nach seinem Tod kam im Keller ein Kocher zum Vorschein, ein schuhgroßes Aluminiumding mit Steckdose. Was ich unter dem Einsatz finden sollte, verschaffte Mutter, die noch einige Rechnungen mit Vater offen hatte, mehrere schlaflose Nächte: Neunhundert Mark verfallenen Geldes. "Was wollte er damit", unter dieser Frage warf sie sich im Bett hin und her. Vielleicht sparte er heimlich auf den ganz großen Einsatz. Nie wird man erfahren, wie es wirklich war.

Mutter bietet ihrer peinigenden Einsamkeit die Stirn. Sie hat zu tun wie der Leipziger Rat.

Wer ermißt, wie lang die Gardinenfront im Wohnzimmer wirklich ist? "Nach acht Stunden hab' ich sie wieder oben gehabt." Dazu gehört, den begrünten Raumteiler von der Couch zu schrauben, alles in Zimmermitte zu pugsieren, dutzende Male die Leiter hoch und runter zu klettern, den eingedreckten Stoff von der Leiste zu knipsen und zu waschen. Gardinen werden feucht wieder aufgehängt, wodurch sie beim Anknipsen noch schwerer sind, wieder Möbel rücken—weiß und fertig.

Dabei gönnt sie sich nicht mehr als zwei Tassen Kaffee pro Tag, während Vater noch seine Zigaretten hatte und zwei Flaschen Bier am Abend.

Seit seinem Tod ist die Wohnung von innen verriegelt. "Ich gehe doch nicht ohne Einladung irgendwo hin." Und so fährt sie die zehn Etagen hinunter, geht nur bis zum Färberturm.

Alle fünf Jahre wird die Linde am Familiengrab bis auf den Stamm beschnitten. Weil es dann keine Blätter vom Geviert zu klauben gibt, fällt das Gespräch mit Vater kürzer aus. "Ich frag' ihn manchmal, wie ich's machen soll", sagt sie und stellt einen Strauß später Rosen in die rechte hintere Ecke.

Petz hatte den kürzesten Schulweg. Er mußte nur die Treppen hinunter, an der Pestkanzel vorbei, durch den Torbogen, links über die Straße und unters Dach von Weidas Tankstelle. Rechts neben der Wärterloge ging es in Petzens Höhle, die einen entscheidenden Vorteil besaß: Die Alten konnten nur über einen langen dunklen Flur oder durch das Badezimmer zu ihm dringen. Infolge eines eigenen Zugangs zum Ort der Notwendigkeiten brauchte er sich tagelang nicht sehen lassen, beziehungsweise kam nur zum Essen raus.

Dieser ungewöhnlichen Autonomie ist es zu danken, daß ich Petz häufiger als alle anderen Klassenkameraden besuchte, da es fremde Eltern in der Regel gut verstanden, für Beklemmung zu sorgen. Falls eines der beiden Elternteile wider erwarten die Höhle betrat, raunzte Petz: "Was willst"? Fiel die Antwort zu nachgiebig aus, rief er: "Raus!", und wenn das nicht reichte: "Ooaah, du nervst". Mit der Taktik hatte er es geschafft, nur in dringenden Angelegenheiten gestört zu werden. Das war auch notwendig. Hätten die Alten von seinem Treiben Wind bekommen, wäre gelinde gesagt, der Teufel los gewesen. Sie waren brave Kommunisten, was bedeutete, daß sie sich dem Klassenfeind, wo immer er ihnen begegnete, in den Weg stellen mußten, und sei es in einer Höhle, wo Petz Feindsender abhörte, weil er Liebhaber der Beatmusik war. Dazu bediente er sich seines zwei Jahre jüngeren Bruders Knochen, der mit ihm die Höhle teilte. Sie saßen am Lautsprecher des Röhrenradios und wären fast hineingekrochen. Die einzige Beleuchtung im

Raum ging von der Skala aus. Nach jedem Stück der Hitparade wechselten sie sich ab, eine Hand an den Knopf zu legen, durch dessen Linksdrehung das Gerät verstummte.

Da ich bei Petz ein und aus ging, nutzte er meine Erscheinung, um seine Position im Generationskonflikt zu stärken, was anstrengend ist, wenn man es mit Orthodoxen zu tun hat. Meine ungläubigen Eltern legten zwar Wert auf geschnittene Haare, doch war ihnen der Klassenfeind egal. Ich konnte die Fronten langsam weiter hinausschieben. Meine Haare verlängerten sich vom Fassonschnitt über den Rundschnitt bis zum Schnitt, wo nur noch die Spitzen der Schere zum Opfer fielen, weil Petz sie führte. Zuerst mußte ich meine Mutter davon überzeugen, daß mein Widerwillen gegen Friseure alles Bekannte übersteigt. Da sie diesen Beruf selbst ausgeübt hatte, konnte sie es nach einem Jahr uneingestanden verstehen. Wenn sie mir dann in den Ohren lag, daß ich aussähe wie ein Hottentotte, ging Petz vorsichtig ans Werk. Er nannte es "ausdünnen". Man konnte ganz gelassen in der Höhle vor der Spiegel- scherbe sitzen, ohne den Eifer eines Handwerkers im Frisörsalon mit dem Ruf bremsen zu müssen: "Nehmen Sie nicht zuviel weg." Wenn Petz dann seine Alten agitierte, wog das Argument, daß seine Haare kürzer waren als meine, was wahr war, da er sich der Maßeinheit des Millimeters bediente.

Gemeinsam mit seinen Eltern saßen wir am Küchentisch, als Petz die Begebenheit mit meinem Haartrick ins Feld führte. In einer jener Schul- stunden, derer man sich nicht erinnern könnte, hätte man nicht selbst Hand angelegt, riß ich mir meine sieben längsten Haare aus, knotete sie aneinander und hängte meinen Füller an einem Ende in einer winzigen Schlinge auf. Petz saß neben mir und schob das Ding mit dem Fuß über den Gang an die nächste Bankreihe zu Ellis Füßen. Dann bat er sie scheinheilig, den Füller aufzuheben. Als sie sich danach bückte, zog ich an der unsichtbaren Leine, so daß Elli ausrief: "Er hat sich bewegt." Petz hob zum Schluß seiner Erzählung noch einmal hervor, wie wenig Haare doch ausgereicht hätten, um diese Entfernung zu überbrücken. Dann stellte er die Überraschungsfrage: "Was denkt ihr, von wem die Haare waren?" Er schaute die Frau an, dann den Mann, dann wieder die Frau, dann sah er zu mir und hörte grinsend seine Haare wachsen.

Frau Petz kommandierte liebevoll im Nach der Schule, namens Hort, Herr Petz, kommandierte als Organisator der Leichtathletik. Nicht, daß damit die Herzlichkeit ihrer Wesen verlorengegangen wäre, nur sprachen sie laut und abgehackt, wie man es von bestimmten Tieren als Bellen kennt. Die tiefe Stimme des kleinen Vaters unterschied sich von der aufgebrachten Tonlage der Mutter durch ein mehr zum Bären tendierenden Grunzen während der Denkpausen. Die Mutter arbeitete zusätzlich mit der Sprachmelodie einer Hort-Tante. Im Gegensatz zu ihr nannte der Vater seine drei Söhne beim Spitznamen. Neben Petz und Knochen existierte noch Fleppe, der dritte Bub im Bunde. Das vierte Kind, ein Mädchen, hieß Weib. Die Worte Petz, Knochen, Fleppe und Weib leuchteten als poetische Blitze im Sprachgewitter. Es konnte vorkommen, daß der Vater die Tochter Weib nannte, während die Mutter danebenstand, oder daß Petz seine Schwester rief: "Weib, komm her!"

Doch diese Direktheit wurde immer wieder von den Geboten der kommunistischen Kirche überschattet. Um nicht erpreßbar zu werden, weihte Petz weder Knochen, noch Fleppe, noch das Weib in sein illegales Geschäft mit der Sehnsucht ein. Weidas Jugend war scharf auf Beatbilder. Man wollte sein Vorbild bei sich haben. Das machte sich Petz zunutze. Er hatte nur einen Mitwisser. Ich saß in der Höhle, als er mich hinter den Vorhang zu den Geräten rief. Auf dem rotbeschienenen Blatt an der Pinzette im Wannenbad erschienen die Umrisse von langbehaarten Köpfen, die ohne jeden Zweifel als "Shocking Blue" identifiziert werden konnten. Chemikalien, Stative und verschiedene Lichtquellen verliehen Petz die Würde eines Meisters, der das Unsichtbare sichtbar zu machen versteht. "Wenn sie das erfahren, ist das Kraut fett", mahnte er mit belegter Stimme. Die Fotos wurden entweder unter Wäschestücken aufgehängt oder föngetrocknet. Petz wusch sich zur Tarnung vorher die Haare und lief durch die Küche an seiner Mutter vorbei. Er verriet mir nicht, woher die Originale stammten. Informiert wurde nur über das Notwendigste. Vom Verkauf der Abzüge mußte er die Finger lassen. Der Hort lag zu nah an der Schule. Ich übernahm diese Aufgabe auf Honorarbasis. Es gab Fälle, wo die Kunden nicht sofort nach Lieferung bezahlten. Bischof saß vor mir. Er nahm es mit dem Geld nicht so genau. Anläßlich einer russischen

Vokabelarbeit drehte er sich herum und zischelte: "Weißt Du die Fünf?" Ich wußte sie und stellte eine Antwort in Aussicht, wenn er die Beatbildschulden begleicht. Bischof fingerte zwei Mark aus den engen Jeans und gab sie mir hinterm Rücken. Ich vermachte ihm die Fünf im Moment des Besitzerwechsels.

Natürlich hatten wir immer nur wenig der heißen Ware bei uns. Die große Pause war groß genug, um in der Höhle Nachschub zu holen. Wir klimperten auf dem Reißnägelklavier herum, und Petz drehte bei weit geöffneter Tür das Radio auf volle Kanne.

Hans Weiser war Weidas magerster Musiklehrer. Er spielte wunderbar Klavier. Oft in den Pausen ließ er die Schüler vor verschlossener Musikraumtür bis zum Klingelzeichen warten. Wäre Stille gewesen, hätte man Rachmaninov durch die Tür gehört. Das Gegenteil war der Fall: Durch das Gebäude hallten die Echos der Lehre. Der endlosen Schülerwanderung setzte Hans Weiser sein Spiel entgegen.

Er wußte sich feingliedrig zu behaupten, indem er am Anfang der Stunde willkürlich zwei Namen aus dem Klassenbuch las. Die Benannten mußten einzeln nach vorn kommen, um das Lied der Hausaufgabe zu singen. Nur Bernd Schock und ich traten gern vor die Meute. "Schöne Stimmchen", lobte Hans Weiser und lud den Klassengesang auf einen Blüthner-Flügel. Um seine Genialität zu verbreiten, erfand ich die Legende, daß er jetzt sogar seinen Doktor am Klavier gemacht hat.

Irgendwann schloß er den Flügel ab, steckte den Schlüssel ein und kam nicht mehr. Der Nächste mußte das Schloß aufbrechen.

Man fand Hans Weiser nach dem Tod seiner Frau verhungert in der Neubauwohnung—obwohl der Kühlschrank gefüllt war.

"Das hat der Herr Neugebauer gesagt", äffte Hubert mich nach, wenn ich bei Tisch einen unüblichen Standpunkt geäußert hatte, der, nur weil er von Herrn Neugebauer kam, noch lange nicht falsch sein mußte.

Wenn die Sirene über das abendliche Weida röhrte, trat darunter Stille ein. Die Leute auf den Gehwegen gingen langsamer und rochen in die Luft. Nach weniger als wenigen Minuten raste Herr Neugebauer auf dem Sportrad den Hermsenberg hinunter zur Freiwilligen Feuerwehr und kurz darauf war schon die Fanfare zu hören, wie sie dem Brandherd entgegen jagte.

Der aktive Widerstand gegen das Feuer muß in Herrn Neugebauer eine Sichtweise wachgehalten haben, die den meisten anderen Lehrern in ihrer Greil-Schuligkeit abging. In der Deutschstunde, wo die Sehnsucht der Dichter, verstanden zu werden, größer als im Sportunterricht ist, gab es für die Minderjährigen nur eine Frage: "Wie war es gestern Abend?" Er stand am Fenster, die Hände auf die Dampfheizung gestützt und ließ sich bitten. In der Regel brach der Damm und Herr Neugebauer löschte die Zeit, erzählte vom Flammenfeld seiner Freiwilligkeit und streute dabei verschiedene Gereimtheiten im Umgang mit falschem Leben in die Ohren, wofür Kinder sehr empfänglich sind.

Er vermochte nicht, mir die Bücher anzuempfehlen, ich folgte ihm vielmehr an den Mittwochabenden der achten Klasse in seine Nachwuchsriege, um mit Schläuchen den Ernstfall bis zum Kommando: "Wasser marsch!", zu üben.

Schneckes Vater hatte eine Lederhand. Wenn er Schnecke schlagen wollte, mußte Schneckes Mutter Schnecke festhalten. Sobald die Stimmung den Siedepunkt erreichte, stellte sich die ostpreußische Mutter hinter Schnecke, welcher vom Vater betitelt wurde. Instinktiv spürte die Mutter, daß jetzt der Armreif um Schnecke gelegt werden muß, damit dieser nicht flüchtet. Dann schlug der Vater zu.

In der Neunten wurde ich mit Schnecke auf eine Schulbank gewürfelt. Er war ein Künstler. In den öden Stunden faszinierte er durch seine Bleistiftzeichnungen, die sich alle um ein Motiv rankten: Das langgezogene Gesicht. Es variierte nur in seiner Größe. Es hing ganz von Schneckes Konzentration ab, wieviel Körper er gab, alles lang und dünn gezogen. Ein ovaler Kopf, der sich nach unten verjüngte, mit Ohren über zwei Drittel der Kopflänge. Keine weiten Fächer wie beim Elefant, sondern schlanke Schläuche, an denen schmale, weit nach unten gedrehte Spiralen hingen. Die Augen hätten auf die Gleise gelegte Groschen sein können, von kunstvollen Rädern zu länglichen Oblaten gewalzt. Der Mund war spitz mit hohen

Oberlippenhöckern, vergleichbar mit dem Maul eines Kamels. Die Gliedmaßen ähnelten Schachtelhalm.

Wenn Schnecke zu kritzeln begann, wußte man zwar was dabei herauskommt, doch hatten seine Gesichter immer einen anderen traurigen Ausdruck.

Der Besuch im KZ war eine Jugendstunde, der genau wie eine andere Jugendstunde in die Schuhfabrik führte. Jugendstunden dienten dem höheren Plan, Kinder in die wahnsinnige Welt der Erwachsenen einzuweihen, als wollte man ihnen zeigen: "Ihr habt keine Chance." Des Zynischen Krönung hieß Jugendweihe.

Über dem Tor zum Lager stand: "JEDEM DAS SEINE". Als achte Klasse schritten wir hindurch. Wir sahen in die Folterräume. Es war still. Die Krematoriumöfen standen offen. Der Raum war frisch geweißt. In der Baracke stellten wir uns vor, wie sechs Menschen auf einer so schmalen Pritsche schlafen konnten. Dann gingen wir in ein Haus, das sich als Kino entpuppte. Dort lief Tag für Tag der Streifen, wo man sieht, wie Menschenleiber von Planierraupen in Massengräber geschoben werden. Vor Beginn hatte die Platzanweiserin darauf hingewiesen, daß man hinausgehen darf, wenn einem schlecht wird. Es schien offenbar die Regel zu sein, obwohl in unserer Klasse niemand kotzte. Trotzdem, mit dem Film haben sie uns klein gekriegt.

"Gabi hat sich beschwert, daß du überhaupt nicht rangehst", sagte kein anderer als Tauchmann, von dem man wußte, daß er rangeht wie Blücher. Er meinte mit seiner Ansprache den Spaziergang und die Stunde auf der Bank hinter dem Wieden hoch, was die einzigen Möglichkeiten waren, bei denen ich hätte rangehen können, aber dafür reichte es eben nicht aus.

Die Figuren im Haus der Einheit drehten sich am Wochenende. Man nannte es Tanz und lernte sich mit Absicht näher kennen: "Woll'n wir zusammen gehen?" Bei den Rittern hielt dies dann ein ganzes Leben, wie bei Ulli Ritter—Zufall oder nicht: "Er hat es mit Gabi gepackt", der Satz, von Karl-Heinz Bischof vor dem Haus der Einheit gesprochen, ist deshalb bedeutungsvoll, weil Bischof einen Blaupunkt aus dem Westen besaß, weshalb er nicht viel sagten mußte.

Wir kamen uns auf der Geraer Straße entgegen—er seinen Blaupunkt in der rechten Hand, ich meinen Stern Smaragd, für den ich eben erst drei Wochen in der Wetron geschuftet hatte, in der linken. Meter bevor wir uns begegneten, nahm jeder sein Kind in den Arm und schaltete es ein. Als wir nebeneinander standen, hatte der Klang schon entschieden. Karl-Heinz wirkte sehr gelassen, als wäre er in Drachenblut gebadet.

Am ersten frühen Morgen mit dem Gerät machte ich Licht in der Küche, ging zum Tisch und drehte den Knopf. Schon das Knacken ist eine Messe für sich gewesen. Eine ultrakurzwellige Frequenz sendete "Oh, wann kommst du?" Es war gerade neu herausgekommen und klang, auf den Geschmack übertragen, wie frische Lukas-Semmeln mit Pflaumenmus, nur daß die Empfängnis durchs Ohr an ein weiteres Inneres dringt.

"Woll'n wir mal rausgehen?" sagte Gudrun Thomas, die erste Frau mit Engelszunge. Unter der Laterne küßte ich sie ein wenig auf die Lippen. Sie zog mich ins Dunkle um die Häuserecke und erkannte mir ihren offenen Mund. Im Winter fuhr ich ohne Mütze mit dem Omnibus zu ihr nach Hohenölsen. Es riß mir fast die Ohren ab, aber die Chancen, ihr zu gefallen, standen ohne Mütze besser. Wir gingen spazieren. Da mir nichts Zündenderes einfiel, erzählte ich die Kurzgeschichte vom Handschuh für zwei Hände, in England erfunden. Es schien sie nicht zu interessieren. Die Tür, in der ich mich eben noch wähnte, schlug zu und verwehrte den Einblick in die Mädchenwelt. Ich bekam das Gefühl, etwas von ihr zu wollen und hielt ihre kalte Hand. Noch ein Mal tat ich den Schritt ins Leben von Hohenölsen. Gudrun muß es gerochen haben und ließ sich von ihrer Mutter entschuldigen.

Mit der Halbierung zum reifen Geschlecht tut sich die Zeit auf. Man sucht mit Schritten wie auf dem Trampolin nach Löchern ins Selbstvergessene, zu denen man sowohl Mädchen, als auch das Radio zählen konnte. Der einsame Gang mit der Heule gebar Wunder wie das folgende: Gabi Gonnermann, mit langem goldblonden Haar, ein Mädchen aus meiner Klasse, hatte es in sich. Ich verehrte sie wegen ihres Lachens und der sanften Handbewegungen. Zufällig trafen wir uns in der Stadt. Da kamen die Kings mit Lola. Gabi blieb die gesamte Länge bei mir stehen, lachte und machte ihre schönen Bewegungen. Ohne Heule hätte sie gegrüßt—das wäre alles gewesen.

Die Jugendherberge gewährte der neunten Klasse zwei Mädchen-und zwei Jungenzimmer. In der dritten Nacht schlug Tauchmann vor, zu den Mädchen zu gehen. "Wer kommt mit?" Tauchmann hatte alles klar gemacht. Im zweiten Bett links unten lag meine geheime Liebe, Gabi Gonnermännchen. Ich beugte mich hinunter und fragte leise wie ein Reh: "Darf ich rein-kommen?" Sie schlug die Decke zurück, ich legte mich neben sie, sie deckte uns zu. Wir umarmten uns in Schlafanzügen. Heißwangig flüsterte sie: "Mein Herz pocht". Ich fragte: "Darf ich fühlen?". Als ich meine Hand zu ihrem Herzen hin in Bewegung setzte, flüsterte sie noch leiser, aber um so dringlicher: "Du kannst es auch am Hals fühlen." Mit schlechtem Gewissen folgte ich ihrem Rat. Niemals mehr konnte ich mit ihr so zusammenstehen wie zur Zeit der Kings. Tauchmann äußerte zwei Jahre später: "Gonnermännchen", dann lachte er dreckig, "als du dran warst, war sie bestimmt noch knackiger." Ich schwieg von ihrer Knackigkeit, weil mir zu sprechen nicht zustand.

Im Kinderzimmer saß ich auf der Sofakante mit dem Rücken zur Tür und schlug auf dem Polster den Rhythmus. Credence Clearwater Revival war in der Hitparade mit einer schnellen Nummer vertreten, bei der sie das Ende mit immer heftigeren Schlägen vollstreckten. Ich hielt es mit den Urvölkern, zuckte nach der Trommel und bemerkte meine Mutter nicht, die schon eine Titellänge hinter mir stand. Mit dem letzten Akkord rief sie angewidert: "Jetzt bist du durchgedreht."

Das Gespräch mit Gleichaltrigen über Vorlieben in der Musik stand jenseits aller Versunkenheit. Um als eingeweiht zu gelten, mußte man die Gruppen schon nach dem ersten Ton erkennen. Wer die meisten Stones-Titel aufzählen konnte, war weniger angreifbar, wenn es in anderen Gefilden nicht richtig klappte. Günstig war, sich auf einem Gebiet gut auszukennen. Das konnte Fußball sein, Mädchen oder Stones.

Ich hatte keine Schwester sondern einen Bruder. Über ihn war das Gerücht in Umlauf, daß er sich nicht auskennt. Aber es war eben ein Gerücht, denn er kannte sich aus. Nicht mit Mädchen, denn dann wäre er nicht mein

Bruder gewesen, aber mit Fußball und Stones. Vom Internat brachte er eine Gitarre mit nach Hause, deren Schwester mir in die Hände wachsen sollte. Zu Weihnachten lag sie unterm Baum und lehrte mich der Träume Dämmerung. Frühlings saß ich im Fenster, ein Bein oben, klampfte und sang vom Haus in der untergehenden Sonne. Die Stunden kamen und gingen. Niemand stöhnte gelangweilt, obwohl man an neue Saiten schwer herankam.

Vier Wochen Schufterei im Lederwerk entsprachen einem Tonbandgerät. An den Kühlrippen roch es besonders und entschädigte für die Nasenqual Rohhautlager. Ich sang Atlantis auf Band und spielte es Ulli Ritter vor, der seiner Gabi davon erzählte, wie ich später von Bischof erfuhr.

Mit der hölzernen Schwester kamen die neuen Gangarten und mit Ute aus Kamsdorf das verliebte Spiel. Sie sang zur Gitarre, war vierzehn und ich siebzehn. Ihr älterer Bruder nahm mich zur Seite, erklärte, daß man in meinem Alter ganz andere Bedürfnisse habe, wofür ich das Mädchen nicht mißbrauchen dürfe. Ich versprach, dem Rechnung zu tragen, was mich wenig Mühe kostete, da ein unbeschriebenes Blatt keine üblen Nachrichten verbreitet. Nie war ich gleichaltriger.

Das erste Mal ging unbemerkt in die beige Hose. Ich saß auf einem unbemannten Garderobetisch. Sie stand zwischen meinen Beinen. Im Lokal setzte ich mich dann mit Anorak an den Tisch. Auf ihre Anfrage spielte ich einen Defekt am Reißverschluß vor. Sie muß über meiner Darbietung vergessen haben, daß man das Stück auch über den Kopf ziehen kann.

Stürmisch widerlegten wir die Worte 'sturmfreie Bude'. Wenn wir die Kinderzimmertür hinter uns schlossen, schob sich mir jener Kloß in den Hals, der nach Musik verlangte. Bach, Orgelwerke hatte ich von der Musikbibliothek eigens zur Überspielung ausgeliehen, da der Schallplattenspieler im Wohnzimmer stand und zur Untermalung des ersten Aktes nicht dienen konnte. "Mach' doch mal die Musik aus", bat Ute und dies war der letzte Moment, um das Endgültige abzuwenden, weil ein dafür notwendiges Utensil noch nicht bereit lag. Eines der wenigen Geheimnisse, die meine Mutter preisgegeben hatte, lag in dem Spruch: "Wo nichts reinkommt, kommt nichts raus."

Das Haus der Einheit bot im Hygienetrakt ein gewisses Sortiment an, dessen ich mich am ersten späten Nachmittag meines achzehnten Lebensjahres bediente. Das Produkt hieß 'Gummifufftscher' und kostete fünfzig Pfennige. Wie ein Akzent in der Geschichte tauchte Tauchmann auf, sah was ich zog, nickte mir zu und sagte: "Genau."

Es war Silvester. Als Ute die Vorhänge zuzog, schoß die Stadt das Jahr ab. Auf dem Tonbandgerät lag mein schwerstes Gewicht: Toccata und Fuge in De Moll. Nackt krochen wir unter eine Decke. Oh, Schmach geheimer Vorsichtsmaßnahmen, oh, Pein des Vollzugs der beschlossenen Sache. Die Angst schloß ihre Augen. Ute kamen unter meinem Ungeschick die Tränen. Wie aus Trotz hielt ich nicht inne.

Neujahr gingen wir zur 'Schönen Aussicht' spazieren. Es war ein schweigsamer Weg, bis Ute fragte, ob ich nicht wüßte, daß Frauen ihre empfängnisfreien Tage haben. Am liebsten wäre ich in die Erde versunken und eierte herum, bis sie lachte und rief: "Du weißt ja gar nichts." Zu Hause kam Mutter auf das Bettlaken zu sprechen: "Da habt ihr ja eine schöne Schweinerei gemacht."

An den Wochenenden fuhr ich zu Ute nach Kamsdorf. Sie nahm mich weiter mit in ihr Bett unter der schrägen Mansarde. Nur ihre Großtante Minnl hat unser junges Treiben mit Fluch belegt. Wenn sie abwusch, grummelte sie in ihr behaartes Kinn. Einmal verstand ich: "Die Schlampe." Wir ließen uns von ihr nicht beirren.

Mit Ute hatte ich es zwar im Sinne von Tauchmann gepackt, aber nicht im Sinne von Ritter. Wir wurden auseinandergeführt. Nicht lange nachdem sie für mich Tausende Maschen an einem dunkelgelben ärmellosen Pullover gestrickt hatte, mußte ich zur Armee.

Stellt man die Motoren ab, wird die Stadt still. Ab und zu treibt der Wind einige Silben aus den Abendgesängen vor sich her oder Hammerschläge. Man hört, wie der Nagel mit jedem Plock kleiner wird und wartet auf das Plack, Plack, was das Holz ruft, wenn es ihn ganz in sich aufgenommen hat. Kinder sind aus den Fenstern zu hören, im Streit um den letzten Leckerbissen, hustende Kinder, und welche, die sich vor Lachen nicht mehr einkriegen. Mit den geschonten Ohren traut sich auch die Nase wieder zu riechen. Die Luft hat ihre Düfte zurückerlangt nach Flieder oder Linde, je nachdem. So lag Weida an einem Frühlingsabend Neunzehnhundertachtundsechzig in der Dämmerung.

Langsam aber stetig entschälte sich der hereinbrechenden Nacht ein Geräusch, so daß die Leute, egal wo sie saßen oder standen, den Kopf in den Nacken legten, wie neunzehnhundertfünfundvierzig, als eine amerikanische Bomberstaffel die Stadt überflogen hatte. Einer der Bordschützen muß das Ganze für ein Spiel gehalten haben: Über Funk rief er zum Piloten, natürlich auf englisch: "Guck mal!", wies auf das Wahrzeichen von Weida, die Osterburg, 'wie zornig der Bergfried zum Himmel tut ragen' und krümmte den Finger aus Spaß am Zielen. Oder er wollte den Weidaern einen Denkzettel verpassen, dessen sie wie jede andere Bevölkerung auf der geduldigen Erde sicherlich bedurften—jedenfalls schoß er dem obersten Kranz am Burgturm einen großen Zacken weg. Dann hat er gelacht und gerufen: "Getroffen!" Als Herr über Leben und Tod war er gnädig gestimmt.

Das Geräusch wurde zum Dröhnen und das Dröhnen zum Brüllen und Asphaltknirschen, welches die Häuser erzittern ließ, so daß man den Glauben daran verlor, noch irgendwohin fliehen zu können. Kein anderes Geräusch konnte weiterexistieren. Alle Gerüche fielen dem Gestank nach Öl und Diesel zum Opfer. Zweiundachtzig Panzer fuhren durch die Stadt, zermalmten den Rinnstein, wenn sie ihren Weg mit ruckenden Ketten korrigierten. Woher sie kamen, war schwer zu sagen. Aus jeder Luke ragte ein Soldat, Kentaur mit Stahlleib, von dem man nichts erfahren konnte. Auch wenn der Erste hätte rufen wollen: "Seid gegrüßt, kriegsentwöhnte Bürger des kleinen Städtchens, dessen Ortseingangsschild sich nicht der kyrillischen Schrift bedient. Verzeiht mir den Krach, ihr seht ja, ich hab' einen Panzer am Arsch." Auch wenn er dieses also hätte rufen wollen, so wäre es nie und nimmer zu verstehen gewesen.

Wegen des furchtbaren Getöses war auch nicht zu verstehen, was die gesamte Weidaer Bürgerschaft, weit aus dem Fenster gelehnt, wie aus einem Mund gerufen hatte. Sie rief voller Zorn: "Es lebe Dubcek!" Wären die Panzer nicht so laut gewesen, hätte man es hören können, das einzige Beispiel kollektiven Widerstands, von dem Weida jemals ergriffen war. Doch es wurde von zweiundachtzig gewalttätigen Motoren erstickt und mit dem abziehenden Lärm vergessen. Man erwähnte nie wieder ein Wort davon. Schon nach einer halben Stunde befiel der Krach des Krieges einen anderen Ort auf der Strecke zur tschechischen Grenze. In Weida zog das Schnarchen ein.

Reprint from *Das Irdische Kind*. (Verlag Volk und Welt, 1996).

Bauchschüsse

Erich Loest

Der Zug trat auf dem Kasernenhof an, der staubgrau war wie der Himmel. Gegen das Tor wurde gesungen: »Wer nicht jetzt sein Spiel gewinnt, wird es ewig missen. Michel horch, es pfeift der Wind, Segelsegel sind zu hissen.« Die zweite Kompanie sang das immer, wenn sie ausrückte, und würde es durchhalten bis in alle Ewigkeit.

Ein Bus fuhr vor. Die Genossen Soldaten, die ihn anrollen sahen, argwöhnten, etwas sei im Busch: Stiefelputz und Sitz des Koppels waren penibler als sonst kontrolliert worden, der Leutnant sprach in angehobener, fistelnder Tonlage; er war nervös. Die Zeit der Kraftproben zwischen ihm und den Soldaten war vorbei und in eine Phase gelangweilter Tolerierung übergegangen. Die Genossen Soldaten hatten von ihren achtzehn Monaten bei der Fahne sorgsam registrierte dreiundzwanzig Tage länger als ein Jahr hinter sich und waren somit EK, Entlassungskandidaten, mit dem Drang in allen Blutbahnen, abgebrüht zu wirken, stoisch zu sein, alles zu kennen, was die Nationale Volksarmee zu bieten hatte, alte Hasen, die so denken und fühlen wollten wie ihre Großväter, falls die Obergefreite gewesen waren, frankreich-, balkan-und vor allem rußlanderfahren. Sie strebten eine Eigenschaft an, rühmten sie an sich selbst und hörten sie lieber als alles sonst auf sich angewendet: Sie waren stur.

Dem Bus entstiegen—die Genossen Soldaten beobachteten unter halb gesenkten Lidern heraus im Bemühen, sich ihre Neugier nicht anmerken zu lassen—ein Major und ein Dutzend Unteroffiziere, die letzteren nicht älter als sie. Die hatten sich, so urteilten die EK, von Musterungskommissionen breitschlagen lassen, hatten für drei Jahre unterschrieben, sich dadurch fürs Studium bessere Chancen ausrechnend, sie waren vom aufgestockten Sold angelockt worden oder hatten schlicht vor dem Schwall immer wiederholter Argumente kapituliert. In den Augen der EK waren sie Arschlöcher; sie pflaumten sie bei jeder Gelegenheit an und schmissen ihnen auch mal in der Kneipe mit Vergnügen die Mütze ins Klo. Mächtiges Aufgebot also, und so völlig kalt, wie sie es gern gewollt hätten, blieben die EK nun doch nicht. Eine Maßnahme bahnte sich an, die aus dem Rahmen kippte. Bei der Nationalen Volksarmee hieß alles Maßnahme, ob es sich nun um Gefechtsdienst oder Waffenpflege oder Streichung des Urlaubs handelte, sie kannten kulturelle und sportliche Maßnahmen, und hier entwickelte sich eine Maßnahme, die voller Tücken sein konnte, und die Genossen Soldaten nahmen sich vor, auf der Hut zu sein. Sie beschlossen es jeder für sich so verbissen, daß es sich wie eine elektrische Spannung über sie legte, daß sie meinten, ein Knistern zu spüren, aber vielleicht war es bloß Schweißdunst, der weniger aus Angst über ihnen aufstieg als infolge angestrengter Wachsamkeit.

Der Leutnant meldete; die Soldaten hörten heraus, daß er sich mühte, ohne Versprechen und Stottern durch die Formel zu kommen. Der Major grüßte ihn und die Soldaten, er war massig, sein Gesicht dick, aber nicht auf-geschwemmt, gut im Fleisch, einer, der sich sichtlich Zeit nahm für Volleyball und Sauna, nicht abgehetzt war von zwanzigstündigem Dienst jeden Tag wie der Leutnant, das arme Schwein ganz vorne, wo im Frieden die Front verlief: zwischen den Wehrpflichtigen, die immer nur pflichtig sein wollten und nie freiwillig, und allen über ihnen.

»Lassen Sie einrücken«, befahl der Major und blickte die Soldaten beinahe väterlich an. So einer war als Werber am gefährlichsten, wußten die Soldaten und strengten sich an, noch vorsichtiger zu sein, als sie es immer sein wollten, und ihnen wurde klar, daß ihr Leutnant wußte, welche Art von Maßnahme angesetzt war. Zumindest war ihm bekannt, wohin eingerückt werden sollte, und ein Leutnant, der eingesehen hatte, daß gegen den vereinten Willen von dreißig EK schwerlich etwas zu machen war, hätte etwas durchblicken lassen sollen, das verlangten sie, und dieser Leutnant hatte sie selten enttäuscht. Was auch in der Schulungsbaracke geschehen konnte—es war in jedem Fall besser, als wenn sie dem Pulk, der ihnen nachtrottete, ihre

Fähigkeiten an der Sturmbahn oder beim Anlegen des Schutzanzugs hätten demonstrieren müssen. Konnte sein, der Dicke hielt einen Vortrag über irgendwas, oder sie sahen einen Film. Wer hinten saß, konnte pennen.

So drängelten sie sich auf die letzte Bank, aber der Leutnant befahl sie nach vorn. »Genosse Breitenbach, Genosse Schimmel, ja Sie besonders!« Das alles kostete mehr Zeit, als dem Major lieb zu sein schien, er legte seine Mappe aufs Pult und blickte starr auf die Pflichtigen, die eingerahmt wurden von den Unteroffizieren, die unaufgefordert nach vorn aufschlossen, in jeder Bewegung willig waren—die EK nannten es dienstgeil—und sich um Mienen mühten, die als eifrig gewertet werden durften.

Die Soldaten legten die Hände auf die Oberschenkel. Über die imperialistischen Gegner begann der Major zu sprechen, die, sich mal in dieser und jener Form tarnend, es nicht aufgegeben hätten, die Länder des Sozialismus schlucken zu wollen, darüber könnten alle Sirenenklänge und Umarmungsversuche nicht hinwegtäuschen. »Wie Sie wissen«, flocht er gelegentlich ein, oder: »Ihnen ist ja bekannt«; damit hoffte er Einvernehmen herzustellen, gar Kumpanei. Geschlossen stehe diesem Treiben das sozialistische Lager gegenüber, die Freundschaft zur Sowjetarmee nannte er unverbrüchlich. Mot. Schütze Breitenbach in der ersten Reihe, Abiturient und Heine-und Tucholsky-Verehrer, sann unterdessen nach, was »unverbrüchlich« im Wortsinn heiße, wo es seinen Stamm habe und ob es noch anderweitig angewendet werden könne als im Bezug auf die Sowjetunion und die Freundschaft zu ihr—ihm fiel kein Beispiel ein. Er konnte doch nicht seiner Simone schreiben: »Wir treffen uns am Sonnabend 18Uhr, ich verlasse mich unverbrüchlich darauf.« Echt Quatsch zu denken: Mutter wusch ihm seine Socken unverbrüchlich. Gib mir mal 'ne Zigarette, kriegst sie morgen unverbrüchlich wieder.

Nicht die Soldaten waren dem Major wichtig, sondern die Unteroffiziere, aus denen einmal Politoffiziere der Reserve werden sollten, wie er aktiver Politoffizier war. Dennoch wollte er die Soldaten im Auge behalten und die geringste Neigung zur Schläfrigkeit aufspüren. Es war morgens nach acht, keine sonderlich gute Zeit, gegen elf war ein Soldat munterer. Als einem in der dritten Reihe die Lider schwer wurden, fragte ihn der Major, von welchem Land die Südflanke des Warschauer Pakts besonders bedroht werde; er wußte es nicht. Mot. Schütze Breitenbach richtete sich auf eine Klippstunde ein.

»Im Ernstfall, im Verteidigungsfall«, sagte der Major, »kämpft die Nationale Volksarmee nicht allein, klar. Nun stellt euch mal folgendes vor.« Und er schilderte, wie nach einem Angriff, der ins Hinterland des imperialistischen Gegners vorgetragen wurde, zwei Verwundete auf dem Felde lagen, ein Sowjetarmist und ein Soldat der Bundeswehr. »Jetzt kommen Sie und sehen die beiden. Wen verbinden Sie zuerst?«

Natürlich wußte der Soldat Breitenbach, welche Antwort der Major hören wollte, jeder wußte es, und wäre Breitenbach nicht vom Schulteufel geritten worden und aufs Pennälerniveau abgerutscht, hätte er wie aus der Kalaschnikow geschossen die Antwort gebellt: »Den sowjetischen Freund, Genosse Major!« Dann wäre alles wie üblich weitergeflossen einem guten Ende zu, der Major hätte den Unteroffizieren bei der Auswertung hinwerfen können: Ich hoffe, Sie haben heute morgen was gelernt! Aber da nuschelte Breitenbach langsam und beinahe schläfrig: »Das kommt darauf an. Da müßte ich nachsehen, wer von den beiden schwerer verwundet ist.«

»Beide sind gleich schwer verwundet.«

»Naja«, Breitenbach schaute sich hilfesuchend um, »das müßte ich ja erst einmal nachprüfen. Da müßte ich, also...«

»Zwei gleiche Verwundungen gibt's gar nicht!« Der Soldat Schimmel sprang Breitenbach bei, und zum Mißvergnügen des Majors redeten Schimmel und Breitenbach nun miteinander, daß immer ein Unterschied sei, also das könnten sie sich nun gar nicht vorstellen, zwei gleiche Verwundungen, nee, und dann fragte Breitenbach: »Genosse Major, leicht verwundet oder schwer?«

»Schuß durchs Knie.« Der Major hatte sich über Einzelheiten keine Gedanken gemacht und wollte endlich die Antwort. Wenn er einen der Unteroffiziere gefragt hätte, wäre sie prompt gekommen, aber das hätte geheißen, das Brett an der dünnsten Stelle zu bohren, so fragte er einen Soldaten in der zweiten Reihe: »Also, wen verbinden Sie zuerst?«

Der Soldat schrak auf: »Mich, Genosse Major.«

»Wieso denn Sie!«

Der Soldat Müller, Heinz-Dieter, hatte nachgesonnen, daß er, wenn sein D-Zug am kommenden Wochenende nur drei Minuten Verspätung hätte, und gewöhnlich hatte er mehr, den Bus in seine Heimatstadt nicht erreichte. Dann würde er vielleicht von einem PKW mitgenommen, wenn nicht, verlöre er drei Stunden wie schon einmal. So hatte er nur Bruchstücke gehört. »Ich verbinde zuerst mein Knie, sonst kann ich ja dem anderen nicht helfen. Kann nicht zu ihm hin.«

Natürlich wurde gefeixt. Breitenbach meldete sich wieder. »Ich weiß nicht, Genosse Major, wie die Ausrüstung der Bundeswehr mit Verbandspäckchen ist. Wenn jeder ein Verbandspäckchen hat, der sowjetische Genosse und der Westdeutsche, ist es ja kein Problem. Geht schnell. Und bei einem Knieschuß gibt es ja auch keine Lebensgefahr.«

»Also, wen verbinden Sie zuerst?«

Als die Soldaten am Tag darauf analysierten, wann diese Maßnahme so vehement eskaliert war, maßen sie der Frage des Soldaten Müller, Harry, weitreichende Bedeutung zu. "Mir ist eines nicht klar«, fragte Müller, Harry." Was mache ich denn da, bin ich im Angriff oder wie, sagen wir mal, unser Zug geht in Schützenkette vor, da kann ich doch nicht einfach zurückbleiben, bloß weil da zwei eins ins Knie gekriegt haben.«

»Ins Knie gefickt", zischte der EK Werner, das hörten die in der Reihe vor ihm, einer drehte sich grinsend um, einer prustete.

»Die können sich gegenseitig selber verbinden.« Der Soldat Schimmel rief es, ohne gefragt zu sein. »Und wir greifen weiter an!«

»Meinetwegen«, räumte der Major ein, "vielleicht war das Beispiel nicht besonders deutlich. Nehmen wir an, es sind zwei Bauchschüsse. Da liegen also ein sowjetischer Genosse und ein Soldat der Bundeswehr, beide mit Bauchschüssen. Und Sie sind nicht im Angriff, Sie gehen da bloß so lang. Wen verbinden Sie zuerst? Nun machen Sie doch die Sache nicht zusätzlich kompliziert!«

Der Leutnant merkte, daß in ihm Wut aufstieg. Dieses Theater hätte er sich nicht bieten lassen. Dagegen gab es Maßnahmen: die verdammte Bande zehnmal um den Block scheuchen. Das war sein Zug, diese Idioten blamierten nicht nur sich, sondern vor allem ihn, und natürlich waren wieder Breitenbach und Schimmel die Quertreiber, eingebildete Klugscheißer, immer auf dem Sprung, wenn sie jemanden reinlegen konnten, der ein Fremdwort falsch aussprach. Dem Breitenbach würde er den Arsch aufreißen, der schob Wache, bis er nicht mehr wußte, ob er Männchen oder Weibchen war.

»Also an Bauchschüsse«, sagte Breitenbach, »würde ich mich überhaupt nicht ranwagen. Liegen lassen, bis ein Sani kommt. Also: 'nen Sani rufen, zurückrennen und nach 'nem Sani schreien! Ich gehe doch bloß so lang, nicht wahr? Kein Gefechtsauftrag?«

»Das gibt's doch gar nicht!« Müller, Harry, mit Breitenbach über Kreuz, wollte dem nicht den ganzen Triumph gönnen. Denn ihm war klar: Was sich heute hier abspielte, würde lange Gesprächsstoff bieten und für die Hackordnung Bedeutung haben. Breitenbach, die Großschnauze, lag enorm vorn, der Major sah gar nicht mehr aus, als wäre er ein Energiebündel, ausgeruht und vollgefressen wie die meisten aus den Stäben, dem flatterte inzwischen enorm die Hose. »Da liegen zwei verwundet, also ist gerade erst gekämpft worden, die Freunde sind im Vormarsch. Breiti«, jetzt hatte Müller, Harry, die Kurve gekriegt, ließ den Major draußen, »da latschst du so durch die Botanik, bloß so, na Mensch, das kannst du mir doch nicht erzählen! Das ist doch beinahe wie Entfernung von der Truppe.«

»Breiti ist desertiert!« rief EK Werner.

»Ruhe jetzt!«, das war der Leutnant. »Quatschen Sie nicht rein, Genosse Werner!«

Der Major blickte den Leutnant mißbilligend an. Das fehlte nun noch, daß es strittig war, wer hier das Sagen hatte. Das war ihm ja nie passiert, daß sich jemand bemüßigt fühlte, ihm das Heft aus der Hand zu nehmen. Natürlich war ihm bekannt, wie ein Zugführer nach ein paar Jahren nervlich verschlissen war. Hinterher würde er mit dem ein paar deutliche Takte reden müssen, über seinen Zug und diesen Zwischenruf jetzt. »Also«, ganz klar war dem Major nicht, wie er fortsetzen sollte, »nun mal von vorne, und ich verbitte mir jedes Affentheater. Ich kann auch andere Saiten aufziehen, damit das klar ist! Und

Ihnen da«, er blickte Breitenbach an, »rate ich gut, die Sache nicht durch den
Kakao zu ziehen. Also noch einmal die Lage. Ein sowjetischer Genosse und
ein Soldat der Bundeswehr liegen nebeneinander, sie sind verwundet, wie,
spielt keine Rolle. Die Verwundung spielt keine Rolle. Und ob Sie nun da
langgehen oder nicht, spielt auch keine Rolle. Wem helfen Sie zuerst?«

»Da muß man ganz einfach fragen.« Müller, Harry, war aufgesprungen, ohne
sich gemeldet zu haben. »Ich frage: Towarischtsch, Kamerad, schto ne rabotatsch,
schto kaput. Und den Bundi frage ich dasselbe, natürlich auf deutsch.«

»Und wem helfen Sie dann?«

»Beiden.«

»Wem Sie *zuerst* helfen!«

»Wer am schlimmsten verwundet ist.«

»Ich habe gesagt«, der Major dämpfte die Stimme, es klang gefährlich,
»beide sind *gleich verwundet.*«

»Genosse Major, das haben Sie beim ersten Beispiel gesagt. Beim
Knieschuß. Nicht beim Bauchschuß. Ich dachte, das sei jetzt ein neues
Beispiel. Deswegen wollte ich erst fragen, russisch und deutsch. Wozu haben
wir denn Russisch gelernt!« Müller, Harry, blickte sich strahlend um,
besonders in Richtung von Müller, Heinz-Dieter, dem Abgänger einer achten
Klasse, der sich kürzlich gerühmt hatte, nicht ein einziges russisches Wort je
gelernt zu haben, und dabei hatten sie ihn sechsmal vor den Direktor zitiert,
der hatte ihn zur Schnecke machen wollen, aber Müller, Heinz-Dieter, hatte
erst gesagt, wahrscheinlich hätte er einen doofen Defekt im Kopp, und dann
hatte er gar nichts gesagt, und der Direx war vor Wut fast krepiert. »Dieter,
jetzt siehste alt aus!« rief Müller, Harry, in unverhohlenem Triumph.

»Ich will jetzt end-lich ei-ne Ant-wort!« Der Major dehnte wütend die
Silben. Es blieb still, als hielten alle den Atem an, die Unteroffiziere blickten
zu Boden im sicheren Gefühl, daß auch für sie etwas Schlimmes nachkam,
wenn sich der Major weiter so blamierte, er würde es alle spüren lassen.
Breitenbach war verdammt vorgeprellt, das war ihm klar, wenn er jetzt noch
eins draufsetzte, kriegte er eins ins Kreuz, dann wäre es am besten, er bräche
sich das Bein und verschwände für ein paar Wochen im Lazarett.

»Bauchschuß«, sagte da Tannebaum, der eigentlich Fichte hieß und von dem es niemand gedacht hätte, »ich kann mir das schwer vorstellen. Ich meine, der eine ging doch vor, ich meine den sowjetischen Freund, und der andere ging zurück. Deutlicher gesagt: Er türmte. Der Bundi. Da hätte er doch eins in den Rücken kriegen müssen.«

»Voll in den fetten Arsch.«

Wer das mehr vor sich hin als für die Öffentlichkeit bestimmt gesagt hatte, war im Augenblick nicht wesentlich, es wurde erst am Tag darauf eruiert und trug Schimmel Ruhm ein, dabei hatte er doch bloß Breitenbach beispringen wollen, damit der zum Luftholen kam, auch hatte er, der doch am Anfang die Debatte ziemlich mit bestimmt hatte, gefürchtet, seine Einfälle gerieten ins Hintertreffen. Der Leutnant sprang auf und schrie, er lasse sich das nicht länger bieten, und dabei wurde ja nicht ihm etwas geboten, sondern dem Major. Der brüllte jetzt auch, er verbitte sich diesen flapsigen Ton: »Das können Sie mit sonstjemandem machen, das haben Sie sich vielleicht im Kindergarten erlauben können, aber nicht mit mir! Alle raustreten! Antreten!«

Vor der Tür drängten die Unteroffiziere von den EK weg, als wären die von einer Seuche befallen; sie formierten sich im Nu, ohne daß einer von ihnen das Kommando dazu hätte geben müssen. Als der Leutnant herauskam, standen sie schon in ausgerichteten drei Gliedern, und als er brüllte: »In Richtung Sturmbahn im Laufschritt marsch, marsch!«, fühlten sie sich keineswegs betroffen. In des Leutnants Befehlen feuerten Panzer, stürzten Wurfgranaten aus dem Himmel, knatterten Hubschrauber an, und die EK warfen sich hin und sprangen nach vorn. Manchmal trafen sich die Blicke von Breitenbach und Müller, Harry, von Schimmel und Werner, sie sahen in den Gesichtern der anderen, daß auch sie dieses Springen und Werfen als Ausdruck enormen Jubels empfanden; Lust und Kraft machten sich so Luft. Da befahl der Leutnant Breitenbach und Werner, den größten, massigsten ihrer Kumpane zum Horizont und zurück zu schleppen, denn der habe einen Bauchschuß, und sofort darauf ereilte Schimmel und Müller, Harry, mit einem kaum leichteren Mann das gleiche Schicksal. Und wieder wüteten Panzer und Hubschrauber und zuletzt gar Schiffsgeschütze aus allen Richtungen. »Ihnen wird das Feixen vergehen!« schrie der Leutnant; sein Fisteln wurde zum Röcheln.

Schließlich befahl der Major: »Lassen Sie antreten, Genosse Leutnant.« Die EK standen anfangs keuchend, allmählich ging ihr Atem ruhiger. Sie sahen zu, wie die Unteroffiziere und der Major in den Bus stiegen. Eine Maßnahme war vorbei, über die sie noch lange würden reden müssen. Es war ein Spaß gewesen und weit mehr, das fühlten alle, und Breitenbach dachte: Im letzten Krieg hätten sie uns vielleicht alle in die Strafkompanie geschickt. Er würde das Ding seinem Opa erzählen und ihn fragen. Oder stünden sie, wäre das vor fünfzig Jahren passiert, jetzt schon an der Wand? Sein Opa war Obergefreiter gewesen, damals.

Es blieb eine gute Stunde Zeit bis zum Mittagessen; bis dahin, fürchteten die EK, könne sich der Leutnant noch allerhand einfallen lassen. Wozu war denn die Sturmbahn da. Sie sahen ihn vor dem Zug, wie ein Zugführer nun einmal vor den Soldaten zu stehen hat, die er befehligt. Dort war er natürlicherweise allein, und je länger er so stand, desto verlassener kam er ihnen vor. Sie hatten ihm verdammt was eingebrockt, und er würde sich rächen, sofort und eine Woche lang und an Schimmel und Breitenbach vielleicht bis zu dem Tag, an dem sie ihre Klamotten auf Kammer abgaben. Diese Blamage ließ der Major nicht auf sich sitzen, die gab er nach unten weiter.

Der Leutnant war fahl, die Falten zwischen den Brauen und die Stränge am Hals hatten sich verstärkt. So wirkten, empfand es Tannebaum, der eigentlich Fichte hieß, Fußball-Oberligaspieler, wenn sie dreißig waren, oder eben Zug-und Kompanieführer, gehetzte Hunde beide. Bis zum Essenfassen würde der Leutnant sie nun scheuchen. Und Breitenbach dachte: War eine gewaltige Kiste, die sie da gebaut hatten. Dafür mußten sie nun etwas einstecken, es bestand kein Grund, sich darüber aufzuregen. Für einen Spaß dieser Klasse mußte gezahlt werden.

Da sagte der Leutnant, er sagte es mehr, als er es befahl: "Bis zur Mittagspause Putz-und Flickstunde. In die Unterkünfte—im Laufschritt—marsch!«

Die EK machten kehrt und deuteten drei Laufschritte an, dann verfielen sie in Trott. Vor der Tür ihres Blocks drehten sich einige um, der Leutnant stand unbeweglich an der alten Stelle. Der Himmel war noch immer von der gleichen Farbe wie der Sand des Hofes. Hinter dem Küchenblock wurde gesungen: »Soweit die braune Heide reicht, gehört das Jagen mir.« Also rückte die vierte Kompanie zum Essen an, die sang das seit unvorstellbaren Zeiten bei dieser Maßnahme und würde es durchhalten bis zum Jüngsten Tag. Unter diesem Lied und unter diesem Himmel blieb der Leutnant zurück.

Eine Woche später kam die medizinisch-technische Assistentin Simone, Breitenbachs Braut, auf die Idee, in dieser Minute hätte einer der EK, die sie perfide Mistkerle nannte, zurückgehen und sich beim Leutnant entschuldigen sollen. Und Breitenbach seufzte: »Du hast ja keine Ahnung. Hast du denn ganz vergessen: zwei Bauchschüsse?« Und weil er beim vierten Bier war, setzte er hin zu: »Zwei unverbrüchliche Bauchschüsse.«

Die Frau zwischen Kombi und Kreißsaal
(Zur Geschichte der DDR-Frauen)

Freya Klier

Die Oktoberrevolution riß die Frau in einer Radikalität aus ihrer Leibeigenschaft, als wollten die Bolschewiki ein paar Jahrtausende Patriarchat mit einem einzigen Aurora-Schuß aus ihr herausböllern. Es war ein Hinauf ins Kampfkollektiv der Gleichheit, ein Sprung an Maschine und Gewehr—er ließ das Kind als millionenfache Nummer im Staatskollektiv zurück. Da war die neue sowjetische Männergesellschaft denn doch zu weit gegangen. Langsam und systematisch wurde das Weib wieder hinunter in die Dreifachschufterei getreten. Heute finden wir die sowjetische "Durchschnittsfrau" längst wieder an ihrem traditionellen Platz—beim Steineschleppen, Kinderschleppen, Netzeschleppen. Im muslimischen Süden gar wurde der ganze bolschewistische Zirkus gar nicht erst mitvollzogen, hier hatte die Frau ihren angestammten Platz als Mensch zweiter Klasse ohnehin nie verlassen....

Eine solch krasse Berg-und Talfahrt bleibt den DDR-Frauen erspart. Ihre Emanzipation—obschon nach Vorbild vollzogen—fällt gemäßigter aus. Die Gleichberechtigung der Frau, Bebel'scher Eckpfeiler im proletarischen Klassenkampf, wird zu einem solchen auch im Aufbauprogramm des Ulbricht-Sozialismus. Das Recht der Frau wird gesetzlich untermauert.

Mit Anordnungen und Bestimmungen auf alle Zukunft abgepolstert, ist "gleicher Lohn für gleiche Arbeit" bald schon kein DDR-Thema mehr, sondern eine gesellschaftliche Realität.

Emanzipation und wirtschaftliche Notwendigkeit fügen sich zunächst aufs trefflichste. Bereits in den 50er Jahren gilt die Frau als unverzichtbare Größe beim Aufbau der Industrie. Denn im Großbetrieb DDR herrsch ein Arbeitskräftemangel, der sich durch permanente Westflucht zusätzlich verschärft und der nur dann zu überwinden ist, wenn auch die zweite Hälfte der Bevölkerung zu maximaler Disposition gebracht wird. Die "Frau im Sozialismus" heißt zunächst vor allem: die unverzichtbare weibliche Arbeitskraft im Sozialismus. In einem Ausmaß wie nie zuvor darf sie die blaue Arbeitskombi besteigen, die bisher vor allem den Männern vorbehalten blieb. Unter Einsatz aller propagandistischer Mittel stärkt die Partei ihr den Rücken, während sie jene Oldies schilt, die ihren Frauenauftrag noch immer nur auf Familie und Haushalt beschränkt sehen wollen.

Doch soll der Frau keineswegs nur die Pampelrolle der Produktion vorbehalten bleiben. Ihre Reserven sind längst entdeckt. Mit einer Flut von Qualifikationsangeboten (und mit Blick auf ihren langfristigen ökonomischen Nutzen) werden diese Reserven in den folgenden zwanzig Jahren freigesetzt, werden massenhaft Frauensonderstudienpläne erstellt (bei denen die Partei auch mal ein Auge zudrückt, wenn das Ergebnis eigentlich noch ausreicht).

Unsere "Mütter mit Qualifikationsschub" (meine macht sich auf den Weg vom Fließband zur Leiterin der Abteilung Ökonomie) nehmen die Herausforderung an—in einer Mischung aus anerzogenem Gehorsam, anerzogenem neuen Bewußtsein und Geldnot. Von nun an rackern sie beinahe rund um die Uhr, sind chronisch müde, neigen bald zu Krampfadern und faltigen Händen. Zu Neurosen neigen sie nicht, dazu fehlt die Zeit. Denn zwischen Schicht und Haushalt kämpfen sie nun noch mit Marxismus und Betriebsökonomie.

Sie haben ein permanent schlechtes Gewissen gegenüber ihren Hort-und Schlüsselkindern, dennoch heben das Paket von Födermaßnahmen bei gleichzeitig wachsendem Angebot an Krippen-und Kindergartenplätzen und das anspornende Parteilob ihren Blick. Es ist ein Aufbruch aus der Kochtopfperspektive in ein Feld gesellschaftlicher Relevanz. Er schafft eine soziale Unabhängigkeit, die sich langsam auch im Selbstbewußtsein der Frauen niederschlägt.

Langsam. Denn Tradition hat sich noch stets als der zäheste Klebstoff erwiesen. Und so gilt zwar das schriftliche Einverständnis des Mannes für eine Qualifikation seiner Frau als Schnee vom vergangenen Jahr—doch erinnere ich mich an keinen einzigen Fall, in dem eine Frau ein Sonderstudium aufnahm, wenn ihr Mann sein Veto einlegte. Vor allem bleiben Haushalt und Kinder auch dann noch weitgehend Frauensache, nachdem diese bereits im Betrieb ihren "Mann" steht. So dauert es nicht lange, da wird der Parteiführung die Kehrseite des großen Frauenaufbruchs zum Problem: In der Familie, der "kleinsten Zelle der Gesellschaft", kriselt und kracht es.

Da droht die "Erziehung der Jugend zu sozialistischen Persönlichkeiten" desto schneller den Bach runter zu gehen, je mehr die Familie als Hort der Aufsicht, der Ordnung und Harmonie auseinanderfällt. Denn so viel weiß jeder DDR-Grundschüler der 50er und 60er Jahre: Die Hortklassen, in denen der Nachwuchs der fortschrittlichen Frauen zusammengefaßt wird, gelten in jeder Hinsicht als um ein Vielfaches renitenter als jene Mitschüler, bei denen zuhause noch einigermaßen geordnete Verhältnisse herrschen, wo Mutti (oder wenigstens Oma) der Familie noch ein Zentrum gibt.

Doch bleibt nicht nur die Familie auf der Strecke, sondern auch die Arbeitskraft Frau selbst. Sie ist rundum gestreßt und gilt durch häufigen Arbeitsausfall aufgrund eigenen Verschleißes, erkrankter Kinder und (oft ungewollter) Schwangerschaften bald als schwer kalkulierbarer Faktor der Volkswirtschaft. An diesem Abwärtstrend ändern auch die sozialistischen Superfrauen nichts, die täglich die Zeitung füllen. Die scheinbar ohne große Mühe ihren Beruf meistern, gleichzeitig liebevolle Mutter und ihren Männern ebenbürtige Partnerin sind...und die wie nebenbei noch eine wichtige Funktion zum Wohle des Ganzen bekleiden.

So hat die Partei zwar die Frau in einen Grad des historischen Fortschritts gehebelt, der in bürgerlichen Gesellschaften noch weit und breit nicht in Sicht ist und der zu einer der kräftigsten Zugnummern ihrer Politik avanciert. Doch hängen an der emanzipierten Frau nun zwei Gewichte, die sie in verschiedene Richtungen zerren.

Bald schon sieht sich deshalb die SED-Führung zu einem Balanceakt "Frau" gezwungen. Es ist ein Balanceakt zwischen ihren Funktionen Arbeitskraft, Erzieherin, Nachwuchsproduzentin. Dabei gewinnt die Familie als überschaubares Grundkollektiv wieder zunehmend an Bedeutung. Mitte der

60er Jahre wird ein Ehe—und Familiengesetz verabschiedet, das vor allem den gesellschaftlichen Auftrag anmahnt, sozialistiche Persönlichkeiten heranzuziehen. Und es betont die Gleichberechtigung beider Partner. Das Recht jedoch kann lediglich ein Trampolin sein, auf dem der entscheidende Sprung sich nun vollziehen müßte—der Sprung zur tatsächlichen Gleichstellung der Frau. Der aber klappt nicht, denn weder Mann noch Frau kommen hoch vom Gerät—der Mann klebt an seinen Privilegien, die Frau an Hausarbeit und Kindern.

Mitunter wird der Mann ermahnt, doch es bleibt stets nur ein mildes Wackeln mit dem Finger. Und mehr wird es in all den Jahren der SED-Herrschaft auch nie werden—den Mann in Richtung Haushalt aufzuweichen, liegt absolut nicht im Interesse der Partei. Er ist an anderer Stelle im Programm eingetaktet, er ist die konstante und wirklich unverzichtbar Größe unter den Arbeitskäften der Planwirtschaft. So bedeutet der Klassenauftrag "Frauenemanzipation" für die Parteiführung stets, "zielstrebig daran zu arbeiten, daß die Frauen ihre berufliche Tätigkeit noch erfolgreicher mit ihren Aufgaben als Mütter und in der Familie vereinbaren können". (Programm der SED, 1976).

Am alten Fundament wird nicht gerüttelt-man versucht lediglich, das Los der Frau ein wenig zu mildern. Vor allem in den 70er Jahren kurbelt die Partei zu diesem Zweck eine Reihe von Hilfsmaßnahmen an. Sie kürzt der berufstätigen Mutter ab zweitem Kind die wöchentliche Arbeitszeit auf 40 Stunden, verlängert ihren Schwangerschaftsurlaub und legt pro Jahr ein paar zusätzliche freie Tage darauf. Und längst schon darf sich die Frau fünf Jahre früher von ihrem Arbeitsplatz verabschieden als der Mann.

In das Programm konfliktdämpfender Maßnahmen reiht sich auch das berühmte Gesetz von 1972 ein, das den Schwangerschaftsabbruch legalisiert. Es ist eine Avance, in der sich die Bedürfnisse von Frau und Partei zunächst glücklich überschneiden. Den Frauen eröffnet sich ein bisher ungekannter Entscheidungsspielraum—passé die vergeblichen Sitzbäder in heißer, scharfer Seifenlauge, die heimlichen Abtreibeprozeduren gar auf Küchentischen. Eine Endloskampagne wie das Rütteln bundesdeutscher Frauen am muffigen § 218 bleibt den DDR-Frauen erspart.

Und der Partei auch. Mit ihrem Coup kommt sie nicht nur jeder Unruhe zuvor, sie macht die nun planende Frau damit auch für sich planbarer, als Arbeitskraft, Erzieherin und Harmoniequell im Grundkollekiv Familie. Gerade die Bedeutung der Familie wächst in den 70-er und 80-er Jahren enorm, denn auch die Genossen haben längst erkannt, daß ihr die traditionelle Kleinfamilie ein machtstabilisierender Faktor ist. Daß das bewährte Grundmuster der Ordnung zwischen Frau, Mann und Kind (der Ordnung auch zwischen Oben und Unten) selbst in ihr System besser paßt als die weiblichen Sturm-und-Drang-Attitüden à la Oktoberrevolution.

So hütet sie sich, am Bebel'schen Eckpfeiler zu rütteln—doch schaut man genauer hin, entpuppt er sich bald als Ziersäule. Die tatsächlichen Eckpfeiler des SED-Familienbaus-Erziehung des Nachwuchses zu "sozialistischen Persönlichkeiten" (Hand in Hand mit Staat und Schule), Sicherung der Geburtenrate und Reproduktion der Arbeitskraft—schreien geradezu nach dem traditionellen Familienmuster.

Die Partei hält sich mit offener Kritik an unorthodoxen Zweier-beziehungen zurück, doch Fürsorge und Zukunftsplanung, ihre sämtlichen Medienkampagnen gelten uneingeschränkt der Bastion Familie. Sie sichert Alleinerziehende und ihre Kinder materiell ab, doch werden sie nicht nur im Fachjargon als "Restfamilie" bezeichnet, sie haben auch einen solchen gesellschaftlichen Stellenwert.

Welchen Rang die Partei der Familie zuerkennt, zeigen jene Maßnahmen, die sich hart am Rand des Erpressungsmanövers bewegen: So haben junge Leute beispielsweise erst dann Anspruch auf einen gemeinsamen Wohnraum, wenn sie einen Trauschein vorweisen können. Und mit dem zinslosen Ehekredit für Jungvermählte tarnt die SED gleich ein doppeltes Erpressungs-manöver—denn besagten Kredit erhalten nur diejenigen Paare, die sich bis zum Alter von 25 Jahren zur Eheschließung durchringen konnten. "Je früher gefreit, desto reichlicher gezeugt," mag da die Partei nicht ohne Arglist gedacht haben (und treibt mit diesem fixen Eheideal ungewollt auch die Scheidungsquote in die Höhe).

Doch gerade das Nachwuchsproblem beutelt die Führung schon bald ebenso wie das des Arbeitskräftemangels: Der Staat braucht dringend Kinder. Pillenknick und das großzügige Gesetz von 1972 haben einen Geburtenrückgang zur Folge, der die Partei mittlerweile um die einfache Reproduktion der DDR-Bevölkerung bangen läßt. Hinter verschlossenen Türen erarbeitet sie deshalb neue Maßnahmen, um "unsere durchschnittlich auf zwei Kinder orientierte Familie" wieder für die Zahl 3 zu begeistern.

Weit entfernt allerdings vom brutalen Zwang, wie er beispielsweise für Rumänien typisch ist (um das geplante Soll von vier Kindern in ein Ist zu verwandeln, verbietet der Conducator Verhütungsmittel ebenso wie Abtreibungen... verboten auch der Kaiserschnitt, da er die weitere Gebärfähigkeit der Frau beeinträchtigt), bevorzugt die SED die weichere Gangart. Sie rührt ein neues Bonbon an und wirft es 1986 im Parteitagsjubel unter die Frauen, als quicke Ergänzung zum Belohnungsfond für Kinderreiche: ein mit 70 % des Einkommens bezahltes Babyjahr, das sich beim Kind Numero 3 noch auf achtzehn Monate steigert. Das Gesetz von 1972 bleibt also unangetastet, es wird ausgehöhlt— durch ein Bonbon, das sich zugleich auch als bittere Pille erweist: Denn mit Ausnahme weniger begründeter Fälle, in denen der Vater oder die Oma das Kind windeln darf, ist das Babyjahr an die Frau gebunden. Der Trend in die traditionelle Rollenverteilung wird verstärkt. Die Partei—in der Klemme ihrer Geburtenrate—erhebt der Frau den Kreißsaal zum "Kampfplatz für den Frieden". Sie hält sie jedoch (nach bewährtester Tradition) konsequent von Informationen über den Hintergrund des noblen Geschenks fern. So wird es dankbar entgegengenommen. So etwas wie Lebenskunde gibt es nicht; das anerzogene Denken der meisten jungen Mütter reicht also bis genau zu jenem Punkt, der möglichst auch nicht überschritten werden soll—den kurzen Zeitraum zwischen Geburt und Krippe. Den füllen sie sich mit kindlich-zärtlichen Phantasien, die restlichen siebzehn Lebensjahre des Wunschkindes bleiben aus dem Vorstellungsprozeß weitgehend ausgespart. Oftmals froh darüber, wenigstens für ein Jahr einer nicht sehr aufregenden Arbeit entfliehen zu können, schlittern sie in das Babyjahr wie in ihre meist zu früh geschlossenen Ehen.

Die Partei denkt, die Partei lenkt. Zwischen historischem Anspruch und ökonomischem Zwang läßt sie den Emanzipationsteppich zwar ausgerollt, doch sie zurrt der Frau das alte Korsett gleichzeitig fester, so daß es zunehmend am Gehen hindert.

Das Dilemma verschärft sich mit der Wirtschaftskrise.

Auf beiden Seiten wird inzwischen eifrig gerechnet. Qualifikationsunlustige Frauen rechnen, wie sie ihre Kinder zeitlich "ansetzen" müssen, um die optimalste Variante von "bezahltem Daheimbleiben" herauszuholen. Die SED rechnet, wie sie den gebärdedingten Ausfall der Arbeitskraft Frau am optimalsten abfangen könnte (oft schafft ein dicker Bauch nur den Kolleginnen Probleme, die das Arbeitspensum der werdenden Mutter zusätzlich übernehmen müssen).

Und bei dieser Rechnerei entdeckt die Partei nicht nur zunehmend ihr Herz für ausländische Arbeitskräfte, sie entdeckt auch die Quote—die Quote für Männer. So sind Mitte der 80er Jahre—bei besseren schulischen Leistungen von Mädchen—die Hälfte der Abiturplätze konsequent für männliche Bewerber freizuhalten. So findet sich an Hochschulen und Universitäten bald eine interne Quotenregelung für all jene Fachbereiche, die von gesellschaftlich hoher Relevanz sind.

Auch die Berufsbilder lehnen sich bald wieder an die gute alte Tradition an. Da geht die Partei orientierend voran und die Frauen folgen ihr. Ein Blick auf sämtliche im Jahre 1988 bereitgehaltenen Lehrstellen der Stadt Berlin zeigt, daß das Angebot bereits scharf nach "m" und "w" vorsortiert ist: In einigen "männerorientierten" Berufen wie dem des KFZ-Schlossers, Stukkateurs oder Zimmerers werden Frauen überhaupt nicht mehr ausgebildet. Dagegen bleiben den Männern Berufe wie Schneider, Blumenbinder, Laborant oder Apothekenfacharbeiter, Schreibsekretär oder Archivassistent prinzipiell verschlossen—in reine Frauendomänen wie Krippe oder Kindergarten vermochten Männer ohnehin nie vorzudringen.

Und hat die Partei erst einmal aufgehört, der Frau das Erstürmen des sozialistischen Gipfels "Baustelle" schmackhaft zu machen, fällt diese erstaunlich schnell in die traditionelle Berufswunschkiste zurück: Die meisten jungen Damen wollen wie eh und je Verkäuferin, Friseuse oder Schauspielerin werden....

Die Frauen der DDR haben sich nie zu einer Bewegung formiert.

Das scheint zunächst ungewöhnlich, bedenkt man, daß andere grenzübergreifende Probleme stets auch in der DDR ihren Widerhall fanden und daß der große Frauenaufbruch der 70er Jahre westseits der Elbe auch am anderen Ufer keineswegs übersehen ward.

Zwar gab es immer wieder hie und da Frauengrüppchen, später auch eine schmale lesbische Randszene...frau (in der DDR stets ans vertraute "man" gekuschelt) kennt sich und trifft sich, doch eine Bewegung wurde daraus nie. Das Thema blieb während der 80er Jahre auch in der Alternativbewegung auffällig unterbelichtet.

Nicht, daß es in der DDR keine spezifischen Frauenprobleme gegeben hätte—allein die Scheidungsquote von mehr als 40% schrie geradezu nach "Glasnost". Auch machte ich während meiner Frauenbefragung eine hohe Dunkelziffer an Alkoholismus aus, die sich wohl mittlerweile kaum verringert haben dürfte. Es gab Überbelastung und Einsamkeit, Brutalität und Vergewaltigung (in-und außerhalb der Ehe), an Themen mangelte es also nicht. Die Schwerfälligkeit im Umgang mit dem Thema hatte andere Ursachen.

Zunächst einmal sind auch die Frauen der DDR Produkte einer vierzigjährigen Erziehung zur Unterordnung. Auch für sie hieß es stets: Klassenauftrag ohne Widerspruch ausführen, den jeweiligen Kampfplatz füllen, sich anpassen. Informationen flossen spärlich und dazu verfälscht—das eigene Denken, systematisch abtrainiert, verkümmerte allmählich. Man wurstelte sich durch. Über uns wußten wir eine Staatsmacht, die jeden kriminalisierte und abstrafte, der aus der Reihe tanzte. Dieses Wissen schliff sich ein—und die Vorsicht erhöhte sich durch Verantwortung für die Kinder.

Die anerzogene Unterordnung brach also jeweils nur dort auf, wo der Druck derart zunahm, daß selbst das Risiko einer Bestrafung nicht mehr abschreckte. Der Druck des Staates war stets unerträglich, doch es war nie ein Druck auf die Frau als solche. Nie wurde sie von der Partei als Frau diskriminiert oder zum Objekt entwürdigt. Sie bekam einen Bauhelm auf den

Kopf und wurde zur Mutti getuttelt, aber diskriminiert wurde sie nicht. So erlebten die Frauen der DDR als ihren Hauptkonflikt nicht den zwischen Frau und Mann, sondern den zwischen Oben und Unten: Anpassung und Heuchelei wurden gefördert, Aufrichtigkeit bestraft. Dieses Prinzip aber war kein geschlechtsspezifisches...es galt Fraun und Männern gleichermaßen.

Die vierzigjährige Erziehung hat jede Frauengeneration geprägt, doch jede auf besondere Art. Unsere Großmütter zum Beispiel muckten überhaupt nicht auf. Der Gehorsam, auf den sie schon seit Kaisers Zeiten getrimmt worden waren, bot der Partei ein gutes Fundament, ihr eigenes Modell darauf zu errichten. Dem Manne untertan zu sein wie dem Staat—von dieser Prägung haben sie sich nie mehr erholt. Vom Manne emanzipieren sie sich nur vorübergehend, als sie während der Kriegs—und Nachkriegszeit deren Päckchen noch mitzutragen haben. Doch Verantwortung und Männerarbeit bei gleichzeitig reichem Kindersegen ist kein Akt des Bewußtseins, sondern der Not. Vom Staat emanzipieren sie sich nie mehr. Dazu fehlten ihnen vorher die Voraussetzungen und auch in der neuen Ordnung haben sie ausschließlich mitzuziehen. Fast scheint es sogar, als sei ihr Selbstbewußtsein unter der "Arbeitermacht" noch gesunken.

So grüßt beispielsweise meine (ansonsten unpolitische) Großmutter in all den Jahren der Naziherrschaft noch hartnäckig mit "Guten Tag". Es ist kein bewußter Widerstand, eher eine instinktive Verweigerung. Und doch ist sie in dieser Zeit nicht ungefährlich: Eines Tages, beim Betreten des Fleischerladens, wird sie von ihrer fünfzehnjährigen, bereits BDM-getrimmten Tochter laut ermahnt, die Begrüßung habe "Heil Hitler" zu heißen. Daraufhin verpaßt sie ihrer Göre vor versammelter Kundschaft eine Schelle. Nur der Zufall der personellen Zusammensetzung im Laden und das noch nicht völlig abtrainierte Schamgefühl meiner Mutter verhindern letztlich eine Denunziation.

Später, in der Ulbricht-Zeit, wirkt die Einschüchterung durch ihre Dauer lähmend bis zur Gewohnheit. Nie mehr hätte meine Großmutter, die ihr Leben lang als Köchin im Schichtdienst gearbeitet und allein zwei Kinder groß-gezogen hat, es später gewagt, sich über 320,—Mark Rente zu beschweren, die ihr die Partei nach einem solch harten Leben zugestand.

Die alten DDR-Frauen sterben mit dem Bewußtsein, einer Abfall-
generation angehört zu haben, für die kein Geld mehr da war, weil der
"Überschuß" in die Gebär-Generation gepumpt wurde.

Unsere Großmütter waren stets von einer schmerzenden Bescheidenheit.

Auch unsere Mütter sind die Erziehungsprodukte zweier Systeme, doch
vor allem sind sie geprägt vom Ulbricht'schen Aufbauprogramm. Ihren BDM-
Schwung hatte man ihnen rasch in FDJ-Schwung verwandelt. Jung und
dynamisch, wie sie waren, ergriffen sie die ausgestreckte Hand der Partei. Sie
waren durchaus noch lernfähig; relativ erfolgreich wurde ihnen das Bewußtsein der neuen Zeit anerzogen, das historische Bewußtsein auch der "Frau
im Sozialismus". Und deren Auftrag hieß Berufstätigkeit.

Die Frauen meiner Generation lassen sich wohl nur über sie begreifen—
über ihren Aufbauschwung und den enormen Kraftaufwand, mit dem sie sich
ihrer Doppelbelastung stellten. Wir reproduzierten im wesentlichen ihre
Entwicklung und übernahmen durch sie die Werte, welche die Partei uns
"sozialistischen Frauen" setzte. Mittelstandszauber wie Mutter/Tochter-
Konkurrenz entfiel, soweit mein Auge blickte. Wir waren im Pionier-oder
FDJ-Trab und die Mütter hatten ein solches Arbeitspensum zu bewältigen, daß
das In-sich-hinein-Horchen als Luxus wegfiel und ihnen die physische
Erschöpfung den Werktag beendete. Von Zeit zu Zeit verglichen wir Kinder
unsere Mütter-diejenigen, die nur Mutter und Hausfrau waren mit denjenigen,
die zusätzlich noch im Betrieb ihren "Mann" standen. Jedes Mal wägten wir
Vor-und Nachteile gegeneinander ab. Dabei verschob sich unser Blickwinkel
im Laufe der Zeit.

In den frühen Schuljahren beneideten wir jene Mitschüler am meisten, die
mittags nach Hause gehen konnten, dort mit Muttikuß und ihrem Lieblings-
essen empfangen wurden—während wir, die Hortkinder, appetitlos den
Einheitsfraß der Schulspeisung runterschlingen, den Schulhort meist bis zum
Anschlag frequentieren und anschließend, im häuslichen Streß, noch ein
minimales Haushaltsprogramm absolvieren mußten. So lagen wir Hortkinder
zwar im "Timur-Wettbewerb" (in dem es Punkte für Haushaltsfleiß gab) stets
vorn. Doch hätten wir gern auf die Punkte verzichtet und die langweilige

Hausarbeit unseren Müttern völlig überlassen. (Väter nahmen nur pro forma am Wettbewerb teil. Mit Ausnahme jener moralisch festen Genossen, denen Haushaltshilfe Parteiauftrag war, gaben sie sich paschafaul—dafür prangten sie öfter aus der Frauenzeitschrift...in Küchenschürze, der Mutti beim Abwasch helfend).

Langsam ändert sich die Bewertung: Mütter mit Auszeichnungen und roten Nelkensträußen gewannen an Bedeutung, stolz reichten wir ihre ersten Aktivistennadeln an den Abendbrottischen herum. Selbst die Nachteile der qualifikationsfreudigen Mütter erkannten wir langsam als Vorteil: Sie fanden weniger Zeit, uns zu überwachen als die Hausfrauen (deren Zahl im übrigen stetig abnahm).

Endgültig verlagerten sich die Sympathien während der Jugendzeit. Zwar befanden sich die qualifizierten Mütter noch immer im Dauerstreß—nun meist in mittleren Positionen und statt des Studiums von Sitzung zu Sitzung eilend—doch sie standen mit beiden Beinen im Leben und hatten gegenüber den Heimchen an Duckmäusertum verloren. Denen entglitt langsam ihre Haptaufgabe: die Mutterrolle. Aus Angst vor eintretender Leere krallten sie sich an ihren Kindern fest und beschleunigten damit deren Fluchttrieb. Ihr Kuchen schmeckte stets phantastisch, doch Gespräche mit ihnen sackten oft ins Banale ab, während mit den "Emanzipierten" (die Geschirr-und Wäscheberge selbstverständlich noch immer weitgehend allein bewältigten) schon mal ein Gespräch über Plan und Ziffer zustande kam.

Und noch aus einem anderen Grund verschoben sich die Stimmungslagen unserer Mütter—ein Grund, der den führenden und regionalen Genossen lange Zeit Kopfzerbrechen bereitete: der Seitensprung. Er war auch im "Sozialismus" nicht nur noch immer an der Tagesordnung, er wurde durch die häufigen Brigadefeiern und Ausflüge noch regelrecht gefördert. Und hier befanden sich nun die Berufstätigen erneut im Vorteil. Denn Seitensprünge mußte zwar sowohl die Hausfrau als auch die Werktätige hinnehmen (die eine, weil sie gepflegt, aber geistig verödet—die andere weil sie hellwach, aber abge-wirtschaftet war).

Doch während der Hausfrau ein eigener Kontaktkreis fehlte, ließen sich die berufstätigen Frauen mit neuem Selbstbewußtsein und ergiebigem Kollegenkreis nicht lumpen—sie langten oftmals genauso hin wie ihre Männer. Vor ihren beruflichen Leistungen hatten wir großen Respekt. Wie sie wollten wir es machen, nur besser. Daß Arbeit und Kinder zusammengehen, hatten sie uns vorgelebt—so war das auch für uns keine Frage. Auf Ehe und Familie allerdings zeigten wir uns schon bedeutend weniger erpicht.

So hatten wir jüngeren DDR-Frauen also bald einen festen Standort. Von diesem aus bewerteten wir all das Unbekannte, das langsam aus der westlichen Frauenbewegung zu uns herüberdrang.

In den 70er und Anfang der 80er Jahre gab es häufig "Frauen-Besuch". Für uns Eingezäunte war solcher Besuch notwendig und erfrischend. Doch wurde er immer dann zum Problem, wenn erklärte Feministinnen anrückten. Mit Neugier, Furcht und einem Grundgefühl schwesterlicher Wärme erwarteten wir sie. Ihre Gangart war härter als die unsere, auch ballerten sie mit Begriffen durch den Alltag, die uns fremd waren. Und sie hatten Antworten parat auf Fragen, deren Lösung wir in näherer Zukunft für unwahrscheinlich hielten.

Beunruhigt hatten wir bereits hinter unserer Mauer verfolgt, wie sie (in einer Flut von Schriften) ihr Geheimstes auspackten—das schließlich auch unser Geheimstes war: ihre Sexualität. Uns schien es, als zerrten sie auch noch den letzten Rest an Unerklärlichem ans Licht. Wir waren in dieser Hinsicht zugeknöpfter und sahen uns gleich mit entblößt. Denn während sie bereits ein Tabu nach dem anderen köpften, begannen wir in der DDR gerade mal, an den Frotteehandtüchern herumzumäkeln, mit denen Frauen alljährlich am 8. März beglückt wurden.

Gegen ihre auf Männer klatschenden Tomaten nahm sich unser bescheiden formuliertes Unbehagen aus wie das Eiapopeia gegen den Bildersturm.

Männer (die quasi über Nacht zu "Typen" wurden), hatten bei ihnen überhaupt keine Chance. Sahen uns die Feministinnen beispielsweise Kaffee kochen, so verpaßten sie unseren Freunden (die selbstverständlich zu keinem

Gespräch zugelassen waren), eine scharfe Note, weil frau (wie unser argloses "man" stets korrigiert wurde) einen herablassenden Zug um seinen Mundwinkel ausgemacht hatte.

In Gegenwart von Feministinnen wurden wir deshalb von einem heftigen Gluckeninstinkt erfaßt. Schützend stellten wir uns vor die Getadelten, betonten ihre Toleranz und ihren Haushaltsfleiß. Erst, nachdem die Frauen gegangen waren, nahmen wir unser Nörgeln an männlicher Egozentrik wieder auf.

Uns störte, daß uns ein Tempo aufgedrückt wurde, das nicht unseres war. Dabei hatten wir die gleichen Probleme. Zwar gab es für uns DDR-Frauen die bessere Rechtsgrundlage, doch in der Praxis dominierten die alten Rollenmuster. Wir hangelten nach unserer Gleichstellung—im Alleingang und mit spärlichem Erfolg. Wie alle berufstätigen Frauen litten wir unter der Dreifachbelastung—doch wir schrien sie nicht hinaus, sondern schluckten sie. Wie alle Frauen hingen wir fest im Dilemma zwischen Kind und Selbstverwirklichung. Ihre radikalfeministische Lösung jedoch—Zerschlagen des Konkliktes durch völligen Kinderverzicht—gab nicht nur unseren Mutterherzen einen Stich, sondern schien uns zudem ein dem Konflikt ausweichender Rückschritt. Wir wollten alles zugleich sein—Mutter, emanzipierte Frau, Geliebte und Genossin.

Nichts davon klappte richtig, etwas blieb immer auf der Strecke. Doch deutlich wurde uns nach solchen Ost/West-Begegnungen, daß eine andere Geschichte hinter uns lag, daß wir das staatliche Frauenprogramm längst verinnerlicht hatten. Fast kamen wir damit besser zurande als mit dem Feminismus, von dem wir uns überfahren fühlten.

Der Eindruck verstärkte sich durch die Wechselbäder, in die sie uns tauchten. So konnte es passieren, daß westliche Feministinnen uns maßregelten, weil wir zu viel mit unseren Kindern herumpempelten und diese Aufmerksamkeit dem anstehenden Frauenkampf verloren ging.

Wir protestierten heftig und verteidigten unsere Position. Doch langfristig wirkte die Kritik, wir dachten darüber nach. Wir behielten unsere Position, übernahmen aber zugleich einige uns wesentlich erscheinende Momente der Feministinnen.

Ein Jahr später dann, beim neuerlichen deutsch-deutschen Frauentreff, gedachten wir, brav unsere Lernergebnisse vorzustellen. Und da erlebten wir mitunter eine herbe Überraschung: Die Feministinnen waren mit einer neuen Position angereist. Wenn wir Pech hatten, mit einer, die im diametralen Verhältnis zur vorherigen stand. Diese neue Position vertraten sie nun mit der gleichen Ausschließlichkeit wie die alte.

So erinnere ich mich zweier Frauen aus dem Raum Göttingen—sie kamen aus einer Gruppe, die sich "Amazonen" nannte. Mit flammend-feministischen Vokabular diktierten sie uns die Parole des Kampfes: Alle Macht den Frauen! Kinder kamen in diesem Kampf nicht vor.

Zwei Jahre später dann trauten wir unseren Augen nicht: Ihre Militanz war einer merkwürdigen Somnambulität gewichen. Sie teilten uns mit, daß sie inzwischen Anhängerinnen der "neuen Weiblichkeit" seien. Mit einem Hauch auf der Stimme, als hätten sie einen Ballen Samt verschluckt, schilderten sie uns blöde dreinschauenden Zonies dann, wie sie La Luna für sich entdeckt hatten, die Mutter Erde-und die Menstruation.

Wir verzogen säuerlich das Gesicht...und wandten uns, wie nach einer überstandenen Infektion, wieder unserem eigenen gesellschaftlichen Stein-bruch zu. Dieses Aufeinanderprallen einer westlichen (zur Übertreibung neigenden) und einer östlichen (zur Biederkeit neigenden) Position ließ das Bedürfnis nach reinen Frauenthemen in der DDR wohl zusätzlich absacken. So flanierten eine zeitlang junge Frauen mit lila Windeln um den Hals durch diverses Kirchengelände—doch war es wirklich nur der Farbstoff, der ihnen ausging? Die lila Bewegung jedenfalls schaffte den Sprung von der Larve zum Schmetterling nicht.

Was bei Rüstung, Atomkraft oder Umwelt ohne Belang war, klaffte beim Thema "Frau" beträchtlich: die unterschiedliche Erziehung, die verschiedenen Erfahrungswelten—sie klafften bis in die Sprache hinein.

Das Thema hätte also zunächst einmal aus dem Gesamtzusammenhang unserer eigenen Gesellschaft heraus definiert werden müssen.

Das nun unterblieb völlig. Denn auch hier zeigte sich, wie weit die DDR-Gesellschaft bereits in unterschiedlich priviligierte Gruppen und Schichten zerfallen war: Die Mehrheit der Frauen—die an der Basis—hielten überhaupt kein Ende des Fadens in der Hand. Hier, wo die Probleme oftmals wirklich akut waren, wurden die Betroffenen von der Bewältigung ihres täglichen Pensums derart in Schach gehalten, daß Nachdenken über die Rolle der Frau in der Gesellschaft ausschied.

Auch war das schließlich nicht ihr Bier, sie verfügten noch nicht einmal über die mindeste Information. Über Informationen verfügten die etwa zwei Handvoll Wissenschaftlerinnen, die von Berufs wegen mit Frauen—und Familienfragen befaßt waren. Doch sie wiederum befanden sich im Parteigriff und ließen eigene kühne Schritte vermissen.

Sie litten unter jenem opportunistischen Schwächeanfall, der im Laufe der Jahre fast die gesamte Intelligenz heimsuchte. Verpuppt in ihre intellektuellen Nischen, beglückwünschten sie einander, war es einer wieder mal gelungen, eine kritische Passage in einer Fachpublikation zu landen—die aber fand ihren Weg gerademal zu Lesern aus dem Insiderkreis.

Und es gab im Land eine bedeutende Frauenliteratur. Sie war ein wenig lustfeindlich, doch handfest und von brillanter Sprache. Sie wurde mit großem Interesse gelesen, aber Folgen hatte sie nicht: Mit dem Lesen war der Akt des Aufbruchs beendet. Und während wir zusahen, wie sich die westliche Frauenbewegung ihrer als eine Art Leitstern bemächtigte, enstand zwischen den Autorinnen und einem großen Teil der DDR-Frauen eine merkwürdige Kluft. Wir kreideten ihnen an, daß sie über die Dialog-angebote der Frauen aus dem eigenen Land ängstlich hinweggingen—sich aber dort als wagemutig feiern ließen, wo Wagemut nicht nötig war: auf der anderen Seite der Mauer, im Lager der Westschwestern. Auch sie demonstrierten uns den nur allzu geläufigen Bruch zwischen proklamiertem Anspruch und eigener ausbleibender Courage. Mit Galionsfiguren haperte es also. Sich nun selbst und ganz ohne Pannier aufzurappeln, fehlte es in der Breite offenbar doch an Motivation. So gab es stets übers Land versprenkelte Selbsterfahrungs-grüppchen, doch die Hürde zur gesellschaftlichen Relevanz übersprangen sie nicht.

Dafür hätten sie zu einem Ganzen verschmelzen müssen, zu einer Bewegung. Eine nicht von der SED eingefädelte Bewegung jedoch gab es bis zur Wende in der DDR ausschließlich unter dem Dach der Kirche. Pech für die Frauen! Denn Kirche & Frau sind ein Brautpaar mit einer Schleppe aus konstantin'schem Blei: Die Exegeten der Jahrhunderte christlichen Abendlandes drückten dem Weib den Dauerstempel der Virginität auf oder den der duldend-schuldenden Rippe; schließlich galt es, die irdische Macht, zu sichern. Sie hatten leichtes Spiel; die Bibel ist—trotz feministischer Durchsicht—eine patriarchalische Chronik, auf deren Fundament sich so leicht kein Frauenhaus zimmern läßt.

Nein, die Frau war das Thema der Kirche nie—und wieso auch sollte der veritable Herrenverein (mit seinen wenigen weiblichen Einsprengseln) sich selbst ans Eingemachte gehen?

Bot also die Kirche (mehr oder minder blockend) immer wieder ein Forum für jene Reizthemen, die der Staat so gern unter den Teppich kehrte, so versanken die Brüder im Herrn beim Stichwort "Frau" in einer Askese, die ahnen ließ, as handele sich hierbei auch für die Kirche um ein Reizthema. 1986 versuchten wir (eine handvoll Frauen, darunter eine Pastorin), der Kirche ein seit langem leerstehendes Gebäude abzuringen. Es sollte die erste Zufluchtsstätte sein für mißhandelte Frauen und ihre Kinder. Ebensogut hätten wir den Bischofsstuhl fordern können! Gesichter verschlossen sich wie Türen… Monate folgten voller Rennerei, Anfrage, Ablehnung, Ignoranz. Am Ende die lähmende Erfahrung einer Totgeburt nach heftigen Preßwehen.

Auch die Kirche schied also als Plattform für eine Weibervolksversammlung aus. Den Frauen in der DDR gelang es somit nicht, sich zu einer nennenswerten Größe aufzurappeln, sie blieben im Griff des Staates.

Die Wende nun riß endlich auch die Frauen aus der Lethargie. Initiativen, Cafés, gar ein unabhängiger Verband schossen aus dem Boden. Und während Politiker zusammenschoben, was für viele schon nicht mehr zusammengehörte, wurde deutlich: Nicht alles, was die Partei der Frau zusammengebraut hatte, gehört gleich in den Gully der Vereinigung. Die Gesetzesmatte für die DDR-Frau war besser gepolstert als das Grundgesetz der Schwestern von nebenan. Der Rahmen war tauglich, sein Inhalt ein totalitärer Spuk. So belasteten nicht die Kindergärten, sondern deren Erziehungsprogramm und das Verbot jeglicher Alternative. So belastete nicht das Babyjahr, sondern seine forcierte Koppelung an die Frau. So war der gesetzlich verankerte (und sich unter den Händen einer ihres Handwerks überdrüssigen Ärzteschaft vollziehende) Embryonen-Abtrieb ebensowenig das Omen von Gomorrha wie seine Verteufelung das Amen, sondern in seiner Quantität vor allem das Resultat einer verhinderten Umverteilung von Lasten zwischen Frau und Mann.

Der Aufbruch der DDR-Frauen im Herbst 89 war ermutigend. Umso schmerzlicher der Rückfall in die stinkende Gewohnheit: Noch in der letzten Stunde der DDR triumphieren die Träger der Schlipse. Fast scheint es, als wären die Frauen des Herbstes lediglich Treppe gewesen, auf der Männer sich noch schnell zur "großen Politik:" aufschwingen konnten. Die Farbe des Gewandes war da von sekundärer Bedeutung—auch unterm grünen Rock blitzte noch rasch ein Männerbein auf, die Mitstreiterinnen zu Fall zu bringen. Freilich, den Führungskadern des neuen Frauenverbandes galt wenig Vertrauen, hatten sie doch bis zur Wende den Karriereast der SED geziert.

Doch sahen wir plötzlich auch die "Langjährigen" der Bewegung in die zweite oder gar dritte Reihe abgedrängt—warum sollte Altbewährtes so rasch über Bord gehen....

Die DDR—ein Finale im Zeitraffertempo, rasant stülpt sich die neue Ordnung über ihre Bewohner. Und schon haben wir wieder die klassische Konstellation: Es sind vor allem Frauen, die nun entlassen werden, die Variablen des Arbeitsmarktes. Was die SED-Gesellschaft durchschlich, greift nun auf brutalere Weise Raum; soziale Errungenschaften werden weggewischt wie Irrtümer.

Längst dämmert den Frauen auf beiden Seiten der Elbe, daß es höchste Zeit ist für eine gemeinsame Bewegung. Doch noch stehen wir mehr vor-als nebeneinander.

Wir stehen voreinander und erkennen: Unser beider Geschichte ist in einem Ausmaß verschieden verlaufen, daß ein Zukleistern von Differenzen das Ende der beginnenden Gemeinsamkeit schon in derem Keim bedeuten würde.

Dazu kommt: Der formulierte Anspruch rauscht derzeit an jenen Geschlechtsgenossinnen vorbei, die noch immer die Mehrheit bilden in beiden Teilen des Landes: Jene, die in täglicher Erschöpfung hin-und herhasten, zwischen Arbeit (so sie noch eine haben) und Haushalt, Kindern und ihrem Macho. Gelingt es nicht, deren Nähe und Sprache zu finden, wird das Thema "Frau" über kurz oder lang zum Thema einer Sekte schrumpfen.

Behutsamkeit ist geboten, bis ins Wort hinein. Behutsamkeit vor allem gegenüber den DDR-Frauen: "Feminismus" ist ihnen eine Gruselvokabel, die noch jede sich vorsichtig aufrappelnde DDR-Frau schnurstracks wieder hinter den Rücken ihres Mannes zurücktreibt.

Wir müssen Geländer bauen, die Frauen beim ersten Aufrichten fassen können—und fassen wollen. Ein männliches Feindbild aber kann ich nicht als Geländer erkennen, sondern nur als Krücke.

Juni 1990

Die DDR-Deutschen und die Fremden

Freya Klier

Ein *Spiegel*-Artikel von 1992, der sich mit deutscher Gewaltbereitschaft gegenüber Fremden befaßt, folgt der unbestrittenen Feststellung, rechte Gewalt sei nicht auf Ostdeutschland beschränkt. Seine konkrete, etwas pädagogisch verschleierte Bilanz: »Von den 48 Übergriffen der vergangenen Woche auf Ausländer und ihre Unterkünfte wurden 15 in den alten Bundesländern gezählt.«

Ohne die Fremdenfeindlichkeit im Westen herunterspielen zu wollen, ist es an der Zeit, die bis heute vielfach variierte Aussage endlich vom Kopf auf die Füße zu stellen. Denn die trübe Botschaft besagt nichts anderes, als daß es in vier Fünfteln Deutschlands in besagter Woche 15 (justitiable) fremdenfeindliche Übergriffe gab—im restlichen einen Fünftel dagegen 33, daß also im gleichen Zeitraum, in dem bei 65 Millionen Alt-Bundesbürgern 15 rassistisch motivierte Krawalle registriert wurden, auf das 17-Millionen-Völkchen der Ex-DDR 33 Krawalle entfielen.

Rechnet man nun einmal diese 17 Millionen mit ihren 33 Exzessen auf die 65 Millionen Westler hoch—um einen plastischen Vergleich zu haben, so ergibt sich bei gesetzten gleichen Bevölkerungsanteilen ein Verhältnis von 15 Übergriffen im Westen zu 125 Übergriffen im Deutschland jenseits der Elbe. Im Klartext: Unter den sich »sozialistisch« gebärdenden, der »Solidargemeinschaft DDR« nachweinenden Ex-Zonis liegt die Ausländerfeindlichkeit um das 8-fache höher als bei den »kalten Brüdern und Schwestern« im Westen. Soviel zum statistischen Vergleich, falls man die Zahlen denn tatsächlich einmal aufschlüsselt.

Bleibt die Frage nach den Ursachen dieser atemberaubenden Fremden-Aversion unter meinen ostdeutschen Landsleuten: Die Entwurzelung der

Jugend nach dem Zerfall ihres autoritären Staatsgefüges streift ebenso nur die oberste Motivationsschicht wie die »labile Seelenlage« ihrer Eltern nach der Einheit, deren »kollektive Kränkung« durch den Westen und die Angst vor dem Verlust des Arbeitsplatzes. Denn auch, als sie noch Arbeitsplätze hatten, seelisch stabil waren und ungekränkt, waren sie ausländerfeindlich—die Deutsche Demokratische Republik war ein durchorganisiertes deutsches Blockwart-System, in dem Fremdes keinen Platz hatte. Und daß sich unter uns (Ost-) Deutsche kaum ein multikultureller Farbtupfer mischen konnte, dafür sorgte eine rassistische und antisemitische, sich heute nett als multikulturelle PDS verkaufende Partei—die SED. So trügerisch internationalistisch sie sich in ihrer Propaganda gab, so sahen sich am Ende auch die Bürger unseres Staates:

1986 hatten Stephan Krawczyk und ich in eines unserer (nur in den Kirchen mutiger Pfarrer zu besichtigenden) Theaterstücke auch eine Szene über Rassismus in der DDR eingebaut. Das Stück wurde begeistert aufgenommen, besagte Szene jedoch fiel durch: Rassismus gehöre eher in den Westen, sei nicht DDR-spezifisch, so meinten etliche Zuschauer.

Unser Freund Rahman—Sohn einer Deutschen und eines Sudanesen—sah das anders. Von ihm auch wußten wir, daß sich die wenigen farbigen Studenten der DDR in der Dunkelheit nur gruppenweise aus ihren Internaten trauten, daß sie nach 22 Uhr keinen Besuch mehr empfangen und pro Stadt jeweils nur eine bestimmte, ihnen zugewiesene Gaststätte aufsuchen durften (und auch dort wurden sie oft genug abgewiesen). Daß vietnamesische und moçambiquanische »Gastarbeiter« die Stadt nie verlassen durften, in den Betrieben die schwersten Arbeiten verrichten mußten, daß vietnamesische »Gastarbeiterinnen« unter Abtreibungszwang standen und ein Dunkelhäutiger prinzipiell mit Fahrradketten und prügelnden Fäusten zu rechnen hatte, zu rechnen auch mit einem unverhohlenen Rassismus innerhalb des Polizei-apparates.

Mit Skinheads dagegen kamen die Ordnungshüter der DDR stets gut zurecht—die gingen pünktlich zur Arbeit und räumten mit dem Anarcho-Gesindel auf. Daß die »Volkspolizei«—durch Stasileute auch über »rechte

Aktionen« im Vorfeld gut informiert—die »Sieg-Heil«-Brüller und Stiefeltreter für ihre Zwecke gewähren ließ, zeigt der Großeinsatz einer Ost-Berliner Fascho-Horde am 17. Oktober 1987: Mit »Sieg Heil« und »Juden raus aus deutschen Kirchen« hatten etwa dreißig Glatzköpfe die Zionskirche gestürmt, in der soeben die letzten Takte eines Punkkonzertes verhallten. Mit Fahrradketten und abgebrochenen Flaschenhälsen schlugen und stachen sie auf fliehende Punker ein; auf dem Rückzug mischten sie noch schnell den »Schwulenstrich« auf der Schönhauser Allee auf, bevor die Polizei (welche die Kirche zwar umstellt, die Skins aber seelenruhig hineingelassen hatte) die Schläger endlich festnahm.

Nun hatten Westmedien von dem Vorfall Wind bekommen, prompt reagierten »Neues Deutschland« und »Junge Welt«: In einem Atemzug warfen sie Neonazis und Bürgerrechtlern vor, den Sozialismus zu diskreditieren! Das Entscheidende ließen sie selbstverständlich weg: Bevor die Skinheads ausgerückt waren, hatten sie in ihrer Stammkneipe gefeiert—den Abschied eines »Kameraden«, der für 10 Jahre zur »Volksarmee« ging. Nazilieder waren angesagt, sie wurden—bei gediegener Besetzung des Lokals—störungsfrei abgesungen. Totgeschwiegen wurde auch: Alle Skinheads waren gut durchtrainiert, die meisten von ihnen Mitglieder der Gesellschaft für Sport und Technik, einer SED-Massenorganisation zur wehrsportlichen Erziehung der DDR-Jugend.

Es wäre verhängnisvoll, sämtliche Mitbürger östlich der Elbe zum rotlackierten Braun-Pack zu stempeln. Zu viele kenne ich, die Zivilcourage zeigen, die tapfer vor Asylbewerberheimen stehen, sich vor faustgroßen Steinen duckend, wenn von Ordnungshütern weit und breit nichts zu sehen ist. Meist sind es Menschen, die auch zu DDR-Zeiten den Mut zum Widerstand fanden.

Und die Mehrheit? Auch sie reißt die Arme nicht schräg nach oben—sie macht sich höchstens wütend zur Demo auf, wenn—wie 1992 in Brandenburg—ihr Supermarkt nicht gebaut werden darf, weil der Baugrund KZ-Gelände ist. Die Mehrheit der Ex-DDRler ist das Erziehungsprodukt eines Blockwart-Systems—kleinkariert, rückgratlos und feindlich gegenüber allem, was ihre antrainierte Ordnung stört. Den Wechsel von einer Diktatur in die andere erlebten die meisten Älteren nahtlos—en bloc wurde die national-sozialistische Vergangenheit in den Westen verfrachtet, unsere Eltern und Großeltern dagegen fanden sich von einem Tag zum anderen an der Seite der sowjetischen Befreier, der Seite des Fortschritts. NSDAP-Genossen waren plötzlich nur noch Genossen und viele der neuen, unverdächtigen erwiesen sich bald schon als aus ähnlichem Holz geschnitzt wie zuvor ihre Peiniger.

Trotz heftig proklamiertem Antifaschismus fand eine wirkliche Aus-einandersetzung mit dem Faschismus nicht statt. Das Liedgut des »Dritten Reiches« blieb in der »Volksarmee« erhalten, mitunter spülte es sich sogar auf zivile Zungen:

So war ich 1986 zu Gast auf einem LPG-Fest in Mecklenburg. Es war eine erfrischende, unverkrampfte Feier…mit Bierfaß, Tanz und Tombola. Später, als der Alkoholkonsum und damit auch die Stimmung stieg, ging der Foxtrott in eine verbrüdernde Polonaise über. Und während sich die Schlange durchs Gartengestühl zwängte, spielte die Kapelle plötzlich zum »Polenstädtchen« und zur »Schwarzbraunen Haselnuß« auf. Nicht einer hielt da im fröhlichen Mitsingen inne—nicht die Melkerin, nicht der LPG-Vorsitzende, nicht der Parteisekretär.

Durch die rasche Delegierung der deutschen Kriegsschuld in die Westzonen Deutschlands blieb jedoch den DDR-Bürgern nicht nur das Nachdenken über die eigene Vergangenheit »erspart«, in ihr Verhältnis zu den sowjetischen Befreiern (den Besatzern) schob sich bald auch eine ver-hängnisvoll klaffende Lücke zwischen Propaganda und Realität. Die Russen (die einzigen Fremden, die über Jahrzehnte in meiner Heimatstadt Dresden eine relevante Größe darstellten) waren für die meisten Bewohner ungebetene Gäste, die nach Knoblauch stanken, wie die Vandalen hausten und vor denen Frauen möglichst wegzuschließen waren. Diese Ressentiments galten nicht einzelnen, sondern *den* Russen schlechthin. Ihre Kasernen, gleichmäßig auf die Stadtränder verteilt, wirkten tatsächlich alles andere als anheimelnd: Hinter hohen getünchten Mauern zogen sich Reihen schmutzstarrender Fenster; wo das Glas zerbrochen war, dichtete Zeitungspapier dürftig das Drinnen vom Draußen ab.

Von diesen Kasernen ging stets etwas Bedrohliches aus. Von den Militärfahrzeugen, die sich durchs Tor schoben, den Marschkolonnen. Diese uniformierten Blöcke von Kahlgeschorenen wirkten besonders bedrohlich. Doch sah man in den Block hinein, so hatte der einzelne Soldat eher etwas Scheues. Meist erschrak er, wenn man ihm zulächelte, heftete den Blick auf den Boden und schielte dann aus den Augenwinkeln herüber.

Derartige Blickkontakte waren selten, um Russen machte man möglichst einen Bogen. An den Offizieren und ihren dicken rothaarigen Frauen ging man vorbei, als seien sie Luft—die taten das gleiche. Es gab keinerlei zwischenmenschlichen Kontakt, keinen Gruß oder nur ein Zunicken, daß man einander als Mitmensch erkennt. Einzig die russischen Kinder mit ihren riesigen Schleifen und den roten Halstüchern erfreuten sich einer gewissen Sympathie.

Daß mit den Russen nicht zu spaßen war, dafür gab es Gerüchte und selbst erlebte Beispiele. So erinnere ich, [sic] wie etwa Mitte der fünfziger Jahre—wir Kinder spielten gerade auf der Straße—eine Nachbarsfrau heranstürzte. Ihr Einkaufsnetz schwenkend, brüllte sie zu ihrem Mann am Fenster hinauf, in den Bäckerladen an der Ecke sei ein Russe eingefallen, stockbesoffen. Er grapsche über die Ladentafel in die Buttercremetorte, die Frauen hätten den Laden fluchtartig verlassen.

Wir Kinder rannten hin. Und sahen schon von weitem eine Menschentraube, die im Halbkreis um einen torkelnden, ständig einknickenden Soldaten herumstand. An seinen Händen, im Gesicht und auf der Uniform klebten tatsächlich Klumpen in rosa und weiß, ein Stück Torte quoll aus der Hosentasche. Der Russe war so sternhagelvoll, daß von ihm keine Bedrohung mehr ausging. Dennoch betrat niemand den Bannkreis. Er fiel, zog sich am Zaun nach oben und wankte irgendwann los. Im Zickzack steuerte er auf den Weinberg zu, gefolgt von einer Horde Kinder im Fluchtabstand.

Als wir gerade auf halber Höhe waren, kam plötzlich ein LKW den Berg herunter. Ihm entsprangen russische Offiziere, die rasch und wortlos auf den Mann zugingen, ihn brutal mit Stiefeln traten und solange mit Gummiknüppeln auf ihn einschlugen, bis er blutend und reglos am Boden lag. Dann rissen sie den Verschlag des LKW auf und warfen ihn hinein wie einen Kadaver. Alles ging unheimlich schnell—als der LKW weg war, standen wir Kinder wie gelähmt.

Solche Vorfälle durften aber nicht laut erzählt werden. Wer es dennoch tat, lief Gefahr, wegen Sowjetfeindlichkeit verhaftet zu werden. Also tuschelten sie sich hinter vorgehaltener Hand weiter. Die Antirussenstimmung flaute jedoch dadurch, daß man sie verbot und totschwieg, nicht ab. Im Gegenteil—sie wucherte, je mehr sie unterdrückt wurde. Wer mit den Russen sympathisierte, war unten durch. So eine Frau aus unserem Nachbarhaus, die hatte nicht nur sympathisiert, sondern gleich fraternisiert: Mit einem Offizier habe sie es getrieben, so hieß es—freiwillig! Der Liaison entsprangen die »Russenzwillinge«—ihr Erzeuger, so hieß es, sei gleich nach Sibirien abgewandert.

Das nun ließ sich schwerer nachprüfen als die Stimmung in der Straße. Da die »Russenzwillinge« selbst zwei pfiffige Burschen waren, spielte ihre Herkunft unter uns Kindern schon bald keine Rolle mehr. Die Erwachsenen verfügten da über ein besseres Gedächtnis—stillschweigend wurde die Mutter aus den Reihen der »anständigen Frauen« des Viertels ausgemustert.

Der einzige in der Umgebung, der unbeeindruckt solcher Stimmungen deutsch-russische Freundschaft übte, war mein Bruder. Regelmäßig zog er hinauf in den Wald zum Papirossy-Rauchen und, um ein Tauschgeschäft abzuwickeln: Aus dem »Magazin«, dem einzigen und streng limitierten DDR-Journal, das in jeder Ausgabe mit einer Nackten aufwartete, riß er nach beendeter Lektüre meines Vaters heimlich die »heiße Seite« heraus und verscherbelte sie für 1 Mark an seine »russischen Kumpels« hinter dem Stacheldraht. Für ihn hatten sie Namen, Gesichter und eine Biographie; er wußte genau, wer von ihnen aus Kasachstan stammte und wer aus der Ukraine. Für die meisten jedoch waren die Russen Knoblauchfresser, die das verhaßte SED-Regime stützten. Viel wurde gemunkelt von Verschleppungen nach Sibirien, und jeder kannte Namen.…

Die Abneigung gegen die Russen stand in schneidendem Kontrast zum offiziellen Sowjetkult. Aus Filmen, Zeitungen, Schulbüchern und auf Transparenten erreichten uns täglich die Bilder strahlender, am Kommunismus hämmernder und sichelnder Sowjetmenschen. Sie waren groß, stark, (meist blond) und sahen aus wie Sieger. Durch diese Propaganda klaffte der Unterschied zwischen den Sowjetmenschen in der Presse und den Russen in den Kasernen so gewaltig, daß ich als junger Pionier lange davon überzeugt war, es handele sich hierbei um zwei verschiedene Völker: Die Russen, das waren die kahlköpfigen Marschblöcke in unserer Stadt—die Sowjetmenschen, das waren die fernen Helden, die Hitler besiegt hatten und die nun auf riesigen Mähdreschern einer leuchtenden Zukunft entgegenfuhren.

So, wie die Antirussen-Stimmung der fünfziger und sechziger Jahre von der Partei mit einer dicken Lüge, der »Deutsch-Sowjetischen Freundschaft« zugekleistert wurde, so übertünchte sie die Ausländerfeindlichkeit der siebziger und achtziger Jahre mit der Parole »Solidarität«. Es handelte sich gewissermaßen um einen Schlüsselvorgang, bei dem Propaganda und Realität beträchtlich auseinanderklafften. Dabei wurde nicht nur die tatsächliche Bevölkerungsstimmung verfälscht—eine Annäherung an Sowjetbürger oder an Kulturen der Dritten Welt war überhaupt nicht erwünscht. Diese Erfahrung machte unweigerlich, wer es ernst meinte mit dem Brückenschlag:

Im 11. Schuljahr entschlossen sich meine Freundin und ich zu einer Pioniertat. Allen Vorurteilen zum Trotz wollten wir eine Brücke zu den Sowjetmenschen schlagen. Wir beschlossen, nach dem Abitur für ein Jahr durch die Sowjetunion zu reisen, per Zug und Tramp—quer durch die Union. Wir wollten bei denen wohnen, die uns herzlich aufnahmen (wozu hatten wir sonst russisch gelernt?), wollten mit ihnen arbeiten, ihren Alltag kennenlernen und Tagebuch führen—für einen Reisebericht und für unsere Freunde daheim, die unsere Begeisterung nicht teilten.

Während unsere Mitschüler auf der Unionskarte bereits Verbannungsplätze für uns ausspähten, bauten wir auf die Unterstützung durch eine Organisation, die sich vor deutsch-sowjetischer Freundschaft fast überschlug—die FDJ. Brieflich trugen wir der Kreisleitung unsere edlen Motive vor und

unterbreiteten zugleich das Angebot eines Reiseberichtes unter dem Motto:
»Wie leben die Jugendlichen in der Sowjetunion?«.

Schon kurz darauf erhielten wir Antwort—in knappen Worten forderte
man uns auf, in der Kreisleitung zu erscheinen. Der Empfang war ein Schock:
Ein Blauhemd, die Arme über einer schwartigen Wölbung verschränkt, fragte
uns, ob wir »noch alle Dassn im Schrang häddn....« Dann wurden wir belehrt,
daß nur ausgewählte Jugendliche in die Sowjetunion delegiert würden, nur zum
Studium oder zum kurzfristigen Jugendaustausch. Wir gehörten nicht zu den
Auserwählten. Als uns das Blauhemd dann noch unterstellte, wir wollten uns
nur vor »richtiger Arbeit« drücken, flippten wir aus.

Damals befanden wir uns wie viele in dem Irrglauben, Fehlentscheid-
ungen würden aufgrund mangelnder Weitsicht von einzelnen Funktionären
gefällt. Was die Partei tatsächlich unter Internationalismus, Freundschaft und
Solidarität verstand, schlüsselte sich uns erst nach und nach auf: Parolen,
geballte Fäuste und schwingende Hüften waren nicht mehr als Arabesken zu
einem Programmpunkt, der nie eingelöst wurde. Denn Solidarität endete dort,
wo es ans Eingemachte ging: Ausländer blieben stets draußen vor der Tür
jenes deutschen Staates, der sich »sozialistisch« nannte.

Ein einziges Mal, im Jahre 1973 (Honeckers Tochter Sonja hatte sich
gerade mit einem Chilenen liiert), nahm die DDR eine größere Anzahl
chilenischer Familien auf. Sie wurden mit großer Wärme empfangen, auch von
der Bevölkerung. Doch nachdem die Begrüßungswelle abgeebbt war, erlebten
die Latinos deutsche Mentalität pur: Die anfängliche Begeisterung wich
zunehmender Gleichgültigkeit, die Chilenen lernten Rassismus ebenso kennen
wie Heuchelei und Desinteresse gegenüber ihrer Kultur (die meisten von ihnen
kehrten bald nach Südamerika zurück oder weschselten in ein kapitalistisches
Land Europas über, die DDR wurde ihnen keine zweite Heimat).

Von diesem einmaligen Akt der Solidarität abgesehen, hielt die SED »ihr«
Land von Fremden stets sauber, und je undeutscher die Mentalität, desto
dicker wurde der Riegel vor der Eingangspforte. Man überschlug sich stets mit
Solidaritätsadressen—doch Schwarze, Gelbe oder Braune im eigenen Land?
Nein danke. »Gastarbeiter« und eine begrenzte Anzahl von Studenten—ja.

Aber erstens ohne Familie, und zweitens mußten sie nach Beendigung des Studiums oder des Arbeitseinsatzes das Land sofort verlassen. Und nicht nur Vietnamesinnen standen unter Abtreibungszwang, auch moçambiquanische Frauen durften in der »sozialistischen DDR« keine Babys zur Welt bringen— hatten sie »getrickst«, ging es ab ins Heimatland. Bloß keine Farbtupfer in unsere deutsche Volksgemeinschaft!

Das galt auch für Studenten, die aus »linken afrikanischen Bewegungen« zum Studium ins »Bruderland« delegiert waren: Verliebte sich so ein Kerl in eine deutsche Frau, war vielleicht ein Kind unterwegs und sollte geheiratet werden, so stand den beiden ein jahrelanger, nervenaufreibender Kampf um die Genehmigung ihrer Ehe bevor. Die Zermürbungstaktik hatte einen plausiblen Grund: Bei den meisten erledigte sich die Liebe peu à peu, denn unser Student mußte sich ja in der Zwischenzeit in seinem Heimatland aufhalten, die Frau durfte ohne Trauschein nicht dorthin. Überdauerte das Gefühl aber die »Probezeit«, so durfte das Paar heiraten und schließlich auch zusammen leben. Aber nicht in der DDR—wenn schon, dann bitte in Afrika!

Und selbst dabei handelte es sich um eine späte »Errungenschaft«; Rahmans Mutter hatte Mitte der siebziger Jahre noch nicht dieses Glück. Sein Vater, ein junger sudanesischer Zahnarzt (die Eltern hatten sich beim Studium der Zahnmedizin in Prag kennengelernt), durfte auch dann nicht in der DDR leben, als bereits das zweite Kind des deutsch-sudanesischen Paares unterwegs war—Mutter und Kinder wiederum durften das Land nicht verlassen. Die Familie kam nicht zustande—der Vater ging schließlich nach Schweden, Rahman und sein Bruder wuchsen in einer DDR-Kleinstadt auf, in der sie sich permanenten Hänseleien als »Kohle« und »Nigger« ausgesetzt sahen.

Die Solidaritätswalze war einer der zynischsten Ausläufer der SED-Propaganda. Ihr Internationalismus stets nur ein Bündel von Strategien, die der jeweiligen Tagesaktualität angepaßt wurden.

Aus einem solchen Pragmatismus heraus entdeckte schließlich die Partei auch ihr Herz für Juden. Vor 1987 schien es in der DDR überhaupt keine Juden zu geben. Die SED übte sich in offenem Antizionismus, von der wenigen, verschwindend kleinen jüdischen Gemeinden (zu deren Vorstand meist Stasi-Zuträger ernannt wurden, wie sich heute zeigt) hörte man buchstäblich nichts. Und das war wohl auch so geplant. Die verbreiteten antisemitistischen Witze bezogen sich folglich auch nicht auf die Gegenwart, sondern auf die Vergangenheit. Nie habe ich erlebt, daß jemand wegen eines »Vergasungswitzes« staatlicherseits zur Rechenschaft gezogen worden wäre. Man kam in der frühen DDR vielleicht in Haft, wenn man beim Hören westlicher Sender erwischt worden war—später, wenn man fliehen wollte oder die systematische Zerstörung der Umwelt durch die herrschende Partei anprangerte; Antisemitismus war nicht einmal in den Gedankengängen ein Delikt. Im Gegenteil: Die Vorliebe für Judenwitze unter Militär-und Staatsbehörden wurde lediglich von der für rassistische Polenwitze übertroffen.

Und selbst als Opfer des Faschismus wurden Juden nur dann gehätschelt, wenn sie die neuen Machthaber bedingungslos bejahten (dabei traten sie nicht mehr als Juden in Erscheinung, sondern als Kommunisten). Die heute 87 jährige Johanna K. aus Dresden beispielsweise—die einzige Jüdin, die das KZ Ravensbrück überlebt hat—fiel erneut in Ungnade und saß auch in der DDR in Haft: Sie war jenem SS-Mann wiederbegegnet, der sie in der dreißiger Jahren zunächst vergewaltigt und anschließend ins KZ gebracht hatte. Der Mann war inzwischen Parteisekretär eines Dresdner Großbetriebes. Dies naiverweise bei der Polizei anzeigend, hatte Johanna K. nun die »Partei der Arbeiterklasse« verleumdet.

Das Jüdische wurde kurz vor dem Zusammenbruch der DDR entdeckt—als Einnahmequelle. Sammelten wir in der Friedensbewegung 1986 noch Unterschriften, um ein Plattwalzen des Jüdischen Friedhofs Berlin-Weißensee zu verhindern (der Friedhof sollte einer neuen Zufahrtsstraße für die Bonzen weichen), so war Monate später von Zerstörung plötzlich keine Rede mehr. Der Friedhof wurde nun herausgeputzt, auch jiddische Lieder erlebten eine Hochkonjunktur—der Führung paßte das Jüdische plötzlich in den Kram. Man hofierte die amerikanischen Juden, Honecker höchstpersönlich heftete dem Präsidenten des Jüdischen Weltkongresses den »Großen Stern der Völkerfreundschaft« an die Brust. Dabei schielte das Zentralkomitee prestigeheischend nach Washington, es ging um Anerkennung und Wirtschaftsverträge....

Nach dem Zusammenbruch der DDR herrscht in ihren Städten ein Klima offener Gewalt. Der brave Bürger in seinem Krähwinkel ist plötzlich überfordert, er fürchtet sich vorm Schwarzen Mann. Nie hat er ein Zusammenleben mit anderen Kulturen kennengelernt. Denn mit ihrem verlogenen Antifaschismus schuf sich die SED eine verschlossene Stube—ausgerichtet auf die Ordnung einer deutschen Volksgemeinschaft.

Es wäre billig zu unterschlagen, daß es auch unter DDR-Bedingungen immer Menschen gab, für die Toleranz und Solidarität keine Phrase war. Deutlich entsinne ich mich, wie Mitte der achtziger Jahre die Brigade meiner Mutter im tiefen Winter mit Pullover und Schuhen auf den Dresdner Flugplatz eilte—dort waren die Moçis angekommen, in Sommerkluft und Sandalen, um die Schulden Moçambiques an die DDR abzuarbeiten. Es gibt zahlreiche Beispiele von selbstloser Hilfe und Unvoreingenommenheit, nur—typisch waren sie nie. Typischer war, was heute so bedrückend verklärt wird.

Niemand sollte sich wundern, wenn 1994 Bernauer Polizisten vietnamesische Zigarettenhändler foltern, wenn Magdeburger Ordnungshüter die gejagten Ausländer in den Schwitzkasten nehmen, statt der sie jagenden Skinheads. Wenn die Weimarer Polizei jenen gemütlich fahrenden Neonazi-Bus aus den Augen verliert, dessen Insassen grölend aufgebrochen waren, um das KZ Buchenwald zu schänden. Wenn »normale« Jugendliche in Eisenhüttenstadt bei »Schindlers Liste« in Beifall und Gelächter ausbrechen, sobald Juden vergast werden. Ihre Eltern und PDS-Lehrer waschen sich die Hände in Unschuld: Der Westen ist an allem schuld, der Westen: früher war hier alles noch ganz anders, so menschlich und warmherzig!

Der Wolf im Kunstpelz

Freya Klier

Vergangenen Sonntag hat sich die Berliner Kultur einen Eklat geleistet, der hohe Wellen schlug: Markus Wolf trat in einer Literatur-Matinee auf—so, als sei er nicht dreißig Jahre lang General der Staatssicherheit gewesen, sondern ein demokratiebeflissener Literat.

In der gleichen Reihe hatten die verantwortlichen Kulturfunktionäre auch Jelena Bonner eingeladen—die russische Ärztin, Dissidentin und Witwe von Andrej Sacharow. Täter und Opfer an einem Faden der Ehrung—was für eine verhängnisvolle Instinktlosigkeit!

Wieviele Menschen sind durch Wolfs Apparatschiks gequält, beseitigt oder—wie Willy Brandt—politisch diskreditiert worden? Nun wird aus dem hochrangigen Täter plötzlich der "Zeuge" einer bitteren Vergangenheit-so einfach ist es, Geschichte zu kippen....

Frei nach dem Motto "Was kümmert mich der Schnee von gestern" hat Wolf denn auch nicht von Gestern und seinem eigenen Anteil an einem der perfidesten Regime des Jahrhunderts geplaudert, sondern von Vorgestern: Der Emigration, seiner Kinderzeit im Moskauer Exil.

Nicht einmal hier konnte er sich zur Wahrheit durchringen. Denn was bedeutete das Moskauer Exil für Kommunisten? Für Walter Ulbricht und Wilhelm Pieck, die Stalin den Stiefel leckten und skrupellos Freunde verrieten—mit dem sicheren Wissen, daß das für die meisten den Tod bedeutet—war das Exil ein Karriere-Sprung. Für glaubhafte und rückgradvolle Menschen wie die Schauspielerin Carola Neher bedeutete es den Tod im Gulag. Für Kommunisten, die sich weigerten, Freunde an Stalins Messer zu liefern, wie Margarethe Buber-Neumann, hieß Exil zunächst ein sibirisches

Lager, dann das KZ Ravensbrück: Stalin pflegte zwischen 1939 und 1941 deutsche Nazi-Gegner als Morgengabe seinem Freund Hitler auszuliefern....

Das nun war Markus Wolfs Thema nicht. Hier gab er eine nette Episode zum Besten, da eine sentimentale Erinnerung—heftig beklatscht von seinen Genossen und deren Ehefrauen, die—wie zu alten DDR-Zeiten—die Karten gleich 20-und 30-stückweise aufgekauft hatten.

Eifrig versucht General Wolf seit Jahren, vom miesen Image abzurücken—hin zum künstlerisch begabten Bruder, zum Schriftstellervater...eine Metamorphose mit zunehmendem Erfolg.

Margarethe Buber-Neumann, die das KZ Ravensbrück nur mit Mühe überlebte, schrieb in einem ihrer Erinnerungsbücher:

> Wer Stalins Kommunisten-Säuberung unbeschadet überstand, der hatte am Ende selbst Blut an den Händen, hat auf jeden Fall Freunde und Verwandte verraten, um beim großen Führer nicht in Ungnade zu fallen.

Wäre das nicht ein Thema für Markus Wolf gewesen?

Sein Vater hält sowohl Stalin die Treue als auch Walter Ulbricht—und wird von diesem mit einem Botschafterposten belohnt. Sohn Markus aber kehrt 1945 nur kurz nach Deutschland zurück: Noch einmal wird er fünf Jahre in Moskau geschult, um 1951 im MfS loszulegen. 33 Jahre lang wird er ein zuverlässiges Werkzeug des KGB bleiben, um dann im Februar 1987 ganz plötzlich auszuscheiden!

Um Kochbuchautor zu werden? Ich bitte Sie! Trotz gezielter Aktenvernichtung weist der heutige Forschungsstand anderes aus:

Gorbatschows KGB steuert seit 1986 auch auf einen Machtwechsel in der DDR hin. Der starrsinnige Honecker, der sich jeder Reform verweigert, ist durch einen geschmeidigeren Vasallen zu ersetzen—wäre das nicht was für den smarten Markus Wolf? Als Vize eines Unterdrückungsapparates geht das natürlich nicht—ein neues Image muß her!

1987 nimmt also Stasi-General Wolf seinen Hut, kriecht erst in den Schafs-und dann in den Kunstpelz...den des schriftstellernden Seniors. Zu gegebener Zeit werden Reformkräfte wie Hans Modrow ihn rufen....

Es war nur ein Schein-Abschied, wie sich heute zeigt. Denn bei der Gauck-Behörde wurde inzwischen die Sonderakte "4.11.89" gefunden, die auf 150 Seiten dokumentiert, in welchem Ausmaß das Ministerium für Staatssicherheit die große Demo am 4. November 89 auf dem Alexanderplatz steuerte—Markus Wolf sprang hier ebenso mit dem Segen Erich Mielkes auf die Tribüne wie Gregor Gysi. Die alte Devise "Es muß demokratisch aussehen, doch wir müssen alles in der Hand haben" hat wieder mal prima funktioniert.

Zurück zur literarischen Matinee. Auf diesem Niveau hätte ich noch einen weiteren Vorschlag: Wie wäre eine Matinee unter dem Stichwort 'Ich liebe euch doch alle'—Ex-Stasi-Chef Mielke...pardon...ich meine, der Kochbuchautor Erich Mielke könnte dann sein Buletten-Rezept vorstellen, mit dem er auf einem israelischen Campingplatz eine DDR-feindliche Familie vergiften ließ? In einer Zeit offener Kollaboration und politischer Beliebigkeit wäre das eine zeitgemäße literarische Lektion....

Vom Mangel und vom Zuviel

Freya Klier

1968, nach einem mißglückten Republikfluchtversuch, fand ich mich plötzlich in Einzelhaft wieder. Auf eine solche Situation war ich nicht vorbereitet: Über Wochen in einer Zelle zu sitzen—ohne Mitmenschen zum Reden, ohne Beschäftigung, und sei es die ödeste—die bleierne Zeit zu überstehen. Ich bekam kein Buch, keine Zeitung, es gab kein Bild an der Wand, kein Schnipsel Papier. Selbst der Sehnsuchtsblick nach draußen prallte an dickem Milchglas ab.

Nein, darauf war ich nicht vorbereitet. Ich saß lange wie gelähmt. Was ich draußen oft genossen hatte—die Stille—wurde plötzlich zur Marter. Denn Stille, nicht selbstgewählt, verkehrt sich in Einsamkeit. Einsamkeit als strafverschärfende Maßnahme. Ein Gefühl völligen Verlorenseins stülpte sich über mich—und das war so geplant.

Rasch wurde die Zeit zum Feind, die Stunden krochen dahin in höhnischer Langsamkeit. "Hier gehst du ein" dachte ich wieder und wieder. Um nicht restlos der Lähmung zu erliegen, begann ich, den bandwurmähnlichen Tag in Abschnitte zu unterteilen: An eine Runde Gymnastik knüpfte ich das Repetieren russischer Vokabeln, kleinen Liedkompositionen folgte das Lösen von Matheaufgaben, und meine szenischen Erfindungen, während derer ich immer wort-und gestenreicher in die unterschiedlichsten Rollen zu schlüpfen begann, ließen das Aufseherauge im Türspion mißtrauisch verharren. Das Programm war eine Art Not um nicht völlig zu verkümmern.

Es half. Mir war schnuppe, daß wachhabende Uniformen regelmäßig das Schloß krachen und mich strammstehen ließen, um mir mitzuteilen, ich käme, wenn ich mich weiterhin so verrückt benähme, in den Bunker. Ich nahm es hin und machte weiter, denn ich spürte, wie die Lähmung allmählich schwand. Wie meine Phantasie sich zu entfalten begann in einem Ausmaß, das ich bisher nicht für möglich gehalten hatte. In diesen Wochen dachte ich konzentrierter und schärfer als je zuvor.

Ich hatte, indem ich aus mir herausholte, was mir entzogen worden war, eine Überlebenstechnik gefunden.

Jahrzehnte danach entsinne ich mich dieser (nicht eben leicht erträglichen) Zeit. Besonders, wenn ich mich dem anderen Extrem ausgeliefert fühle, wenn ich befürchten muß, vom täglich sich steigernden Bild-und Wortgeprassel erschlagen zu werden. Das Grelle und Schrille, dieses Vielzuviel, es droht durch die Wände zu dringen. Wo ist das erträgliche Maß zwischen den beiden Extremen des Nichts und des Zuviel?

Wir haben das Maß verloren, und zwar an den Markt. 50 000 Bücher brechen pro Jahr über uns herein—wer aber liest die (ich meine tatsächlich Lesen und nicht Diagonalblättern, um mitreden zu können)? Wem nützt diese Papierflut?

Als ich 1988 die Welt der unzensierten Medien betrat—beeindruckt und zutiefst erleichtert—machte ich bald eine verblüffende Entdeckung: Die Tabus im Bereich öffentlicher Kommunikation waren auf ein Minimum geschrumpft— die Fähigkeit zur Verarbeitung dieser Masse von Informationen allerdings auch! Mich irritierte der allgemeine Grad an Uninformiertheit bei einer fast lückenlosen Info-Dichte. Bis ich begriff, daß es gerade diese Dichte ist, die am Ende Nichtwissen hervorruft, diese kaum zu bewältigende Flut von Sinnesreizen, von Wort und Bild.

Eine Beobachtung, die anhält: Wir suchen nach Zusammenhängen, weil die Info-Clips, mit denen wir bombardiert werden, sich nicht zu Zusammen-hängen fügen. Es fehlt nicht an Reizen für Auge und Ohr, es fehlt an der nötigen Sortiermaschine. "Brandneu" hat längst das Wort "sinnvoll" verdrängt—und nur, wer beides zu unterscheiden vermag, kann wirklich frei wählen. Es ist die Zeit des großen Rauschens im Kopf. Menschen stellen Fragen, die sie zwei Jahre zuvor selbst beantwortet hatten—macht man sie darauf aufmerksam, erinnern sie sich nicht einmal mehr, die Frage gestellt zu haben....

Überfülle ist ein Denk-Killer und ein Phantasie-Killer. Schwafelbrei kennt keinen Freiraum, er pappt überall rein.

Und macht die Sinne stumpf: Wenn im Sekundentakt das islamische Geiseldrama von Marseille mit den Allüren-News von "Bobele" wechselt wenn deutsch-niederländisches Hochwasser nicht nur das Bruchholz japanischer Erdbeben rasend schnell aus dem Blickfled schwemmt, sondern in gleicher Geschwindigkeit auch der letzte Modeschrei das Hochwasser—wen wundert es dann, daß der Info-Clip, die Einwohner von Sarajewo hätten seit dem ersten Hungerwinter im Durchschnitt 20 kg abgenommen, uns ebenso lau erregt wie der Zoff um die Abschaffung des Buß-und Bettages? Ach ja, wann eigentlich war der erste Hungerwinter in Sarajewo?

Unersättliche Erzählmaschinen entheben uns der Last, selbst noch nach Worten suchen zu müssen, mit drastischen Folgen: Eine soziologische Studie, veröffentlicht in den Vereinigten Staaten 1992, fördert Erschreckendes zutage: Im Land der unbegrenzten Fernsehmöglichkeiten ist die Kommunikationsdauer der amerikanischen Durchschnittsfamilie pro Tag auf 15 Minuten geschrumpft. Praktisch heißt das: Ausgetauscht wird nur noch organisatorisch Notwendiges— wer vergessen hat, den Mülleimer runterzubringen, daß das Essen gut oder schlecht war ein Tend, der Einzug in unsere Gefilde hält. Eine Flimmer-und Geräuschkulisse, in die wir mit dem Gleitgel der unbegrenzten Wahl rutschen. Wo ist der Rettungsanker?

Beginnen wir vorsichtig, zu uns zurückzukehren, das Maß wie- derzufinden: Wie wäre es mit einem wöchentlichen Sabbat, verbracht in strikter Medienaskese? Der Anfang dürfte schrecklich sein—voller Entzugser- scheinungen, so plötzlich abgenabelt vom Rauschen, von Fun and Crime. Der Anfang verspricht schmerzliche Leere—genügend Platz also, um die eigene Phantasie wiederzubeleben. Es muß ja nicht gleich eine Zelle sein, in der gar nichts ist....

Die "Carpetbaggers" in den Neuen Bundesländern

Rado Pribic

Die deutsche Vereinigung kam plötzlich und überraschend. Niemand hat sie erwartet und darum war auch niemand auf sie vorbereitet. Um genauer zu sein, was 1989 geschah war eigentlich weniger eine Vereinigung als eine Absorbierung der Deutschen Demokratischen Republik in die Bundesrepublik Deutschland. Manche "Ossies" sehen die Ereignisse sogar als eine Art von Kolonisierung: die Bürger werden politisch kategorisiert und stigmatisiert, sie werden teilweise durch das neue Erziehungssystem und die Massenmedien umerzogen und vierzig Jahre aus ihrer Lebensgeschichte werden ihnen herausgeschnitten. Der siegreiche Westen liquidierte viele der östlichen, meist unrentablen, Industriezweige und dadurch Arbeitsplätze. Und jetzt wird sogar der östliche Privatbesitz von Ureigentümern beansprucht.

Nun stellt sich auch die Frage, ob die "Ossies" bei den Vereinigungs-verhandlungen auf fähige Weise von ihren Politikern vertreten wurden, oder ob diese überhaupt eine Chance hatten, ihre Mitbürger vor dem westlichen Diktat zu schützen. Viele in den neuen Bundesländern glauben, daß sie eine Struktur, in der sie wenig zu sagen hatten, mit einer neuen Struktur, wo sie auch wenig zu sagen haben, vertauscht haben. Es gibt viermal mehr "Wessies" als "Ossies," und diese kennen sich vor allem in der geltenden Gesetzgebung und überhaupt in dem täglichen amtlichen Umgang besser aus.

Den Unmut gegen die Konsequenzen der Vereinigung, gegen die "Carpetbaggers"-Methoden der Geschäftsleute und gegen die Beamten aus den alten Bundesländern findet man vor allem bei Ostintellektuellen, die es vorgezogen haben in der DDR zu leben, ihr Land aber auch oft kritisch betrachteten. Manche von ihnen bevorzugten den "dritten Weg" zwischen dem Kapitalismus und dem realen Sozialismus, fanden aber bei den

Durchschnittsbürgern wenig Unterstützung für ihre Haltung. Obwohl diese Intellektuellen die "Wende" vorbereitet haben, aber bei der "eigentlichen Wende" wenig zu sagen hatten, finden sie jetzt mehr und mehr Gehör bei ihren östlichen Mitbürgern, die die Arroganz des Westens täglich mehr und mehr zu spüren bekommen. Das Phänomen der "Carpetbaggers," das ursprünglich bei dem Wiederaufbau des durch den Bügerkrieg zerstörten nordamerikanischen Südens zu finden war, tritt jetzt auch in den neuen Bundesländern auf. Genauso wie sich vor mehr als hundertzwanzig Jahren die unerwünschten Nordstaatler in dem eroberten Süden bereichern wollten, finden wir auch "Wessies," die im Osten ihren Unfug treiben.

Viele Bürger in den neuen Bundesländern bangen zur Zeit um ihr Eigentum, denn es gibt mehr als zwei Millionen Ansprüche auf Rückgabe von ostdeutschen Grundstücken und Immobilien, von denen wenigstens zwei Drittel immer noch ungeklärt sind.

Natürlich ist es dann auch nicht überraschend, daß das Schicksalsthema der Eigentumsfrage jetzt zu einem wichtigen Thema unter den ex-DDR Autoren und Filmmachern wird. So veröffentlichte z. B. Erik Neutsch den Roman *Todschlag* und Gerhard Bengsch produzierte die Filme *Dornberger* und *Grüß Gott, Genosse*, alle mit dem Thema der Eigentumsfrage. Das bis jetzt wohl bekannteste literarische Werk ist wahrscheinlich Stefan Heyms Kurzgeschichte *Auf Sand gebaut*,[1] das den Ernst der Sache mit bitterem Humor zu überwinden sucht.

In Heyms Gechichte wird das für 35 000 Ost Mark von der kommunalen Wohnungsverwaltung zur DDR Zeiten erworbene Eigentumshaus von der Familie Bodelschwingh von anderen "Eigentümern" beansprucht. Zuerst meldet sich ein Herr Elmar Prottwedel, der Eigentümer einer "im Westen nicht unbekannten Brauerei," dessen Vater das Haus und Grundstück schon im Jahre 1936 rechtmäßig erworben hätte. Er will das Haus, in dem die Familie Bodelschwingh jetzt wohnt, sowie seines "Opas Lieblingssessel" wieder in Besitz nehmen. Da die beiden deutschen Staaten sich jetzt "glücklich wiedervereint hätten, mit entsprechenden rechtlichen Folgen," benehmen sich Herr Prottwedel und sein Berater Dr. jur. Schwiebus von Schwiebus "wie

Eroberer." Herr Prottwedel freut sich sogar, "feststellen zu können, daß Herr und Frau Bodelschwingh den Besitz im guten Zustand gehalten haben."[2]

Die Bodelschwinghs sehen die Sache natürlich ganz anders: "...Besitz ist Besitz, den kann keiner antasten, jetzt nicht und später ebensowenig." (S. 26) Der Ausdruck "Wiederinbesitznahme" bringt sogar "leichte Röte" in das Gesicht der Frau Bodelschwingh und später beklagt sie sich darüber, daß die neuen Mitbürger aus dem Westen jetzt "nicht einmal, wie vor kurzem noch, die fünfundzwanzig Mark für den Grenzübertritt" (S. 30) bezahlen mußten. Letztendlich ist für die Bodelschwinghs wiederum "Besitz Besitz"...ein Staat oder zwei, aber die aus dem Westen benehmen sich "wie die Sieger," "und wir selber haben sie ins Land geholt." (S. 33)

Es erscheint aber noch ein zweiter "Eigentümer," der das Haus der Familie Bodelschwingh in der Marschall-Konjew Straße 27, der früheren Hindenburgstraße, beansprucht. Es ist die Frau Eva Rothmund aus Tel Aviv, die auch "ihre Erinnerungen" und "Opas Lieblingssessel" sucht. Aus ihren Unterlagen geht hervor, daß sie die "rechtmäßige und alleinige Erbin" ihres Großvaters Siegfried Rothmund ist. Dieser wurde 1936 vom SS-Sturmführer Dietmar Prottwedel mit Verhaftung und Konzentrationslager bedroht und deshalb mußte er dem besagten SS-Sturmführer Prottwedel sein Haus und Grundstück Hindenburgstraße 27 überschreiben. Frau Rothmund scheint "das Urrecht" an dem Besitz der Familie Bodelschwingh zu haben.

Offensichtlich ist die Frage von Besitz und Eigentum in der ex-DDR schwierig zu klären, vor allem, da es manchmal mehrere Eigentümer, die ihre Ansprüche stellen, gibt. Bei den Ansprüchen "frage sich, wessen die ältesten seien und, was wichtiger nach angesichts der sich veränderten Rechtslage, auf welche Art Person oder Personen, von denen wir besagten Besitz erwarben, diesen ihrerseits erworben hätten, und ob die Art jenes Erwerbs" nach dem jetzt in vereinigtem Deutschland "gültigem Recht gesetzlich und in Ordnung gewesen wäre." (S. 32) Letztendlich fragt sich Stefan Heym: "...doch was soll man auch sagen in einer solchen Situation, jetzt wo sich alles bei uns ändert?" (S. 36)

Wenn nicht Heym, dann aber andere wollen dazu noch viel mehr sagen. Vor allem Daniela Dahn wird zur Sprecherin für viele ihrer ostdeutschen

Mitbürger, die um ihren zur DDR-Zeiten erworbenen Besitz bangen. Die Autorin Dahn hat sich vor allem mit den Erzählungsbänden *Spitzenzeit*[3] und *Prenzlauer Berg-Tour*[4] ausgezeichnet und nun greift sie das Thema Besitz/ Eigentum und das unterschiedliche Verständnis des Eigentums und Besitzes in Ost und West auf. Ihr im Juni 1994 erschienenes Buch *Wir bleiben hier oder Wem gehört der Osten. Vom Kampf um Häuser und Wohnungen in den neuen Bundesländern*[5] läßt sich aber nicht mehr in Belletristik einstufen. Es ist eine Art Sachbuch, deutlicher eine *Streitschrift.*[6] Die Autorin erklärte in einem Interview (Berlin, 28. Juni 1994) dazu: "Ich habe nicht die Absicht, eine Sachautorin zu werden. Da ich aber intensiv in einer Bürgerinitiative [zur gerechten Klärung der Eigentumsfragen] gearbeitet habe, wurde ich angeregt, darüber zu schreiben." Frau Dahn bezieht sich hier auf ihre eigene Situation im Ostberliner Stadtteil Adlershof, wo die Siedlung, in der sie wohnt, von einer Behörde in Westdeutschland beansprucht wurde.

Ihr 221 Seiten langes Buch enthält sieben Kapitel und einen Anhang. Im ersten Kapitel, "Freiheit-Ungleichheit-Bruderstreit," erklärt die Autorin dem Leser die aktuelle Situation und den Unterschied zwischen dem westlichen Recht auf Eigentum und dem östlichen Anspruch auf Besitz. "Der Besitzer ist derjenige, der auf etwas sitzt…Der es also nutzt." (S. 10) Und die meisten DDR Bürger waren Besitzer von Volkseigentum. Nach der neuen Rechtslage wird dieser "ostdeutsche Besitz" in vielen Fällen von westdeutschen Alteigentümern beansprucht. Aber bei den Ansprüchen auf Rückgabe, handelt es sich nur noch um drei Prozent leibhaftiger Alteigentümer und in 97 Prozent um Erben. Und wenn alle 2,2 Millionen Anträge akzeptiert würden, "bräuchte man ein Territorium, das die Fläche der DDR um ein Vielfaches überträfe." (S. 13)

Die ostdeutschen Besitzer fühlen sich natürlich bedroht, sehr frustriert und werden mehr und mehr militant. Zwei Drittel aller Anträge auf Rückgabe von ostdeutschen Grundstücken und Immobilien sind immer noch ungeklärt. Daniela Dahn beschreibt auch im Einzelnen die Gruppen, die von der Änderung bedroht sind. Das sind nach früheren DDR-Gesetzen die Volleigentümer, Teileigentümer, Besitzer von Wochenendgrundstücken,

"Alteigentümer" aus der DDR und schließlich auch die Mieter. "Die Hälfte der Ostdeutschen ist von Vertreibung bedroht." (S. 20).

Die Autorin illustriert die Probleme mit ihren eigenen Erfahrungen, d. h. an Hand von einer Siedlung im Ostberliner Stadtteil Adlershof: 350 Reihenhäuser, 1000 Betroffene, die im Herbst 1990 "vollkommen überraschend Rückgabeforderungen" (S. 21) durch eine westdeutsche Behörde gegenüberstanden. Die von der bundesdeutschen Regierung verabschiedete Lösung RÜCKGABE VOR ENTSCHÄDIGUNG ist die radikalste und schmerzhafteste. Dabei gab es für sie keinerlei Notwendigkeit.

"In ganz Osteuropa gibt es heute keine Rückgabe enteigneter Wohngrundstücke." Da aber die eigentlichen Probleme erst bevorstehen, ist es noch nicht zu spät, das obengenannte verhängnisvolle Prinzip umzukehren. So plädiert die Autorin.

Im zweiten Kapitel, "Die Legende von den mangelnden Alternativen" behauptet Daniela Dahn, daß "die Eigentumsregelung der größte Fehler der deutschen Vereinigung" (S. 27) war, und in dieser Aussage wird sie heute sicher von vielen unterstützt. Hier wird auch wieder der ganze Einigungsprozess hervorgebracht: "der verwaltete Zusammenbruch," (S. 51) die Lüge von dem Bankrott der DDR-Wirtschaft, die Rolle der D-Mark, und der Staatsvertrag, in dem zu lesen ist: "Enteignetes Grundvermögen wird grundsätzlich...den ehemaligen Eigentümern oder deren Erben zurückgegeben." (S. 80) "Mit der Währungsunion war die DDR gekauft (S. 81) und unter dem künstlich erzeugten Zeitdruck blieb keine Chance "anderen Positionen nachzugehen." Bei den Wahlen erhielt Helmut Kohl und die CDU den einkalkulierten Erfolg." Drei bis vier Millionen Arbeitslose in Ostdeutschland und jahrelang ein dreistelliger Milliardentransfer—das durften weder der gesamtdeutsche Wähler noch der Parlamentarier erfahren, der den Vertrag am 21. Juni in Ost und West im Schnellverfahren ratifizieren sollte." (S. 79) Die DDR wurde aber schlecht am Verhandlungstisch vertreten und war kein GLEICHBERECHTIGTER Partner bei der Vereinigung. Darum wurden auch die Vermögensfragen beim Einigungsvertrag nur unter dem Diktat der Bonner Koalitionsparteien gelöst. Bei der Ratifizierung des Einigungsvertrags

verstanden aus Zeitmangel die meisten Abgeordneten gar nicht, "was da
eigentlich lief." (S. 92) "Und viele Wähler hatten nicht begriffen, daß ihre
Abgeordneten nichts begriffen hatten." (S. 92) Dadurch kam es, daß das
Prinzip RÜCKGABE VOR ENTSCHÄDIGUNG so leichtfertig durchgesetzt
wurde.

   In den nächsten zwei Kapiteln, "Wem gehört der Osten" und "Die
unhaltbare Lehre vom Teilungsrecht" befaßt sich die Autorin mit juristischen
Fragen. Sie sucht zu erklären, wovon in den Behörden, Kanzleien, Grund-
buchämtern und Gerichten geredet wird. Die juristische Sprache ist sowieso
unmöglich zu verstehen und führt nur zur "Irreführung der Bürger." (S. 93)
Frau Dahn referiert über die Vermögensumschichtungen der deutschen
Nachkriegsgeschichten, d.h. über den bundesdeutschen Lastenausgleich für die
Kriegsgeschädigten, über die "Wiedergutmachung" der Bundesrepublik
vorwiegend an die Opfer des Holocausts und der "Entjudung" deutscher
Wirtschaft und über die Reparationen im Wert von 100 Millionen DM, die die
DDR an die Sowjetunion erstatten mußte. Sie betont aber, daß die Geschichte
nicht durch Geld und Gesetze wiedergutgemacht und bewältigt werden kann.

   "Die Enteignungen nach 1945 waren der legitime Versuch, die Strukturen
zu zerschlagen, die zu Auschwitz geführt hatten." (S. 108) Das waren die
Hauptgründe für das amerikanische Rückerstattungsgesetz vom 10.11.1947
(Militärgesetz Nr. 59) und den sowjetischen SMAD-Befehl Nr. 124 vom
30.10.1945. Im Grunde galt da auch das Prinzip RÜCKGABE VOR
ENTSCHÄDIGUNG, das sich eigentlich nicht bewährt hat, da oft keine
Überlebende mehr da waren oder weil die Opfer nicht nach Deutschland
zurückkehren wollten. Und "die Restitution war damals oft sogar schwerer,
durchzusetzen als heute." (S. 98) Die Autorin beklagt, daß die westdeutschen
Politiker nichts von diesen Erfahrungen gelernt haben und, daß "die Wort-
kombination: ENTEIGNUNG VON NAZI- UND KRIEGSVERBRECHERN"
(S. 107) ihnen gar nicht über die Lippen geht. Sollen heute etwa auch die
ehemaligen Nazis entschädigt werden? Auf jeden Fall, "generelle Rück-
übertragungsansprüche hätten ausgeschlossen werden müssen. Statt dessen

hätte ein einvernehmlicher Interessenausgleich zwischen Eigentümern und Besitzern...gefördert werden können." (S. 114)

Im vierten Kapitel, "Die unhaltbare Lehre vom Teilungsrecht," betrachtet die Autorin die nationale und internationale Rechtsgrundlage und kommt zu dem Schluß: "Völkerrechtlich und verfassungsrechtlich wäre eine Rückgabe der enteigneten Grundstücke nicht erforderlich gewesen." (S. 115) Und für die "Rückenteignungen" gibt es in der heutigen Zeit auch keine Parallelen. Bei den politischen und sozialen Umwandlungen gab es z. B. in ganz Osteuropa keine Rückgaberegelung und nur wenig Entschädigung.

Das Unrecht wird offensichtlich, wenn man erfährt, daß nur westdeutsche und ausländische Alteigentümer Ansprüche stellen dürfen. "Enteignungen, die vorwiegend DDR-Bürger trafen, werden nicht rückgängig gemacht." (S. 117) Die ganze DDR-Eigentumspolitik wird als RECHTSSTAATSWIDRIG abgeschoben und man bekommt den Eindruck "rechtmäßig oder nicht— Hauptsache, die Spuren der DDR werden ausgelöscht und der alte Zustand zugunsten der Westeigentümer wiederhergestellt." (S. 119) Die Maßnahmen, die zu Ansprüchen auf Rückgabe oder Entschädigung berechtigen, lassen sich in drei Gruppen zusammenfassen: a) rechtsstaatswidrige Verwaltung, b) rechtsstaatswidrige Enteignungen, c) rechtsstaatswidrige Verkäufe. Daniela Dahn bespricht die Maßnahmen und die dazugehörenden Gesetze im einzelnen, wobei die interessantesten Fälle unter dem sogenannten "Modrow Erlaß" von März 1990 zu finden sind. Auf Grund dieses von der demokratisch gewählten Volkskammer erlassenen Verkaufsgesetzes durften die DDR Bürger zum ersten Mal volkseigene Grundstücke und Häuser kaufen. Die 800 000 Kaufverträge wurden mit einem nachträglich festgelegten und damit verfassungswidrigen Stichtag als ungültig erklärt. Diese berüchtigte Stichtagsregelung erklärte sämtliche Käufe nach dem 18.10.1989 (Honeckers Rücktritt) als ungeprüft und unredlich.

Der einzige Lobby für die vielen betroffenen Osteigentümer (Durchschnittsalter 55,4 Jahre, Durchschnittsfamilieneinkommen 2000 DM), der im Rechtsausschuß der Bundesregierung zur Anhörung zugelassen ist, ist heute der Verein der Märkischen Eigentums-und Grundstücksbesitzer, der gegen 14

Interessenverbände aus den alten Bundesländern antreten muß. Der gesamtdeutsche Mieterbund, sowie Abgeordneten von Bündnis und der PDS vertreten in den Ausschüssen aber ähnliche Interessen wie der Märkische Verein. Der Verein gibt sich übrigens auch zu Kompromissen bereit, da er nicht auf die Umkehrung des Prinzips RÜCKGABE VOR ENTSCHÄDIGUNG besteht, sondern einen Ausgleich zwischen den Neu-und Alteigentümern anstrebt.

Im fünften Kapitel, "Früchte des Zorns," wendet sich die Autorin von den Politikern und Gesetzen und gibt dem Leser konkrete Beispiele von betroffenen Menschen in den neuen Bundesländern. Sie stützt sich dabei wieder auf eigene Erfahrungen in Ostberlin und führt auch als Beispiele die Ortschaften Kleinmachnow, Ahrenshoop und Mittelmühle/ Neuendorf an. Nur selten kommt es zu einer harmonischen Verständigung zwischen dem "Eigentümer im Westen" und dem "Besitzer im Osten." Die Ostdeutschen lernen langsam von ihren Rechten Gebrauch zu machen und gründen Mietervereinigungen, mit denen sie sich auch Anwälte leisten können. Als Einzelpersonen haben sie nicht die nötigen Nerven und das erforderliche Geld, um sich gerichtlich zu wehren. Übrigens sind auch viele der Forderungen der Alteigentümer menschlich gefühllos, habsüchtig und oft unverschämt. "…sind Sie in Ihrem Unrechtstaat 40 Jahre lang zu Dieben erzogen worden…? …nun schnellstmöglich räumen…, meine Mandantin verlangt die unverzügliche Herausgabe der Immobilie," (S. 161) schreibt z. B. ein Münchner Anwalt.

In einem anderen Fall verlangt eine Ureigentümerin aus dem Westen, daß ihr sofort zwei Zimmer bereit gestellt werden. Darauf erwidert der östliche Besitzer, daß sie sich gern alles ansehen könne "aber nur von der Staße aus und keinen Meter weiter! Ich lasse mich doch nicht wie ein Dienstbote behandeln. Diesen Ton bin ich nicht gewohnt, und ich habe auch nicht die Absicht, mich daran zu gewöhnen." (S. 161) Gegen die "Carpetbaggers"- Methoden sind einige der Ostbesitzer sogar zur Gewalt bereit: "Mich kriegt hier keiner lebend raus. Vorher lege ich alles in Schutt und Asche." (S. 161)

In ihrem kurzen, letzten Kapitel, "Ausblick mit Zimmer," zieht die Autorin Folgerungen aus ihren Untersuchungen. Auch das letzte DDR

Staatsoberhaupt Lothar de Maizière gibt in einem Interview mit Frau Dahn zu, daß er sich nicht vorgestellt hätte, "daß die Eigentumsansprüche mit solcher Rigorosität und Brutalität durchgesetzt werden würden." (S. 171) Es ist auch interessant, daß laut Umfrage, nur noch 37 Prozent der Ostdeutschen das Gesellschaftssystem der Bundesrepublik für verteidigungswert halten.

"In der DDR war es leichter zu wissen, wogegen man ist. Heute scheint uns vieles anonymer, auch unabwendbarer." (S. 174) Eine wichtige Komponente der Menschenrechte ist auch der Schutz vor willkürlichem Eingreifen ins Heim und das Recht auf soziale Sicherheit. So empfinden die meisten Ostdeutschen und darin fühlen sie sich bedroht. Sie wollen dort bleiben, wo sie glauben hinzugehören, und die Autorin schließt ihr Buch mit dem Satz: "Und deshalb wollen und müssen wir darauf bestehen: Wir bleiben hier!" (S. 177)

Das sehr gut lesbare und dokumentierte Buch von Daniela Dahn *Wir bleiben hier oder Wem gehört der Osten* ist ein wichtiger Beitrag zum Verständnis des komplizierten Vereinigungsvorganges, der Verunsicherung der Bürger aus den neuen Bundesländern und zu den heutigen Problemen, die jetzt nun auch literarisch festgehalten werden. Im Anhang, findet der Leser unter anderem, auch Texte der gemeinsamen Erklärung der Bundesrepublik und der DDR zur Regelung offener Vermögensfragen (15. Juni 1990) und die Bundestags-und Volkskammerdebatten über das Thema Eigentum. Da die Autorin aus ihrer eigenen Erfahrung spricht und auf eigene Interviews mit verschiedenen maßgebenden Persönlichkeiten eingeht, kommt auch das menschliche Leid zum Vorschein. An einer Stelle erklärt Daniela Dahn im Sinne einer Kampfschrift: "Warum soll ich emotionale Worte scheuen, wenn andere die Emotionen nicht scheuen, die sie provozieren?" (S. 136)

Im August, 1994 wurde schon die Dritte Auflage des Dahn Buches gedruckt und bis September, also innerhalb von drei Monaten, hat man fast 20 000 Kopien verkauft. Am Ende des Jahres stand das Buch an dritter Stelle in der Sachbuch-Bestsellerliste Ost.

Viele deutsche Staatsbürger, auch viele Politiker aller Parteien, glauben heute, daß die überhastete, ungerechte Regelung der Eigentumsfrage der größte Fehler der deutschen Vereinigung war. Das Vermögensgesetz wurde ohne sachkundige Debatte verabschiedet und erscheint als ein "Gesetz des Siegers." Das Grundprinzip RÜCKGABE VOR ENTSCHÄDIGUNG scheint vor allem politisch und ökonomisch motiviert zu sein und ist weder auf einen sozialen Ausgleich noch auf soziale Gerechtigkeit ausgerichtet. Die in jüngster Zeit verbuchten Wahlerfolge der Partei des Demokratischen Sozialismus, die es versteht, die Unzufriedenheit der Bürger in den neuen Bundesländern für sich zu buchen, brauchen daher auch nicht zu überraschen.

In einem "Kulturreport aus Leipzig," der am 7. August, 1994 (22.15^h) bundesweit über die ARD ausgestrahlt wurde, befaßte man sich auch mit der hochexplosiven Eigentumsfrage, wobei man Daniela Dahn als Expertin hinzuzog und sie bei einer Lesung auf der Ostseeinsel Hiddensee begleitete. Die Autorin äußerte, was höchstwahrscheinlich die meisten ihrer Mitbürger als gerechte Lösung sehen würden: Man darf den Ostdeutschen nicht einfach ihren Neubesitz wegnehmen, aber angemessene Entschädigungen für die Alt-eigentümer, sofern sie nicht längst Lastenausgleich bekommen haben, wären fair. Ausgeschlossen von jeglichem Geldsegen sollten allerdings die enteigneten Nazis und Kriegsverbrecher bleiben.

Das Buch *Wir bleiben hier oder Wem gehört der Osten* wurde nicht nur viel gekauft, sondern es löste auch leidenschaftliche Debatten zum Thema "Eigentumsverhältnisse" aus. Diese wurden vor allem in den Neuen Bundesländern geführt, was wohl keinen überraschen soll. Das wahrscheinlich leidenschaftlichste und ausführlichste Streitgespräch wurde zwischen Daniela Dahn und dem SPD-Politker Richard Schröder, der sich persönlich in dem Buch angegriffen fühlte, auf Seiten acht und neun in der Kultursektion der *Märkischen Allgemeinen* vom 22. Dezember, 1994 geführt. Schröder, ein SPD-Abgeordneter aus Potsdam trat 1990 als Fraktionsvorsitzender der Koalitionsregierung von Lothar de Maiziére bei und hatte Anteil beim Ausarbeiten des Einigungvertrages. Im Streit um den Einigungvertrag, verließ Schröder im August 1990 mit der SPD die CDU-dominierte Regierung und veröffentlichte seine Ansichten über die Vereinigung in *Deutschland schwierig Vaterland. Für eine Wende der politischen Kultur.*[7]

In der *Märkischen Allgemeinen* verteidigt Schröder die überhastete Vereinigung mit den Worten: "Zum schnellen Einigungsprozeß gab es keine Alternative, weil wir bei offenen Grenzen eine DDR-Währung nicht hätten über Jahre stabil halten können. Ein politischer Wechselkurs wäre durch den Schwarzmarktkurs unterlaufen worden, die Westdeutschen hätten dann vielleicht 1:10 bei uns gekauft...." (S. 9) Daniela Dahn argumentiert dagegen, daß es zwischen 1948 und 1961 auch offene Grenzen mit zwei Währungen gab und zitiert auch den Ex-Bundespräsidenten Karl Otto Pöhl, der ihr sagte, "es wäre klüger gewesen, vorerst zwei Währungsgebiete beizubehalten, die eine allmähliche Konvertierbarkeit ihres Geldes anstreben." (S. 9) Sie deutet auch darauf hin, daß die DDR-Betriebe durch die schnelle Einführung der D-Mark ihre traditionellen Märkte in Osteuropa verloren haben. Dagegen argumentiert Schröder, daß die östliche Handelsgemeinde, die RGW, sich schon Anfang 1990 aufzulösen begann und "Wir wußten nicht, wie lange die UdSSR den Vereinigungsprozeß gutheißen würde. Bei einer Absetzung Gorbatschows wäre es mit der Vereinigung problematisch geworden." (S. 9)

Eine wichtige Frage bei der Debatte bleibt natürlich, ob sich die Ostdeutschen bei Eigentumsfragen über den Tisch haben ziehen lassen? Frau Dahn beschuldigt die de Maiziére-Regierung und dadurch auch Herrn Schröder "die östlichen Interessen zumindest ungenügend verteidigt" zu haben, vor allem, da "die Verhandlungposition der DDR viel stärker gewesen ist als ihr bewußt war. Bonn wollte doch unbedingt die Einigung." (S. 8) Sie sieht auch als "die sozial verträglichste Lösung, den Ostdeutschen die Häuser oder Wohnungen zu bezahlbaren Preisen zu verkaufen und das Geld den Eigentümern als zusätzliche Entschädigung zu geben." (S. 8) Schröder erklärt dagegen, daß die östlichen Politiker doch einiges bei den Verhandlungen erreicht haben, da die westliche Seite zuerst "Rückgabe aller Enteignungen" gefordert hat. Er sieht aber auch Probleme "an zwei Punkten, die im Einigungsvertrag noch nicht geregelt wurden: die sogenannten Komplettierungskäufe und die Frage des Wertverhältnisses zwischen Rückgabe und Entschädigung." (S. 8) Später erklärt es auch: "Verhandlungsergebnisse sind immer das Resultat der Kräfteverhältnisse." (S. 8)

In einer Nachfolgedebatte, veröffentlicht in der Ausgabe vom 28. 12. 1994 der *Märkischen Allgemeinen*, argumentiert Schröder weiter, daß "das Prinzip 'Volkseigentum' verkehrt war.... Es war ein System organisierter Verantwortungslosigkeit." Auf Daniela Dahns Argument, daß der Boden allen gehören muß, stimmt er aber teilweise zu: "Es ist denkbar, daß Grund und Boden generell kommunales Eigentum sind und Erbbaurechte vergeben werden.... Bei Gebäuden ist es schon schwieriger, denn da entsteht das Problem der Erhaltungpflichten und-kosten."

Es ist kein Wunder, daß Daniela Dahn schon fast ein hundert Einladungen zu Lesungen gefolgt ist. Einige kamen sogar aus dem Ausland, aber bedeutsamerweise keine einzige aus den Alten Bundesländern. Viele Westdeutsche wissen nicht, wollen es vielleicht auch nicht wissen, was sich in den Neuen Bundesländern abspielt. Die deutsche Vereinigung brachte einen gigantischen Vermögensabfluß von Ost nach West mit sich. In der *Frankfurter Rundschau* vom 21. Dezember 1994, unter dem Titel "Wenn zwei sich streiten, zerfällt inzwischen das Haus", argumentiert wieder die Autorin Dahn: "An warnenden Prognosen über die Folgen solch überstürzten Vorgehens hat es nicht gefehlt. Aber der zeitliche Spielraum ist bewußt zerstört worden, um die Reformkräfte in Ost und West zu entmündigen." (S. 12) Sie behauptet mutig weiter: "Der Vereingungsprozeß ist künstlich beschleunigt worden, um den Demokratisierungsdruck aus der DDR zu brechen. Das Tempo der Privatisierung durfte dem Tempo der Disillusionierung nicht hinterherhinken." (S. 12)

Zweifellos hat das schnelle Tempo der Vereinigung viele negative Folgen mit sich gebracht, und es ist kein Wunder, daß viele Ostdeutsche die Arbeitsweise der Westdeutschen mit den "Carpetbaggers"-Methoden vergleichen und sich jetzt auch gegen diese Methoden zu wehren versuchen.

ANMERKUNGEN

[1] C. Bertelsmann Verlag, 1990 oder Fischer Taschenbuch Verlag GmbH, 1993.

[2] Heym, Stefan. *Auf Sand gebaut. Sieben Geschichten aus der unmittelbaren Vergangenheit.* Frankfurt am Main: Fischer Taschenbuch Verlag GmbH, 1993, S. 29.

[3] Mitteldeutscher Verlag, 1982.

[4] Luchterhand Verlag, 1987.

[5] Rowohlt Taschenbuch Verlag GmbH, 1994.

[6] Siehe dazu auch Pribic, Rado. "Das Thema vom Besitz und Eigentum in der zeitgenössischen deutschen Literatur." *GDR Bulletin*, XXI, 2, S. 7–10.

[7] Herder Spectrum, 1994, 154 Seiten.

Erlöst von der DDR—Erich Loest und die Wende

Karl-Heinz J. Schoeps

Erich Loest hat das Ende der DDR als Bürger der Bundesrepublik erlebt, doch das Schicksal seiner Heimat in Sachsen hat ihn nie losgelassen. So verwundert nicht, daß er sich nach der Wende sehr intensiv mit den Ereignissen in der DDR beschäftigt hat. Im folgenden soll daher ein kurzer Einblick in Loests "Wendeliteratur" geboten werden, die sich mit der Aufarbeitung der DDR-Vergangenheit beschäftigt.

Im März 1990 wurden Erich Loest bei einem Aufenthalt in seiner alten Heimat Leipzig von geschäftstüchtigen Leuten Kopien von Auszügen aus seiner Stasi-Akte zugespielt; sie stammten aus dunklen Quellen und hatten offensichtlich den aktenvernichtenden Reißwolf überlebt, der von Modrows Leuten in der kurzen Zeitspanne, die der kommunistisch beherrschten DDR noch verblieb, eifrigst bedient worden war.[1] Die Akten erwiesen sich als echt, Loest erwarb noch andere hinzu, und mit ihnen begann seine höchstpersönliche Auseinandersetzung mit seiner eigenen DDR- Vergangenheit, die ihn, der seit seiner Vertreibung aus der DDR im Jahre 1981 nach kurzem Zwischenaufenthalt in Osnabrück in Bonn lebt, wieder eingeholt hatte. Allein für den Zeitraum von 1975 bis zu seinem Weggang aus der DDR im Jahre 1981 existieren 31 Heftmappen von je 300 Blatt, in denen festgehalten ist, wie die Stasi sein Leben verfolgte.[2] Eigentlich hatte die DDR ihn in all den Jahren nach seiner Ausreise nur äußerlich ent-, aber niemals innerlich verlassen, denn der zweite deutsche Staat, vor allem Sachsen und die Stadt Leipzig, waren sein Stoff geblieben, auch als Schriftsteller am Rhein. Dort wohnt er zwar noch heute, aber er ist dort nicht zu Hause: "Ich war im eigenen Land, und ich war in der Fremde" (*Zorn*, 24). Er hatte Schwierigkeiten, im neuen Land neue Themen zu finden: "Jetzt schreibe ich wieder über das, was ich kenne, über

Leipzig und Ostberlin. Mein Stoff liegt in meiner alten, kalten Heimat" (*Zorn,*
281). An anderer Stelle heißt es: "Von Leipzig wird in meinen Büchern immer
wieder die Rede sein, denn Leipzig ist unerschöpflich."[3] In der Tat ist der
Name Loest so eng mit Leipzig verbunden wie die Namen Storm mit Husum,
Böll mit Köln oder Grass mit Danzig. Sein Bekenntnis "Ich bin tief in meiner
Seele Leipziger" (*Zorn,* 373) ist der Schlüssel zu seinem Werk. So zeichnet
beispielsweise sein Roman *Völkerschlachtdenkmal* (1984) die turbulente
Geschichte Leipzigs von den Befreiungskriegen bis zur Gegenwart nach. Der
Roman wird von Carl Friedrich Fürchtegott Vojiech Felix Alfred Linden
erzählt, in dessen Namen sich nicht nur alle seine Vorfahren vereinen, sondern
in dem auch die Linde, der Stammbaum der Messestadt, nach dem Loests
eigener Verlag, der 1989 gegründete Linden-Verlag, benannt ist,[4] ihren Platz
hat. In Leipzig spielt auch Loests noch in der DDR verfaßter und nach langem
Hin und Her auch dort erschienener Gegenwartsroman *Es geht seinen Gang
oder Mühen in unserer Ebene* (1978), der neben Christa Wolfs *Nachdenken
über Christa T.* mit zu den wichtigsten Veröffentlichungen in der DDR zählt.
Der Roman berichtet von dem nicht übermäßig ehrgeizigen Ingenieur
Wolfgang Wülff, dessen Vertrauen in die DDR-Regierung durch einen Biß
von einem der Volkspolizeihunde beim Volkspolizeieinsatz mit Hunden und
Wasserwerfern gegen Demonstanten auf dem Leipziger Leuschnerplatz im
Herbst 1965 ernsthaft erschüttert wurde.[5] Es ist daher nicht weiter ver-
wunderlich, daß Erich Loest nach der Wende und nach dem Abzug der alten
Machthaber nicht nur seinen Wohnsitz wieder in seine alte Leipziger Heimat
verlegte (unter Beibehaltung seiner Wohnung in Bonn), sondern auch seine
"Wendetexte" dort spielen läßt, wo er sich wie kaum ein anderer auskennt: in
und um Leipzig. Sein Buch *Der Zorn des Schafes* ist Wiederholung und
Weiterführung seiner Autobiographie *Durch die Erde ein Riß: ein Lebens-
lauf,*[6] die mit seiner Entlassung nach siebenjähriger Inhaftierung im Zuchthaus
Bautzen im September 1964 endet. Der autobiographische Bericht in *Der
Zorn des Schafes* wird nun allerdings durch Zitate aus seiner Stasi-Akte
ergänzt, in der Loest unter dem Decknamen "Autor II" geführt worden war.
Stellenweise überläßt Loest der Stasi gar die Rolle des Erzählers, wie

beispielsweise im gesammten sechsten Kapitel, das das Jahr vor seiner Umsiedlung in den Westen nachzeichnet. Die Stasi besaß dazu ja mehr als genug Material: "Die Wanze wachte bei Tag und Nacht. Wenn der Abend lang wurde, besonders zu Messezeiten mit nicht abreißendem Besuch, wuchs sich ein Protokoll auf zwanzig Seiten aus. Im Hauptpostamt fotokopierten Spitzel jeden ein-und fast jeden ausgehenden Brief, im Laufe der Zeit wuchs ihre Beute auf acht Heftmappen zu je dreihundert Seiten an" (*Zorn*, 189).

Die Stasi interessierte sich besonders für seine Autobiographie *Durch die Erde ein Riß*, damals noch unter dem Arbeitstitel "Spurensicherung," von der die Stasi staatsschädigende Enthüllungen fürchtete, denn wie kaum ein anderer DDR-Autor konnte Loest von Stasi-Schikanen, ungerechter DDR-Recht-sprechung und Haftbedingungen in Bautzen berichten, sowie von dem berüchtigten Paragraph 13, auf Grund dessen er verurteilt worden war, dessen Wortlaut er jedoch erst nach seiner Entlassung aus der Haft in der Deutschen Bücherei zu Leipzig nachlesen konnte.[7] Spitzel beschafften der Stasi auch eine Kopie des begehrten Manuskripts, doch die Veröffentlichung im Westen konnte sie nicht mehr verhindern, da ihr Autor dort bereits einen neuen Wohnsitz gefunden hatte. In einem am 10. März 1980 abgefaßten Bericht von Loests Stasi-Eckermann Major Tinneberg heißt es dazu unter anderem: "In der Arbeit an dem Manuskript 'Spurensicherung,' in dem Loest an Hand seiner Entwicklung kulturpolitische und gesellschaftliche Konflikte in der Geschichte der DDR darstellt und zu antisozialistischen Angriffen nutzt, ist er offen-sichtlich kurz vor dem Abschluß. Das Buch soll 15 Kapitel enthalten, in dem u. a. im bereits fertigen 13. Kapitel die Inhaftierung Loest's [sic] 1957 und der Prozeß gegen die staatsfeindliche Gruppe Schröder/Loest 1958 vorgestellt wird" (*Zorn*, 190).

Auch nach seiner Ausreise in die Bundesrepublik wurde Loest weiterhin von der Stasi beschattet. In Osnabrück besuchte ihn 1982 ein "Freund" aus der DDR, der nach seiner Rückkehr in die DDR prompt als "Bernd" der Stasi Bericht erstattete und bis zum Sommer 1990 Kontakt mit Loest und Freunden hielt und aktiv blieb.[8] Als Loest mit einer Gruppe von Lehrern eines Wiesneck-Seminars Ende November 1988 zum ersten Mal nach seiner

Umsiedlung in den Westen wieder nach Leipzig kam, begrüßte nicht nur die Stadtgöttin Lipsia ihren verlorenen Sohn, sondern auch die Stasi, die ihm auf Schritt und Tritt folgte, so daß Loest nach der Wende seinen Tagesverlauf mit genauen Zeitangaben in Stasiprotokollen nachlesen konnte, wieder verfaßt von seinem alten "Chefbeschatter," dem allerobersten "meiner Eckermänner," Major Tinneberg (*Zorn*, 359). In Leipzig besuchten Loest und seine Frau Annelies nicht nur alte Freunde, sondern auch ihr ehemaliges, jetzt stark heruntergekommes Haus in der Oststraße sowie ihre Zellen im Stasi-Gefängnis Leipzig, in dem beide einst im Jahre 1957 gesessen hatten. Damit schließt das Buch *Der Zorn des Schafes*, doch nicht der Zorn seines Autors Loest. Im Februar 1991 folgt ein weiteres Buch mit Auszügen aus Loests Stasiakten unter dem Titel *Die Stasi war mein Eckermann oder: mein Leben mit der Wanze*, dieses Mal jedoch mit Nachspielen; denn in der Zwischenzeit hatte Loest einige seiner Spitzel enttarnt, unter denen sich Gestalten aus seinem engsten Freundeskreis befanden. "Freund" "Bernd" erschien an seiner Tür und machte lahme Entschuldigungen (*Eckermann*, 121–22). Schlimmer traf ihn die Nachricht, daß sein langjähriger Freund "Wilfried" (Name von Loest geändert) Stasi-Spitzel war, wie Loest in einem Brief vom 3. Juli 1990 an ihn schrieb: "Du wirst Dir denken können, wie erschüttert ich war, als ich erfuhr, daß Du als Stasi-Spitzel gearbeitet und u. a. mich ausgeschnüffelt hast" (*Eckermann*, 128). "Wilfried" antwortet prompt, ist zerknirscht und bereit, auf alle Fragen seines ehemaligen Freundes ausführlich zu antworten: "Ich werde ausführlich, offen und so exakt wie möglich antworten, weil ich mich schon seit langem schäme, über Jahre einem Apparat gedient zu haben, der gegen meine eigenen Interessen gearbeitet hat" (*Eckermann*, 128–29). Man fragt sich, ob Freund "Wilfried" auch ohne den Zusammenbruch der DDR Gewissensbisse bekommen hätte. Der Fall des Spitzels "Wilfried" und seiner Frau, die zwar der Stasi einiges zugetragen, aber auch unter ihr zu leiden hatte, entbehrt nicht einer gewissen Tragik, zeigt er doch die unheilsame Verstrickung von Tätern und Opfern im Netz der Stasi. Wer wirft da den ersten Stein, vor allem aus dem Westen? Auch Loest, das Objekt der Spitzeleien, ist im Falle "Wilfried" nicht ohne Verständnis, vor allem für

"Wilfrieds" Frau, wie sein Briefwechsel mit "Wilfried" und Frau zeigt (vgl. *Eckermann*, 128–136). Unerbittlich dagegen ist Loest gegen alte SED-Seilschaften, die seiner Meinung nach ihr Treiben auch nach der Wende noch fortsetzten, wie der ehemalige stellvertretende Kulturminister und Oberzensor der DDR, Klaus Höpke, der ehemalige DDR Innenminister und "Behinderer" der Bürgerkomitees Diestel, oder der frühere DDR- Kulturminister Keller, der für die PDS im Bundestag sitzt; Michael Kohl, der DDR-Unterhändler beim deutsch-deutschen Vertrag und Partner von Egon Bahr, einst von der SED als Zersetzer auf Annelies Loest angesetzt, überlebte die Vereinigung nicht lange (vgl. *Eckermann*, 137–151), er ist kurz danach gestorben.

Neben der Aufarbeitung seiner eigenen Vergangenheit in doku-mentarischen Berichten wie *Der Zorn des Schafes* oder *Die Stasi war mein Eckermann* verfaßte Loest auch belletristische Werke, die sich mit der Wende und der DDR-Vergangenheit beschäftigen, wie die Geschichten "Heute kommt Westbesuch" und "Ich hab noch nie Champagner getrunken," beide vereint in einem Bändchen unter dem Titel der ersten Geschichte im Jahre 1992 beim Steidl Verlag in Göttingen in Zusammenarbeit mit dem Linden-Verlag Leipzig erschienen, sowie den umfangreichen Roman *Nikolaikirche* (Leipzig: Linden-Verlag, 1995; 517 pp.). Auch der im Jahre 1992 im Linden-Verlag Leipzig publizierte Roman *Katerfrühstück* gehört zum Thema Wende. Ebenso bietet der Essayband *Zwiebeln für den Landesvater* (Göttingen/Leipzig: Steidl/Linden-Verlag, 1994) aufschlußreiches und zum Teil sehr persönliches Hintergrundmaterial zur Wendeliteratur.

Die Erzählung "Heute kommt Westbesuch" stammt aus dem 7. Kapitel ("Blut und Wasser") des Romans *Katerfrühstück*, steht aber durchaus auf eigenen Beinen. Wer allerdings den Roman kennt, ist in der Lage, die Geschichte in den größeren Rahmen des Spannungsverhältnisses zwischen Ost und West zu stellen, das auch nach der Wende andauert, und im Roman an Hand der Brüder Heinz (Ost) und Wilfried Broeker (West) dargestellt wird. Wilfried Broeker, der einst als Maler in der DDR als Formalist gebrandmarkt worden war, zog in den fünfziger Jahren von Leipzig an den Rhein und heiratete die reiche und rheinisch beschwingte, geschäftstüchtige Marion, die

Erbin einer gutgehenden Keramikfabrik in Meckenbach bei Bonn. Heinz
Broeker blieb mit Frau Isolde im Osten und in der SED, der er auch nach der
Wende, als die Partei sich in die PDS verwandelt hatte, die Treue hielt. Die
Geschichte "Heute kommt Westbesuch" konzentriert sich zunächst auf den
Gegensatz Ost-West nach der Wende, wie er sich in den beiden Ehefrauen von
Wilfried und Heinz, Marion (West) und Isolde (Ost), spiegelt. Marion ist die
erfolgreiche und selbstsichere Geschäftsfrau und entsprechend modisch
gekleidet. Isolde dagegen ist verunsichert und bedrückt durch ihren ehemaligen
Beruf als Genossin und "Geheimnisträgerin" in einem Amt, das einst für die
Zuteilung von Autos zuständig war, ein geheimnisumwitterter Beruf, von dem
ihrer Meinung nach die Westler mit Sicherheit nichts verstehen würden, da es
dort recht eigenartig zugegangen war, jedenfalls für westliche Begriffe. Sie
fühlt sich als "die Doofe aus'm Osten" (11) und weiß nicht recht, was sie ihrer
Schwägerin auftischen soll. Aber nicht darauf liegt der Schwerpunkt der
Erzählung—der Leser lernt Marion überhaupt nicht kennen—sondern auf
Isoldes Erinnerungen an die alte Arbeit und die gegenseitigen Beschuld-
igungen, wer was wann gesagt oder getan habe, als die alten Kolleginnen und
Kollegen sich nach der Wende noch einmal in ihrem Büro einfinden, um die
Karteien aufzulösen. Isolde läßt ihre DDR-Vergangenheit in Form von inneren
Mono-und Dialogen an sich und dem Leser vorbeiziehen. So erleben wir den
Genossen Pockendorf, der sein "Lebenswerk" vernichtet sieht und fürchtet,
daß seine Berichte bei der Stasi gelandet sein könnten und er als IM geführt
worden wäre. Isolde entführt heimlich ihre alte "Perspektivstudie," deretwegen
Pockendorf sie einst vor die Parteileitung gezerrt hatte, da diese Studie über
den zukünftigen Bedarf an und die Wartezeiten für Autos nicht so optimistisch
war, wie die Partei es sich gewünscht hatte. Davon will Pockendorf natürlich
jetzt nichts mehr wissen und bezichtigt Isolde seinerseits, im Wendeherbst
1989 den Aufruf "Für unser Land" im Betrieb verteilt zu haben, wogegen sich
nun Isolde energisch verwahrt. Und doch läßt die Vergangenheit beide nicht
los. In *Katerfrühstück* verrät uns Loest auch, warum Isolde die Studie an sich
nimmt: nicht weil sie politisch kompromittierend für sie wäre, sondern weil sie
ein "Stück von ihrem toten Leben, totes Holz von einem abgestorbenen Baum"

ist (*Katerfrühstück*, 191). Im Westen hätte man sich "kaputt gelacht" (191) über so einen Stumpfsinn; für Isolde war es ein Teil ihres Lebens. Mit meisterhafter Sicherheit trifft Loest den Ton und die Spannungen unter diesen neuen Bundesbürgern, die es so schwer haben, sich von ihrer Vergangenheit zu lösen und weder vor noch nach der Wende von ihren westlichen "Brüdern und Schwestern" verstanden werden. Der Roman *Katerfrühstück* stellt das gleiche Thema in einen größeren Rahmen. Korrupte rheinische Kapitalisten, frei von Lasten einer DDR-Vergangenheit, gehen nach der Wende nun auch im Osten ihren dunklen Geschäften nach. Dabei werden sie allerdings von östlichen Wendehälsen unterstützt—so von Isoldes Bruder Norbert Schwümm, wie Loest drastisch doch beispielhaft an einer widerlichen Jagdszene gegen Ende des Romans illustriert, bei der das östliche Wild hilflos vor die Flinten der westlichen Jäger getrieben wird, damit sie es gewissenlos abknallen können (*Katerfrühstück*, 203 ff). Weniger brutal, doch nicht weniger deutlich werden die Ost-West Gegensätze an den Brüdern Heinz und Wilfried Broeker gezeigt. Bruder Wilfried, wie Loest ein Ossi im Westen, ist dort eigentlich nie so recht heimisch geworden und blieb Außenseiter in der westlich-kapitalistischen Gesellschaft. Jetzt nach der Wende will er seine Keramikfirma nach Osten ausdehnen und dort Nostalgiekacheln mit Ansichten aus ostdeutschen Städten produzieren. Den Vertrieb übernimmt, wie gewohnt, seine geschäftstüchtige Westfrau Marion, die ihm auch seinen aus sentimentalen Gründen geplanten Ankauf einer ruinierten Schamottefabrik in Leipzig ausredet. Marion hatte die Fabrik besichtigt, die ärmliche, jetzt mit Gardinen aus dem Quellekatalog verzierte Leipziger Wohnung von Schwager und Schwägerin besucht und kehrt in den Bonner Raum mit dem festen Vorsatz zurück, nie in diese östliche Wüstenlandschaft zu ziehen. Die Ost-West Gegensätze werden besonders deutlich im vierten Kapitel: "Westbroeker, Ostbroeker," dem besten Kapitel des Romans. Heinz zögert seinen Westbesuch so lange wie möglich hinaus, doch als er endlich mit dem Zug in Köln eintrifft und von seinem Bruder in Empfang genommen wird, vergleicht er alles mit dem Osten und weigert sich bis zuletzt zuzugeben, daß sein Bruder das bessere Los gezogen hat. Wilfried will auftrumpfen, doch "Heinz paßte höllisch auf, daß kein Urteil

zu ungunsten seiner geliebten krepierten DDR ausfiel" (103). Als Wilfried mit
140 km/st über die Autobahn jagt, ist Heinz bemüht, kein anerkennendes Wort
zu sagen, wohl aber ein kritisches, als er den aus der DDR wohlvertrauten
Braunkohlegeruch nun auch im rheinischen Revier wahrnimmt. Als Marion
verschiedene Käsesorten serviert, schwärmt Heinz vom bulgarischen Käse:
"Dieser göttliche Provolone und der knochentrockene Schafskäse von den
Azoren waren keine Sensation, wir DDRler sind auch gereist" (98). Heinz tut
sich schwer, all die neuen Eindrücke zu verdauen; er ist vom Konsum
überwältigt: "'Die machen uns fertch,' sagte [der sächselnde] Ostbroeker
übergangslos…Dafür sind wir nicht auf die Straße gegangen" (98). Wilfried
ist erstaunt zu vernehmen, daß sein Bruder, "der gewesene Genosse und
Betriebsdirektor, Chorleiter, Mitglied der Gesellschaft für deutsch-
sowjetische Freundschaft und der Kampfgruppe" (98) in den turbulenten
Tagen des Umbruchs als Demonstrant auf der Straße gewesen sein wollte:
"Auf einmal waren sie alle Revolutionäre gewesen außer Honecker und
Mielke" (98). Jetzt, mit achtundfünfzig, ist Heinz im Vorruhestand; er fühlt
sich zum alten Schrott gezählt und träumt davon, wieder auf die Straße zu
gehen. Doch dazu fehlte ihm wohl auch jetzt der Mut; sein Protest erschöpft
sich in seiner Wahl der PDS. Bruder Heinz übergeht diese Peinlichkeiten,
Heinz ist immerhin sein Bruder. Doch er hat noch eine unangenehme Frage an
ihn: "Sag mal, Heinz, stimmt es eigentlich, daß du mich ins Lager sperren
wolltest? In Buchenwald oder im Emsland an bewährter Stelle?" (99). Heinz
schweigt, doch er fährt mit der Bahn nach Klingenbach, um die Maschinen-
baufirma Bremer und Kutschbach zu besichtigen, in der er nach Plänen der
SED-Parteischule nach Übernahme der Bundesrepublik durch die DDR-VEB
Werkleiter hätte werden sollen (115). Jetzt ist es umgekehrt gekommen; Heinz
ist Vorruheständler und Brehm und Kutschbach sind noch immer Millionäre.
Die Nebenhandlung um Broekers in unlautere Geschäfte verstrickten
Schwiegersohn Martin Keffbauer und dessen Mitverschwörer Amtmann
Heckert ist etwas dünn, doch der Roman illustriert an Hand der problem-
reichen Familiengeschichte der Broekers das schwierige deutsch-deutsche

Verhältnis nach der Wende, aus der die DDR-Bürger mit schwerem Kopf erwachten; daher "Katerfrühstück."

Ein Katerfrühstück könnte auch Gernot Steinbruck vertragen, pensionierter Musiklehrer und Hauptfigur in der Geschichte "Ich hab' noch nie Champagner getrunken."[9] Dabei hatte er noch Glück; denn er wurde nach der Wende nicht wie Heinz Broeker aus *Katerfrühstück* in den Vorruhestand geschickt, sondern noch anderthalb Jahre nach der Wende weiterbeschäftigt und genießt jetzt nach feierlicher Verabschiedung ein Glas Henkel Trocken, nicht mehr altvertrauten Krimsekt oder gar DDR-Rotkäppchen. Dabei denkt er wie Isolde aus "Heute kommt Westbesuch" zurück an alte Zeiten, und dieses Nachdenken bestimmt die Struktur der Geschichte. Seine Gedanken kreisen vor allem um zwei dunkle Punkte: seine Nazi-Vergangenheit und seine faulen Kompromisse, auf die er sich als Lehrer in der DDR eingelassen hatte. Mit diesen zwei Punkten ist zugleich die doppelte Vergangenheitsbewältigung der Menschen in der DDR angesprochen, die Nazi-Vergangenheit, die sie mit ihren bundesrepublikanischen Mitbürgern teilen, und ihre eigene DDR-Vergangenheit. Diese Altlasten teilt auch Autor Loest mit seiner Lehrerfigur; denn auch er diente zwei Diktaturen: als junger Mensch der Nazi-Diktatur als eifriger Pimpf, Hitlerjunge, Soldat und Werwolf-Partisan[10] und anschließend der DDR-Diktatur als Journalist, Autor von zünftigen sozialrealistischen Werken, wie die Partei es befahl (wie *Die Westmark fällt weiter*, ein Buch, von dem sich sein Autor längst distanziert hat), Funktionär und tüchtiges SED-Mitglied, jedenfalls bis zu seinem Absturz, als er, im Gegensatz zu Gernot Steinbruck, nicht mehr zu Kompromissen bereit war. Jetzt, nach dem Ende der DDR, macht sich Steinbruck Vorwürfe: "Niemand hat zugegeben, daß alles eine riesige Pleite war, daß wir Margot Honecker [DDR-Erziehungsministerin und Ehefrau des Staatschefs Erich Honecker-KHS] nicht zum Teufel gejagt haben, daß wir Lehrer eine feige Bande von Anpassern gewesen sind, ich auch, auch ich" (39). Davon war in der Abschiedsrede natürlich nicht die Rede; da wurde lediglich seine vierundvierzigjährige verdienstvolle Erziehungsarbeit an der Jugend gewürdigt: "unbeirrt, vielfältiger Wechselfälle zum Trotz" (39). Kein Wort der Erläuterung, um welche Wechselfälle es sich da gehandelt hatte.

Alte Rede-Versatzstücke wie "sozialistische Heimat, Treue zur deutschen Demokratischen Republik, unverbrüchlich der großen Sowjetunion verbunden" werden durch neue ersetzt, Zitate von Weinert oder Becher durch solche von Sara Kirsch (39); eigene Verantwortung und Verfehlungen höchstens privat zugegeben—all das kritisiert Loest durch den inneren Monolog Steinbrucks; Steinbruck steht hier für eine große Anzahl von DDR-Mitbürgern, wobei er noch zu den mutigeren zählt, die jedenfalls vor sich selbst ehrlich zu sein vermögen. Angesichts der viel schlimmeren Folgen, falls die DDR die Bundesrepublik übernommen hätte, kann er das Jammern darüber, "daß uns die Westdeutschen übern Tisch ziehen," nicht verstehen. Steinbruck ist hier durchaus Sprachrohr seines Autors; denn auch Loest wird zornig, wenn er klagen hört, "man wolle den DDR-Menschen ihre Identität nehmen."[11] Ganz ungeschoren kam Steinbruck allerdings auch in der DDR nicht davon: als sein Sohn in den Westen floh, wurde er nach zwanzig Jahren als Schulleiter zum einfachen Lehrer zurückgestuft (35). Der zweite schwarze Fleck in Steinbrucks Biographie ist seine Mitgliedschaft in der Waffen-SS, die er in der DDR mit Erfolg verschwiegen hatte, jedoch nicht ohne Zittern und Bangen vor möglicher Entdeckung und den Folgen. Auch das ist nun ausgestanden; denn in der neuen Bundesrepublik wird danach nicht gefragt; da wiegt viel schwerer, ob jemand bei der Stasi war. Auch die Bundesrepublik kommt bei Loest also nicht kritiklos davon; Loest war und ist kein Schwarz-Weiß-Maler. So ist auch Steinbruck von Loest keineswegs rein negativ angelegt. Er hatte aus seiner SS-Vergangenheit gelernt und sich zu einem passablen Genossen gemausert, und es steht zu erwarten, daß er jetzt nach der Wende auch seine DDR-Vergangenheit bewältigt. Loest hat durchaus Verständnis für Steinbruck; denn auch durch diesen pensionierten Lehrer und ehemaligen Genossen "ging ein Riß mitten durch" (53). Am schlimmsten litt Steinbruck darunter, daß er sich von seinem eigenen Sohn distanziert und die verlangte Selbstkritik geübt hatte, um überhaupt in seinem Beruf verbleiben zu können. Er ist einerseits froh, daß es von dieser Sitzung kein Tonband gibt, das seine Schande dokumentieren würde. Auf der anderen Seite bedauert er jedoch—wie Loest-, daß es nicht von allen Sitzungen und Reden, die in der

DDR gehalten worden sind, Tonbandprotokolle gibt, damit die ehemaligen Genossen sich vor ihrer Vergangenheit nicht verkriechen können: "Am spannendsten wäre es, damit einen ehemaligen Funktionär der CDU aus Sachsen oder Mecklenburg zu konfrontieren, der heute für die CDU im Bundestag sitzt" (59). Doch Steinbruck ist selbstkritisch genug zu erkennen, daß er jetzt mit Fingern auf solche zeigt, die noch mieser als er waren, um seine Bürde zu erleichtern (59). Er versöhnt sich mit seinem Sohn in Wuppertal, doch seine SS-Vergangenheit verschweigt er auch weiterhin vor ihm und seiner aus Holland stammenden Schwiegertochter. Auch diese Geschichte beruht, wie zahlreiche andere Loestsche Werke, auf persönlicher Erfahrung, in diesem Falle mit einem früheren Freund, der sich nach der Wende als Stasi-Spitzel entpuppte und dadurch die Freundschaft zerstörte.[12]

Mit *Nikolaikirche*[13] veröffentlichte Loest im Jahre 1995 seinen umfangreichen Wenderoman, in dem er die Geschichte der DDR in einem komplizierten und mehrsträngigen Handlungsgefüge einfängt und mit den revolutionären Ereignissen vom Oktober 1989 in Leipzig enden läßt. Für Loest ist das entscheidende Datum in dem heißen Herbst 1989 nicht der 9. November 1989, der Tag der Maueröffnung, sondern der 9. Oktober in Leipzig, "dieser Montag, an dem die hochgerüstete DDR vor 70 000 Leipziger Demonstranten in die Knie ging. Gegen alles, gestand später der Volks-kammerpräsident der DDR, Sindermann, war die Staatsmacht gewappnet, nur nicht gegen Kerzen und Gebete. Montag für Montag hatten sich von den Friedensgebeten in St. Nikolai aus Menschen in immer größerer Zahl für ihre Forderungen in Gefahr begeben."[14] Loest ist kein religiöser Mensch, doch diese Ereignisse in und um die Nikolaikirche und ihren mutigen Pfarrer Führer (von der Stasi geführt als OPK "Igel"), die ganz wesentlich zu einem friedlichen Ende der DDR beigetragen haben, sind ihm so wichtig, daß sie den Anstoß zu seinem Roman bildeten.[15] Wie in den meisten Loest-Werken fließen auch in diesem Roman Wirklichkeit und Fiktion ineinander, und so manche Szene und so manche Romanfigur haben ihr Vorbild in wirklichen Ereignissen und wirklichen Personen. Ein Beispiel: durch Vermittlung seines Sohns Thomas, Student der Theologie, las Loest in Königswalde, einem kleinen Ort bei Zittau, aus seinem Manuskript "Spurensicherung" vor und lernte dabei den todkranken Pfarrer Matthias Jung und dessen Helfer kennen, der später verhaftet und vom Stasispitzel Rechtanwalt Schnur verteidigt wurde (*Zorn*, 139–42). Diese Episode ist an wesentlichen Stellen in den Roman eingearbeitet. Paul Fröhlich, einstweiliger SED-Bezirkssekretär von Leipzig, unter dessen Anleitung in den sechziger Jahre die Leipziger Universitätskirche am Marx-Engels-Platz gesprengt worden war, geistert mit vollem Namen durch den ganzen Roman, wie auch Siegfried Wagner, der SED Kulturreferent für Leipzig, sowie Loests Stasi-Beschatter Major Tinneberg, der nur leicht verfremdet als Major Tinnow erscheint. Hinter Loests fiktivem Pfarrer Ohlbaum verbirgt sich der Pfarrer Führer von der Leipziger Nikolaikirche.

Die Handlung des Romans verläuft nicht linear, sondern alterniert zwischen verschiedenen historischen Ebenen ("Jetzt"—"Damals") und verschiedenen Gruppen von Figuren, die aber alle aufeinander bezogen sind und deren Fäden am Ende des Romans bei den Leipziger Demonstrationszügen zusammenlaufen. Auf der einen Seite stehen die Vertreter der Staatssicherheit, im Roman verkörpert durch Vater und Sohn Bacher, auf der anderen Seite die protestierende Kirche, mit Pfarrer Ohlbaum von der Leipziger Nikolalaikirche im Zentrum. Der Roman beginnt mit einem Prolog im Leipziger Stasizentrum im März 1985, in dem ein Stasi General dem Hauptmann Alexander ("Sascha") Bacher den Auftrag erteilt, die Kirchenszene in Leipzig und Umgebung mit Schwerpunkt Nikolaikirche, Michaeliskirche, Theologisches Seminar und Dorf Königsau mit seinem todkranken Pfarrer zu überwachen; denn dort habe sich in letzter Zeit allerhand subversives Volk versammelt. Zu diesem Lokal kehrt der Roman am Ende, im Oktober 1989, zurück, als die Genossen hinter verschlossenen Fenstern den Demonstrationszug unter sich vorbeiziehen sehen und wissen, daß sie auf verlorenem Posten stehen und die Zeit für Wendehälse wie Rechtanwalt Schnuck [=Schnur] angebrochen ist. Dazwischen kreist die Handlung, mit historischen Rückblenden bis 1932, um den Stasi Hauptmann Alexander Bacher und Pfarrer Ohlbaum, ihre Freunde, Feinde, Familien, Kontaktpersonen, Spitzel und die Verbindungen dieser Personen mit- und untereinander. Dabei verlaufen die Trennungslinien nicht fein säuberlich zwischen den äußerlich einander entgegengesetzten Gruppen. Der Riß geht nicht nur mitten durch die Familie Bacher, sondern beendet auch andere persönliche Beziehungen. Sascha Bacher ist bis zum bitteren Ende ein treuer Diener seiner Stasi Herren, der sich auf deren Befehl sogar von Claudia Engelmann, seiner großen Liebe, trennen muß, da Claudia sich ohne sein Wissen einer ökologischen Gruppe angeschlossen hatte, die unter kirchlichem Dach operierte ("Kreis für Umweltschutz der Michaeliskirche," 210). Doch auch Sascha hatte sie getäuscht, indem er ihr nur erzählt hatte, daß er Polizist sei, jedoch nie von seiner Stasi-Tätigkeit erzählte. Im September 1988 kommt es zu einem letzten Treffen zwischen den beiden. Sascha hatte von Claudias Tätigkeit aus seinen Akten erfahren: "'Es ist jammerschade, daß ich das nicht alles von dir erfahren habe.' Er zählte auf: Zugeführt [i.e., verhaftet] wegen dubioser Filmaufnahmen [in einer Gegend, wo ein Atomkraftwerk gebaut werden soll], Kontakte zur Berliner Zionskirche und zu einer kritisch-tendenziösen Umweltbibliothek in Zwickau, Teilnahme an sogenannten Rüstzeiten in Altenburg" (363). Sascha fürchtet, daß er schwach werden könnte, doch er weiß, daß er hart bleiben muß: "Wenn sie nun anbieten würde: Ich höre sofort auf? Jedes Einlenken brächte ihn in die nächste Schwierigkeit, denn *er mußte ja aufhören.* Sie war nicht bei ihren Eltern und nicht mit ihren Studenten auf einer Exkursion gewesen. Sie hatte ihn *nachweislich belogen*" (364). Claudia weiß, daß alles verloren ist, daß er nicht anders kann, es sei denn, das ganze System ändere sich: "Wann wird das miteinander zu vereinbaren sein, ein Beruf wie deiner und das, was wir machen?" (366). Sie erhält keine Antwort. Sascha erinnert sich an einen Fall, in dem ein Liebespaar die Stasi zu hintergehen suchte und die Folgen: psychologischer Ruin und zwei Jahre Bautzen. Der Abschied ist kurz, sie treffen sich nie wieder. Am Ende des Romans finden sich Sascha und Claudia in entgegengesetzten Lagern wieder: er im Leipziger Stasi Hauptquartier im Einsatz gegen Demonstranten, sie als Demonstrantin und Opfer seiner Maßnahmen. Hinter Sascha steht nicht nur die Organisation Stasi, sondern auch das Vorbild seines verstorbenen Vaters Albert Bacher, alter Genosse, im zweiten Weltkrieg Partisanenkämpfer auf sowjetischer Seite gegen die deutsche Wehrmacht, in der DDR Stasi-General, nach dem gerade eine Straße benannt worden ist. Rückblenden in Albert Bachers Vergangenheit zeigen einen Mann, der über Leichen gegangen war. So hatte er 1932 einen von den Kommunisten zur SA übergelaufenen Genossen kaltblütig erstochen (336) und 1943 als Partisan auf sowjetischer Seite einen deutschen Gefangenen in einen Sumpf getrieben (113). Sascha versucht, es seinem Vater nachzutun: auch jener war hart gegen sich und andere im Dienst an der kommunistischen Ideologie—ähnlich wie Berenbaum aus Monika Marons Roman *Stille Zeile Sechs* (1991). Auch in der DDR zeigte Albert Bacher keine Schwächen. Im Jahre 1957 war er maßgeblich daran beteiligt, den Fotografen Linus Borowski, seinen Freund und ehemaligen Liebhaber seiner Frau, ins Zuchthaus Bautzen zu schicken, weil er aus dunklen Quellen erstandene, von der Stasi un-erwünschte Stalinbilder an die Westpresse verkaufen wollte. Im September 1986 nimmt der Sohn Bacher Borowskis Spur wieder auf (Deckname "Bruno Linse"), als dieser zur Leipziger Messe einreist und sich mit seiner Mutter Marianne Bacher im Hotel Merkur trifft. Mit Hilfe von konspirativen Kellnern des Hotels läßt er von Borowskis Stuhl eine Duftkonserve entnehmen, damit er ihn mit Spürhunden verfolgen kann. Während Sascha bemüht ist, den Spuren seines Vaters zu folgen, geht seine Schwester Astrid Bacher, ver-heiratete Protter, eigene Wege. Sie wird zunehmend desillusionierter von ihrer Arbeit im Leipziger Amt für Stadtplanung. Nach einem Nervenzusammen-bruch lernt sie im Erholungsheim eine Frau Heit kennen, die sie zu den Montagsgebeten in die Leipziger Nikolaikirche mitnimmt. Dadurch gerät sie in den Gesichtskreis der Stasi und ihres Stasi-Bruders. Es kommt zu einer Aussprache zwischen Schwester und Bruder, der sie vor diesen "Friedens-schwestern" warnt: "Astrid, ich sage dir, dahinter stecken üble Verbindungen" (323). Außerdem, was würde Vater dazu sagen. Doch Astrid will nicht mehr mit der Lüge leben, die ihren Zusammenbruch verursacht hatte: "Ich finde es seltsam, daß ich erst vor kurzem darauf gekommen bin, warum ich so kaputt war. Ich hab daheim so geredet und auf der Arbeit so, mit Silke [ihrer Tochter] anders als in der Parteigruppe, habe Zeug unterschrieben, bei dem schon die Fragestellung falsch war" (324). Ja, sie macht sich sogar über ihren Bruder und seine Organisation lustig: "Ihr versteckt euch in eurer Burg mit Decknamen und Geheimnistuerei und laßt keine Frau hochkommen, denn die könnte eines Tages den ganzen Zirkus komisch finden und absurd sowieso. Sascha, ihr spielt Indianer" (325). Damit ist die Unterhaltung beendet und das Band zwischen Bruder und Schwester entgültig zerrissen. Doch Sascha bleibt innerlich nicht unberührt von den Ereignissen; es gibt Fragen, auf die er keine Antwort weiß: "Warum importierten die Freunde [die Sowjetunion] immer mehr Weizen aus Kanada und gaben einen Teil nur gegen hartes Geld an die DDR ab? Vater, ist es richtig, daß wir das sowjetische Erdöl mit Dollars bezahlen müssen? Sag doch mal Vater" (335). Sascha ist verunsichert: "Was wissen wir denn, woher unsere Fähigkeiten, Vorlieben, Abneigungen, Ängste und Schwächen stammen, was ist denn das für ein Ding, das berühmte Klassenbewußtsein? Claudia ist kleinbürgerlich verkorkst, und warum bin ich anders als Astrid? Was wird aus Silke [die nächste Generation], und warum läßt sich Mutter jeden Monat ein Paket vom Feind Linus schicken? Guter alter Albert, allmächtiges Vorbild, Straßennamensgeber, wie geht es mit uns weiter?" (335). Doch Vater Albert kann nicht mehr antworten. Der Vater hatte noch keine Fragen, nur strammes Klassenbewußtsein ohne jeglichen ideologischen Skrupel. Der Sohn folgt äußerlich in seinen Fußstapfen, doch innerlich ist er von Zweifeln angekränkelt. Seine Schwester hat diese bereits überwunden, und für ihre Tochter, Sascha Bachers Nichte, kommt eine Karriere im Staatsdienst überhaupt nicht mehr in Frage: "Davor grauste ihr sowieso, da brauchte sie nur an ihren Onkel zu denken" (382). Sie, die fünfzehnjährige Schülerin, hat den Aussteiger Jörg zum Freund und marschiert natürlich bei den Demonstranten mit. Jörg gehört zu einem illegalen Kreis um das Ehepaar Kölpers, die sich mit der Geschichte der Leipziger Kirchen befaßt, so auch mit der von der SED gesprengten Universitätskirche. Zwei Drittel in diesem Kölpers-Kreis sind Frauen, und Loest zollt auch den mutigen Frauen seine Anerkennung: "Vieles von dem, was unten geschah, bewirkten Frauen" (393), während es in der DDR-Regierung nur eine Frau gab, Margot Honecker. Auch die besten illegalen Fotos von der Sprengung der Universitätskirche stammten von einer Frau (393).

Die Hauptfiguren auf kirchlicher Seite sind Pfarrer Ohlbaum, der recht unkonventionelle Pastor der Leipziger Nikolaikirche, und der leukämiekranke Pfarrer Reichenbork aus der kleinen, aber aktiven Gemeinde Königsau. Auch Ohlbaum will nicht mehr mit der Lüge leben: "Ich will nach innen leben wie nach außen" (58). Er rät allen, desgleichen zu tun, "weil es Sicherheit gab, und er es als immer wieder anzustrebendes Ziel erachtete, Worte zur Deckung zu bringen, die in einer Predigt und seinen Kindern gegenüber und zu seinem Superintendenten, in einer Kirchenkonferenz und gegenüber der Abteilung für Kirchenfragen. Dies als zur Freiheit eines Christenmenschen gehörend" (58). Ohlbaum versucht, seine Prinzipien vorzuleben ohne groß darüber zu reden. Er hat einen Gesprächskreis für Ausreisewillige gegründet, um Menschen in ihrer Not konkret zu helfen, ohne die vorgesetzte Kirchenbehörde genau davon in Kenntnis zu setzen. Ohlbaum sucht Trost und Stärkung beim Reformator Martin Luther, der auch seine Schwierigkeiten mit kirchlichen Vorgesetzten und staatlicher Obrigkeit hatte. Wie der große Reformator ringt er mit der Bibelstelle Römer 13 und der Problematik von Widerstand gegen die Staats-gewalt: "Mit dem guten alten Römer 13, den nun sogar Marxisten herbeten, kommen wir nicht weiter: Alle Obrigkeit kommt von Gott. Du [Luther] hast Zugeständnisse gemacht, wenn es um kleine Dinge ging, aber die Zähne zusammengebissen bei wirklich wichtigen Sachen" (61). Der imaginäre Luther warnt Ohlbaum: "Pfarrerlein, du gehst einen schweren Gang" (61). Da Ohlbaum seinen Kirchenraum alternativen Gruppen zur Verfügung stellt, wird er von Sascha Bacher und seinen Stasileuten überwacht, die jeden seiner Schritte verfolgen und sich unters Kirchenpublikum mischen, vor allem bei den Montagsgebeten. Das Bindeglied zwischen Pfarrer Ohlbaum in Leipzig und Pfarrer Reichenbork in Königsau ist Martin Vockert, ein Theologiestudent mit abgebrochenem Studium, jetziger Landmaschinenschlosser, der beiden Pfarrern in ihren Gemeinden hilft. Auch Königsau gehört mit zu Bachers Observierungsbezirk; denn die dort abgehaltenen Friedensseminare sind der Stasi besonders suspekt. Überhaupt werden die Kirchen immer mehr zu einem Problem für die Stasi: "Frauengruppen machten sich unter Kirchendächern mausig. Ein gewisser Knut…versuchte Ökogruppen mit Berliner Stellen zu vernetzen. Schwerpunkt Königsau mit dem Pfarrer Reichenbork.... Er [Bacher] brauchte einen Stellvertreter Operativ und eine Handvoll Genossen für die Arbeit 'am Objekt'" (73). Diese Arbeit "am Objekt" umfaßt auch IMs (informelle Mitarbeiter der Stasi, also Spitzel), die Tonbandaufnahmen von Ohlbaums Predigten und Gesprächen anfertigen, Berichte verfassen (142–43), und Ohlbaum in kompromittierende Situationen bringen und dann fotografieren sollen (146). Doch wie eine Tonbandaufzeichnug einer Ohlbaum-Predigt verdeutlicht (143–44), fällt es der Stasi schwer, dem Pfarrer bestimmte Verfehlungen nachzuweisen, da dieser sehr geschickt vorgeht, obwohl seine Rede nichts an Deutlichkeit zu wünschen übrig läßt. Ja, Ohlbaum ist so gut, daß ein IM aus seinem inneren Kreis an seiner Spitzelmission zu zweifeln beginnt (144). Auch in Reichenborks Umweltpredigten sitzen Stasi-Spitzel und schneiden seine Philippika gegen die Verseuchung eines Tals auf versteckten Tonbandgeräten mit: "Im Lennestal greift Menschenwerk das Schöpfungswerk an, und wir sind schuldig, wenn wir nicht unsere Stimme dagegen erheben" (199). Im Juni 1987 kommt es bei einem Protestgang zu dem verunreinigten Bach zu Konfrontationen mit Kampfgruppen, Vockert gerät in Untersuchungshaft und wird von Rechtsanwalt Schnuck verteidigt, der die Stasi über jeden seiner Schritte informiert. Bei der Beerdigung des im Januar 1988 an Leukämie gestorbenen Reichenbork hat die Stasi Großeinsatz, da sie Provokationen befürchtet, die aber nie eintreten. Loest zeigt, wie die Stasi mit der Zeit immer nervöser wird, während die verschiedenen kirchlichen Gruppen unter sorgfältiger Vermeidung offener Provokationen immer aktiver werden. So überprüfen im Mai 1989 einige Gruppen die Ergebnisse der Lokalwahlen. Unter ihnen befindet sich auch Astrid Protter, Schwester des Stasi-Mannes Sascha Bacher, die in ihrem Planungsbüro Wandzeitungen aufhängt, in denen die Partei der Wahlfälschung bezichtigt wird. Auch die wahllosen Verhaftungen nach Friedensgebeten in der Nikolaikirche vermögen die Leute nicht mehr einzuschüchtern. Die Unruhe steigert sich und erreicht ihren Höhepunkt und zugleich ihren Umschlag in der Demonstration vom 9. Oktober 1989 in Leipzig, die mit einer Niederlage für die Stasi endet; die nach chinesischem Vorbild angedrohte Gewalt wird angesichts der friedlichen

Demonstranten und durch Vermittlung einiger besonnener Funktionäre und des Dirigenten des Gewandhausorchesters[16] nie in die Wirklichkeit umgesetzt. In dieser Demonstration kommen alle Handlungsfäden, die Loest im Laufe des Romans so sorgfältig geknüpft hat, zusammen, wie auch das gesamte Personal des Romans. An zwei Generationen von Stasi-Offizieren, Vater und Sohn Bacher, zeigt Loest den von der DDR zurückgelegten Weg: aus der Demonstration im Jahre 1965 auf dem Leipziger Leuschnerplatz ging der Vater als Sieger hervor, nach der Demonstration im Oktober 1989 findet sich der Sohn auf der Seite der Verlierer. Was Loest in seinem Buch schildert, ist nichts weniger als die Geschichte eines Verfalls, der Verfall einer Familie und der Verfall eines Staatswesens. Dieser Verfall ermöglicht jedoch zugleich einen Aufstieg, den Aufstieg von Vernunft und menschlicher Anständigkeit. Was Vaclav Havel in den siebziger Jahren in Essayform niederschrieb ("The Power of the Powerless"[17]), kleidet Loest in Romanform: die Macht der Machtlosen, die nicht länger mit der Lüge zu leben bereit sind. Bei Havel lag der Erfolg noch in weiter Ferne, in Loests Roman ist er in greifbare Nähe gerückt. Mit seinem Roman *Nikolaikirche* setzt Loest all denen ein Denkmal, "die damals den DDR-Staat aus den morschen Fugen hoben, die Frauen und Männer aus den Arbeitskreisen für Ökologie und Menschenrechte, für friedliches Zusammenleben, gegen Haß und Rüstung, gegen Wehrunterricht und Wahlschwindel."[18]

In diesem knappen Überblick konnten nur einige Hauptlinien des Romans verfolgt werden, doch sie zeigen einmal mehr den Schriftsteller Erich Loest in der Rolle eines Chronisten, eines Chronisten mit Botschaft,[19] der mit den Mitteln der Fiktion historische Ereignisse nachzeichnet, wie er es bereits in zahlreichen anderen Werken vorgeführt hat, ob in *Völkerschlachtdenkmal,* oder in seiner Autobiographie *Durch die Erde ein Riß.* Seine Texte sind keine formalästhetischen Experimente, sondern realistische Erzählungen; ja, ein Buch wie *Es geht seinen Gang* (1975) spiegelt die real existierende Wirklichkeit im DDR-Sozialismus wie kaum ein anderes Buch aus der DDR und in jedem Falle weitaus treffender als alle Werke des sogenannten sozialistischen Realismus. "Man 'riecht' geradezu DDR-Wirklichkeit" schrieb

Christa Wolf an Loest nach der Lektüre von *Es geht seinen Gang (Zorn,* 129). Erich Loest ist ein journalistischer Literat oder ein literarischer Journalist; seine Anfänge bei der *Leipziger Volkszeitung* sind nicht ohne Widerhall geblieben. "Der Schriftsteller Loest wurzelt im Journalisten Loest."[20] Er steht damit in einer bewährten literarischen Tradition, zu der auch Autoren wie Heinrich Heine, Stefan Heym oder Karl Krauss zählen, und Loests großes amerikanisches Vorbild Ernest Hemingway. Loests Fabeln sind keine reinen Erfindungen, sondern sie basieren auf eigenen Erfahrungen: "Unsereiner muß kein Tagebuch führen, um sich erinnern zu können, er läßt seinen Figuren blühen, was er selbst erlebt hat. Nicht alles natürlich. Da wird zugetan und untergerührt-der Schreibtisch als Mischpult" (*Zorn,* 367). Erich Loest hatte seine Schwierigkeiten: im Osten mit staatlichen Organen und im Westen mit linken Autoren, die mit seinen östlichen Widersachern paktierten.[21] Im Gegensatz zu zahlreichen seiner ostdeutschen Schriftsteller-Kollegen und Kolleginnen[22] weint er der DDR keine Träne nach, ohne dabei jedoch zu den Konservativen überzulaufen. Er ist sogar bereit, sich mit seinen früheren Gegnern wie Hermann Kant an einen Tisch zu setzen (*Zorn,* 286). Es ist bezeichnend für die Haltung Loests nach der Wende, daß er sich in seiner Dankesrede zur Verleihung der Ehrenbürgerwürde durch seine sächsische Heimatstadt Mittweida am 25. 9. 1992 dafür einsetzte, daß dem Mittweidaer Kommunisten und einstigen SED-Funktionär Vogelsang, der an Loests Verhaftung 1957 in der DDR "energisch beteiligt" war, die unter dem DDR-Regime verliehene Ehrenbürgerwürde nicht aberkannt würde; denn als Loest im Dritten Reich zu der Partei der Täter zählte, wurde Vogelsang seiner sozialistischen Überzeugung wegen verfolgt.[23] Allein diese Episode spiegelt die verschlungene deutsche Vergangenheit und die komplizierten deutsch-deutschen Beziehungen nach der Wende, die Loest in seinen Büchern nachzeichnet. Dabei ist erstaunlich, wie objektiv und tolerant sich der Autor Loest verhält. So ist er gar bereit, Anna Seghers gegen den früheren Leiter des Aufbauverlags und Loests ehemaligen Bautzener Mithäftling Walter Janka zu verteidigen, der in seinem Buch *Schwierigkeiten mit der Wahrheit* (Reinbek: Rowohlt, 1989) behauptet hatte, Anna Seghers habe 1956 nichts gegen seine

Verhaftung und Verurteilung unternommen, obwohl sie dazu in der Lage gewesen wäre.[24] Sieben Jahre Bautzen haben Loest zwar gezeichnet, aber nicht mit unbändigem Zorn gegen alle und alles aus der DDR erfüllt, wie es beispielsweise bei Monika Maron der Fall ist, der es dort trotz aller Schikanen doch wesentlich besser ergangen war als Loest. Zugleich ist Loest aber auch nicht blind gegenüber den Mängeln des Vereinigungsprozesses und der neuen Bundesrepublik. Loest lesen heißt in jedem Falle, den Aufstieg und Fall der DDR und die Menschen der neuen Bundesländer besser verstehen lernen. Als Deutsch-Deutscher mit Wohnsitzen in Ost und West und langjähriger Erfahrung mit zwei Deutschländern ist Erich Loest in der Lage, eine wichtige Vermittlerrolle zwischen Ost und West zu spielen.[25]

ANMERKUNGEN

[1] Vgl. dazu Erich Loest, *Die Stasi war mein Eckermann oder: mein Leben mit der Wanze* (Göttingen: Steidl; Leipzig: Linden, 1991), 9–10. Im Text zitiert als *Eckermann* plus Seitenangabe.

[2] Loest, *Der Zorn des Schafes* (Künzelsau und Leipzig: Linden-Verlag, 1990), 148. Im Text zitiert als *Zorn* plus Seitenangabe.

[3] Erich Loest, "Verlag in der Wohnküche," in Erich Loest, *Zwiebeln für den Landesvater: Bemerkungen zu Jahr und Tag* (Göttingen/Leipzig: Steidl/Linden, 1994), 64.

[4] Ibid., 64–65. Zu *Völkerschlachtdenkmal* vgl. Hans Poser, "Erich Loest: Völkerschlachtdenkmal," in Herbert Kaiser und Gerhard Knopf, eds. *Erzählen, Erinnern: Deutsche Prosa der Gegenwart-Interpretationen* (Frankfurt a. M.: Diesterweg, 1992), 243–259 oder Gerd Labroisse. "Das Erfahren von Macht und Geist: Zu Erich Loests Roman *Völkerschlachtdenkmal*," in Axel Goodbody and Dennis Tate, eds. *Geist und Macht: Writers and the State in the GDR* (Amsterdam: Rodopi, 1992), 173–83.

[5] Zur komplizierten Veröffentlichungsgeschichte von *Es geht seinen Gang* vgl. Erich Loest, *Der vierte Zensor:Vom Entstehen und Sterben eines Romas in der DDR* (Köln: Edition Deutschland Archiv, 1984) und *Der Zorn des Schafes*, 64 ff. Zu *es geht seinen Gang* vgl. auch James Knowlton, "'Mit dem Sozialismus gewachsen.' Erich Loest's Novel *Es geht seinen Gang oder die Mühen in unserer Ebene* and Recent GDR Cultural Policy," *Neophilologus* 68, 4 (1984), 587–597.

[6] Hamburg: Hoffmann und Campe, 1981. Der Titel stammt aus einem Gedicht von Johannes R. Becher, dem expressionistischen Dichter und Kulturminister der DDR, das dieser auf den Tod Stalins im Jahre 1953 gereimt hatte, in dem es unter anderem heißt:
Er war unsrer Träume Erfüller.
Und wieder Stille, noch stiller
Und durch die Erde ein Riß. (*Riß*, 190)

[7] *Durch die Erde ein Riß*, 357. Der dort zitierte Paragraph 13 lautete folgendermaßen: "Wer es unternimmt 1. die verfassungsmäßige Staats-oder
Gesellschaftsordnung der DDR durch gewaltsamen Umsturz oder planmäßige
Untergrabung zu beseitigen, 2. mit Gewalt oder durch Drohung mit Gewalt die
verfassungsmäßige Tätigkeit des Präsidenten der Republik, der Volkskammer
oder der Länderkammer oder des Ministerrats oder ihrer Präsidien oder eines
ihrer Mitglieder unmöglich zu machen oder zu behindern, 3. Das Gebiet der
DDR einem anderen Staate einzuverleiben oder einen Teil desselben von ihr
loszulösen, wird wegen Staatsverrats mit Zuchthaus nicht unter fünf Jahren
und Vermögensentzug bestraft." Diesen Paragraphen hatte Loests "Ver-
teidiger" Tolbe seinem Mandanten absichtlich vorenthalten. Loest wurde im
April 1990 offiziell vom Obersten Gericht in Ostberlin rehabilitiert (*Zorn*,
388).

[8] Vgl. Erich Loest, *Die Stasi war mein Eckermann*, 121.

[9] In *Heute kommt Westbesuch* (Göttingen: Steidl. 1992), 35–64.

[10] Vgl. dazu Loests Roman *Jungen, die übrig blieben* (1950), seine
Autobiographie *Durch die Erde ein Riß*, oder seinen Text "Die Ungnade
meiner Geburt" in *Zwiebeln für den Landesvater*, 27–31.

[11] Erich Loest, "Nächstes Jahr in St. Nikolai," in *Zwiebeln für den
Landesvater*, 119.

[12] Nach Loests eigener Aussage im Gespräch mit Karl Heinz Schoeps während
der Gesprächs/Diskussionsrunde des Loyola College Berlin Seminars
"Schreiben im Heutigen Deutschland", Juni 1995. Loest: "Er ist mein Freund
nicht mehr".

[13] Erich Loest, *Nikolaikirche* (Leipzig: Linden, 1995), im Text zitiert mit
Seitenangaben in Klammern.

[14] "Nächstes Jahr in St. Nikolai," in Erich Loest, *Zwiebeln für den
Landesvater*, 113.

[15] In *Völkerschlachtdenkmal* spielte bereits eine andere Leipziger Kirche eine
große Rolle: Die von der SED gesprengte Paulinerkirche (oder Univer-

sitätskirche), deren Schicksal, das er im Roman mit den nationalsozialistischen Schändungen der Synagogen in Verbindung bringt, Loest auch heute noch verfolgt (*Zorn*, 373).

[16] Gemeint ist hier Kurt Masur, der heutige Dirigent der New Yorker Philharmoniker.

[17] In Vaclav Havel, *Living in Truth*, ed. Jan Vladislav (London and Boston: Faber and Faber, 1989), 36–122.

[18] "Nächstes Jahr in St. Nikolai," 119.

[19] Vgl. dazu Klaus Hammer, *Chronist ohne Botschaft. Christoph Hein. Ein Arbeitsbuch* (Berlin: Aufbau, 1992).

[20] Heinz Klunker im Nachwort "Damit nicht alles seinen Gang geht" zu Erich Loest, *Zwiebeln für den Landesvater*, 130.

[21] Vgl. *Zorn,* Kapitel 9, "Schlammschlacht," 279–310.

[22] So beispielsweise Daniela Dahn in *Wir bleiben hier oder Wem gehört der Osten* (Reinbek: Rowohlt, 1994) oder *Westwärts und nicht vergessen: Vom Unbehagen in der Einheit* (Reinbek: Rowohlt, 1995).

[23] Erich Loest, "Diese Schule, diese Stadt," in *Zwiebeln für den Landesvater*, 102.

[24] Erich Loest, "Plädoyer für eine Tote," in *Zwiebeln für den Landesvater*, 89–93.

[25] Vgl. dazu auch Hans Joachim Schädlich in einem Gespräch mit Wolfgang Müller in *GDR Bulletin* 22, 2 (Fall 1995), 17 und *Zorn*, 335–36: "Was war ich denn nun, ehemaliger Leipziger oder neuer Bundesdeutscher, Deutsch-Deutscher oder Gesamtdeutscher, ging der Riß mitten durch mich hindurch oder hatte in mir die Vereinigung schon stattgefunden?"

Works Cited

Dahn, Daniela. *Prenzlauer Berg-Tour*. Berlin: Luchterhand, 1987.

——. *Wir bleiben hier oder Wem gehört der Osten. Vom Kampf um Häuser und Wohnungen in den neuen Bundesländern*. Reinbek: Rowohlt, 1994.

——. *Westwärts und nicht vergessen: Vom Unbehagen in Einheit*. Reinbek: Rowohlt, 1995.

Frisch, Max. *Montauk*. Frankfurt: Suhrkamp, 1976.

Hammer, Klaus. *Chronist ohne Botschaft. Christoph Hein. Ein Arbeitsbuch*. Berlin: Aufbau, 1992.

Havel, Vaclav. *The Living Truth*. ed. Jan Vladislav. London/Boston: Faber and Faber, 1989.

Heym, Stepan. *Auf Sand gebaut. Sieben Geschichten aus der unmittelbaren Vergangenheit*. Frankfurt/M: Fischer Taschenbuch Verlag GmbH, 1993.

Krawczyk, Stephan. *Das Irdische Kind*. Verlag Volk und Welt: Berlin, 1996.

Laabs, Joochen. *Verpfutschte Ankunft*.

Loest, Erich. *Bauchschüsse*. Leipzig: Linden Verlag, 1989.

——. *Der Zorn des Schafes*. Leipzig: Linden Verlag, 1990.

——. *Die Stasi war mein Eckermann oder: mein Leben mit Wanze*. Leipzig: Linden Verlag, 1991.

——. *Heute kommt Westbesuch*. Göttingen: Steidl, 1992.

——. *Nikolaikirche*. Leipzig: Linden Verlag, 1995.

Zipser, Richard. *Fragebogen: Zensur*. Leipzig: Reklam, 1995.

Index